新思维“十三五”全国高职高专系列规划教材

经济应用文写作

（第二版）

主　编　严　军　袁凤英
副主编　鲍永晖　孔　杰　董　敏
　　　　余晓莉
参　编　刘夏辉　厉　平　王　芬
　　　　董继慧　熊晨曦

对外经济贸易大学出版社
中国·北京

图书在版编目（CIP）数据

经济应用文写作 / 严军，袁凤英主编．—2版．—北京：对外经济贸易大学出版社，2016.3（2023.8重印）
新思维“十三五”全国高职高专系列规划教材
ISBN 978-7-5663-1534-2

Ⅰ．①经… Ⅱ．①严… ②袁… Ⅲ．①经济-应用文-写作-高等职业教育-教材 Ⅳ．①H152.3

中国版本图书馆CIP数据核字（2016）第022348号

经济应用文写作（第二版）

严 军 袁凤英 主编
责任编辑：高 卓 朱晓琳

对 外 经 济 贸 易 大 学 出 版 社
北京市朝阳区惠新东街10号 邮政编码：100029
邮购电话：010-64492338 发行部电话：010-64492342
网址：http://www.uibep.com E-mail：uibep@126.com

北京时代华都印刷有限公司印装 新华书店经销
成品尺寸：185mm×260mm 17印张 424千字
2016年3月北京第2版 2023年8月第7次印刷

ISBN 978-7-5663-1534-2
印数：9 501-11 000册 定价：34.00元

前　言

“培养什么人、怎样培养人、为谁培养人是教育的根本问题。”教材是解决这一根本问题的载体。本教材贯彻落实习近平新时代中国特色社会主义思想，以立德树人为主旨，将社会主义核心价值观和诚实守信、遵纪守法、精益求精等课程思政内容融入教材中。

经济应用文写作是高职院校经管类专业的基础课程，具备较强的实用性和操作性，能有效提升学生文化素养，促进综合职业能力培养。为此，2008 年末我们组织在写作领域辛勤耕耘多年的高校教师编写了本书，并于 2009 年 9 月出版。当今社会科技飞速进步、经济不断发展，这对应用写作能力提出了新的要求。2012 年，中共中央办公厅、国务院办公厅等单位发布了《党政机关公文处理工作条例》和《党政机关公文格式》，明确规定于 2012 年 7 月 1 日起实施，同时废止了 2000 年 8 月 24 日发布的《国家行政机关公文处理办法》和《国家行政机关公文处理工作条例》。另外，互联网平台技术飞速发展使新媒体在经济应用写作中占据重要的地位。本书编者依据上述情况，对初版教材的编写体例和部分内容进行了认真的修改或重新撰写，从而形成了再版教材。

本书再版后具有三个方面的创新特点：

一是编写理念上和内容安排上，按照企业从“创立——管理——交往”的过程，运用项目驱动模式，将整个经济活动领域中商务人员应具备的职业写作能力划分为 5 个项目，并根据项目提炼出 9 个学习情境，每个学习情境完成不同的文体写作任务，操作性强。依据上述理念，本书进一步明确了学习情境和任务划分归类，对原有的归属进行了微调。

二是注重职业过程情境性、强化写作技能训练。围绕职业过程的需求设计项目、情境，在此基础上分解为具体学习情境，并进一步分解为各项任务，设计了“知识导读”“案例点评”等，采取“以例导教”“以任务导学”的方式，针对性强。

三是与时俱进，扩大应用范围。根据社会发展和经济活动变化，“经济公务类文书”及时根据现行《党政机关公文处理工作条例》和《党政机关公文格式》进行修订；“经济交往类文书”中增加了“新媒体写作”任务，力争通过新的知识和信息来切实为经济社会服务。

在修订过程中，我们得到了初版编写老师、使用本书的院校教师的宝贵意见，重新补充最新资料。湖北水利水电职业技术学院严军老师担任全书大纲修订和审稿，鲍永晖、孔杰、余晓莉老师提供了修改稿，汉口银行武昌支行熊晨曦等同志提供了相关企业案例资料，严浩、陈锐等同志查阅并提供了相关资料和校对，对外经贸大学出版社编辑老师给予再版大力支持和帮助，在此一并表示感谢。

编　者

目 录

项目一 认知经济应用文写作

学习情境一 认知经济应用文写作 …… 3

知识导读 经济应用文写作概述 …… 4

任务一 构思经济应用文写作 …… 8

任务二 经济应用文写作要素 …… 10

项目二 经济调研信息类文书

学习情境二 经济调研文书 …… 21

知识导读 经济调研文书概述 …… 22

任务一 市场调查报告和市场预测报告 …… 23

任务二 商业计划书和经营策划书 …… 33

任务三 经济活动分析报告、可行性研究报告和审计报告 …… 49

学习情境三 经济信息传播文书 …… 65

知识导读 经济信息传播文书概述 …… 65

任务一 产品说明书和商业广告文 …… 67

任务二 经济消息和经济评论 …… 74

任务三 经济论文写作 …… 84

项目三 经济管理类文书

学习情境四 经济公务文书 …… 95

知识导读 经济公务文书概述 …… 96

任务一 知照性公文 …… 103

任务二　报请批复性公文 …… 113
任务三　商洽性公文 …… 120

学习情境五　经济事务文书 …… 129

知识导读　经济事务文书概述 …… 130
任务一　日常工作事务文书 …… 131
任务二　计划和总结 …… 146
任务三　经济简报和述职报告 …… 152
任务四　规章制度 …… 158

项目四　经济契约类文书

学习情境六　经济合同类文书 …… 167

知识导读　经济合同类文书概述 …… 167
任务一　招标投标文书 …… 169
任务二　意向书和协议书 …… 175
任务三　经济合同 …… 179

学习情境七　经济诉讼文书 …… 187

知识导读　经济诉讼文书概述 …… 188
任务一　经济纠纷起诉状、上诉状和答辩状 …… 188
任务二　经济纠纷仲裁书和公证书 …… 197

项目五　经济交往类文书

学习情境八　经济礼仪文书 …… 209

知识导读　经济礼仪文书概述 …… 210
任务一　礼仪信函 …… 211
任务二　礼仪致辞和贴卡 …… 222

学习情境九　商务函电文书 …… 235

知识导读　商务函电概述 …… 235
任务一　经济信函 …… 237

任务二　新媒体文书 …… 248

附录　应用文常用词语汇释 …… 259

参考文献 …… 262

项目一

认知经济应用文写作

学习目标

知识目标

◎ 理解经济应用文写作的含义、特点、种类、作用。

◎ 明确经济应用文写作的目的及方法。

能力目标

◎ 学会有效运用主题、材料、结构和语言这四要素展开应用写作。

学习情境一　认知经济应用文写作

情境任务设计

2014年底，某公司召开各部门经理会议，回顾一年来的工作，为此责成在公司办公室工作一年多的大学毕业生李兰担任会议记录，并起草年度报告。

李兰毕业于某大学中文专业，文笔不错，但一年多来，除了打印文件、做记录，还没有独立写过工作报告，于是她把这个任务当做展示写作才华的好机会。李兰看着做好的会议记录和搜集的各部门材料，决定好好发挥以前大学文学社社长的功力，写好这篇工作报告。她分析材料后认为，工作报告要有说服力，就要用生动的语言吸引人，于是她利用休息日闭门谢客、埋头构思。根据材料，她拟定了写作大纲；在涉及具体的人和事时，想了不少办法。当写到负责公司办公楼改建工作的行政部汪经理四个多月以工地为家、兢兢业业、狠抓管理、节约基建资金一万多元时，她的文学灵感来了，她带着敬佩之情，对汪经理的形象着力描写："他目光深沉，双眼炯炯有神，传递着坚毅的品格……"为了使其事迹更加感人，还虚构了汪经理不徇私情，拒绝给亲友工程项目的事情，并进行了动作描写和心理刻画；同时李兰还把汪经理节约资金一万多元改成了两万多元，她认为汪经理的形象一定会感动不少人。

几天后，李兰志得意满地交稿了。在部门经理会议上，段总经理顺便让大家传阅了这篇报告稿，看过报告的人不是摇头就是撇嘴，有的没看完就放下了。段总经理对正在做会议记录的李兰说："你这几天很辛苦，下了大工夫，文笔也不错，可是怎么看着有点像写小说啊？写报告可不是进行文学创作，一定要写实际情况，不能虚构也不能夸张。你再听听大家的意见，好好改改。"

➡ 分析

经济活动管理需要运用相关的应用文书处理事务，应用文是工作中不可或缺的工具。

应用写作在写作动机上不是自主写作行为，而是应工作要求，在思维方式上，侧重于抽象思维；在写作手法上，以客观事实为依据，不能虚构和夸张；在表达方式和语言运用上，要简要概述、平实准确，无须具体叙述和描写。因此，要写好应用文，必须了解应用文的性质，把握应用文写作规律，才能真正辅助领导处理事务。

知识导读　经济应用文写作概述

一、经济应用文的含义

（一）应用文写作的含义

应用文写作是以应用文体及其写作活动为研究对象、探讨应用写作规律的实用科学。确切地说，是国家机关、企事业单位及社会团体或个人，在工作、学习和生活中，为处理公私事务、传播信息、表述意愿而撰写的具有某些惯用格式的实用文体总称。

从应用文的写作实践看，对应用文的概念可以从“公”、“私”两个方面来理解。

一是日常私务应用文书。在日常生活中，人与人之间有许多私人交往，常常要用文书形式体现，比如“留言条”、“请假条”、“请柬”等。这些文书写作目的明确，格式比较固定，在民间广泛应用。

二是公务应用文。国家机关、企事业单位和社会团体在办理公务时，根据公务活动的需要使用的各种文书，如“请示”、“报告”、“合同”等。这里所说的“公务活动”是指传达贯彻国家机关、企事业单位的方针、政策，发布行政法规和规章，实行行政措施，请示和答复问题，指导、布置和商洽工作，报告情况，交流经验，等等。

应用写作是实用写作，其与文学写作有显著的区别：首先，社会作用不同。应用文用于治理国家、管理社会、规范行为，文学则起到服务社会、教育人民、感化行为的作用。其次，适用范围不同。应用文主要用于处理事务、传播信息，有特定的对象，文学则显得宽泛，无确定的具体对象。第三，思维方法不同。应用文用逻辑思维，文学用形象思维。第四，修辞方式不同。应用文是科学修辞，文学是艺术修辞。最后，语体风格不同。应用文要求准确、简明、平实、得体，而文学力求鲜明、生动、精练、含蓄。

（二）经济应用文的含义

经济应用文是应用文的一个分支，以经济活动为主要研究对象，反映经济情况，处理经济事务，研究、解决经济实用问题的具有特定格式的专业应用文。这类文书在经贸工作中用途广泛、作用明显。每个经济领域都有自己专业化很强的、系统完备的文书品种。

应用文写作水平不仅是衡量个人工作能力的标准，也在相当大的程度上反映着管理部门或单位处理人才业务工作的质量和效能。假设一个单位发出的公文表述不准确、格式不规范，一个财务部门写的财务分析报告让人摸不着头脑、理不清头绪，小则误事，大则误国。

二、应用文的特点

（一）明确的实用性

经济应用文从效果上说是“以用为本”，其目的是用来处理经济活动过程中的实际问题，比如订立一份合同，是为了明确双方的权利与义务。因此，我们在撰写时，应当弄清具体的写作目的，并思考如何达到这一目的。

（二）内容的客观性

客观性也即是科学性、真实性和严谨性。经济应用文写作要遵循经济规律，具有不以人的主观意志为转移的客观性。写作者必须以科学求实的态度分析研究经济现状，提出自己的正确观点。材料要求真实无误、明确具体，不能虚构、杜撰、夸大或缩小。语言表述上要求准确、简明、精练，不能模糊；限制运用比喻、夸张等修辞手法。

（三）对象的针对性

经济应用文是用于处理经济活动和经济利益事宜的，其结论和措施都直接反映和影响经济效益的好坏，是一种专业人员写作的文本。在写作时，从称呼到内容、词语的选用，褒贬、分寸的把握，结尾的用语等都有很强的针对性，读者对象比较明确。

（四）格式的规范性

所谓规范是指应用文的内容结构和行文格式有规律可循，有一定的规范性、体式性和程式化。应用文从是否行文、文字如何表达到文种如何使用、格式如何安排等形成了约定俗成的程式。

（五）严格时效性

应用文的性质和写作目的决定了应用文的时效性。应用文有其应用目的，都是针对一定时间内要解决的问题，必须及时写作、及时发文、按时办理，没有时限就失去了效用。

三、应用文的作用和种类

（一）应用文的作用

应用文写作水平不仅是衡量个人能力的标准，也在相当大程度上反映着管理部门或单位处理日常业务工作的质量和效能。

1. 指导作用

应用文往往要公布和/或宣传国家、政府、企事业单位的方针政策和管理制度，用于指导工作、规范行为，比如会议文书、法规文书等，对人们的行为职责做出明确规定，具有权威性和指导性。

2. 沟通作用

信息引导人的行为，应用文具有告知功能，可以传播信息。由于现代社会的快速发展，各种组织、政党、行政机关、企事业单位和个人之间的联系日益密切，彼此需要沟通。例如上级要向下级反映情况、请示问题，上级要向下级做出指示等，这些信息的载体是应用文。

3. 宣传作用

人们在工作中，对一些问题的了解往往需要通过应用文，应用文具有宣传教育的功用。

如新闻报道，发布消息，宣传某种思想、观念，传播指示，引导树立正确的观念；广告等可以及时、快速传递信息；产品说明书可以传播产品的使用方法。

4. 凭证记录作用

应用文是人类实践活动的直接记录。因此，发挥效用的阶段是作为单位工作的依据，如上级的指示、通知；当应用文转化为档案后，则成为查考历史情况的证据。

（二）应用文的种类

任何文体的分类都不是一成不变的，文体之间在内容和功用上有交叉。应用文的分类遵循一定的标准，不同的层次有不同的分类。

1. 按照其使用性质分

应用文可分为公务应用文和私务应用文。其中私务应用文又分为：契据类，如房契、请假条；书信类，如私信、申请书、求职信等；笔记类，如日记、读书笔记、传记家谱等；其他类，如学术论文、论著、演讲稿等。公务应用文是应用文的主体。

2. 按照社会功能和应用范围分

公务应用文分为行政公文类、通用事务类和专用类。

（1）行政公文类。行政公文类应用文是指《国家行政机关公文处理办法》中规定的文种，简称“公文”。公文是国家机关、社会组织和团体等行使职权、办理公务所使用的法定文书，其包括命令（令）、决定、公告、通告、通知、通报、议案、报告、请示、批复、意见、函和会议纪要 12 类 13 种。

（2）通用事务类。通用事务类应用文包括计划、总结、调查报告、述职报告、简报、规章制度等。

（3）专用类。专用类应用文是指专业性较强的文书，一般有以下几种。

① 科技类，如毕业论文、毕业设计等。

② 财经类，如市场预测报告、经济合同、审计报告等。

③ 司法类，如诉状、答辩状等。

④ 传播类，如消息、广告等。

四、怎样学习应用文写作

（一）明确学习应用文写作的意义

1. 社会发展的需要

在现代社会生活中，信息的传播和使用都离不开语言、文字、图表这三种表达方式，而应用文作为这三种表达方式的信息载体和交往工具，不仅日益深入社会政治、经济、文化、科技、生活等各个领域，而且逐渐成为个人工作、学习和日常生活必不可少的技能之一。

2. 个人发展的需要

应用写作是能力的要求。听、说、读、写是一个人必备的基本素养，随着社会经济生活的发展，应用文的写作日益成为人们衡量其工作能力的重要标准之一。能较好地使用应用文，也可以表现出一个人良好的文化水准、修养风度和温馨的人文情怀，还可以和谐人际关系、提高社交能力。

（二）掌握应用文写作的方法

1. 良好的写作基础

（1）要有高尚的道德修养和严谨的工作态度。

写作者应该具有诚实、守信、善良的品质和求真务实的态度，能深入社会实际，分析事物严谨细致。

（2）要有相关的政治素质和广博的知识。

首先，应用写作者要熟悉方针政策、提高思想水平。应用文既是贯彻和执行党和国家的方针、政策的工具，又是向有关单位和人民群众进行宣传、借以指导工作的工具，因此要写好应用文，必须要有相关的政治素质。

其次，精通业务知识，理论联系实际。应用文写作必然要涉及某一方面或某些工作的业务，这就要求写作人员必须具备一定的业务知识，熟悉本行业和本部门的工作规律，能做到理论联系实际，否则会写不出文章，甚至会造成一定的损失。

（3）深入调查研究，注意搜集资料。

有价值的应用文总是调查研究的产物。只有从调查研究中才能获得大量的第一手资料，才能写出解决实际问题的应用文。

（4）行文严谨简明，需反复修改练习。

在应用文写作的过程中，既要重视语言文字的学习研究，又要重视每一文种的基本格式和写作要求，还要掌握有关的专业知识，行文才能明白晓畅、严谨简明。

2. 熟练的写作技巧

应用文具有很强的时效性，往往要求“快速成文”，因此写作者要把握应用文写作的一般规则，具有熟练的写作技巧是非常重要的。而要把握这一点，就必须在学习时：一要提高认识，明确目的。二要认识特点，掌握结构。由于应用写作自身的特殊性，使得应用文逐渐形成了一种约定俗成的或法定的基本模式。三要通过大量阅读范文，在积累感性认识的同时，从中悟出一些写作方法和技巧，甚至在应急时可以模仿与自身情况比较吻合的文本去写作。四要以勤学多练为重点。一文一练，这是提高应用写作能力的根本途径。

3. 学习的有效途径

一是在案例分析中学。我们了解的案例越多，视野就开阔，应用起来思路就越清晰，写作就越自如。

二是在实际应用中学。熟能生巧，只有经常练笔，才可能提高实际写作能力。

三是在社会实践中学。应用文写作不仅是一个人写作能力的体现，也是一个人观念、道德、情感和见解的综合体现，还是一个人政策水平和综合能力的体现。古人云：“功夫在诗外”，就是说要学会写作，先要学会做人、学会谋事、学会学习、学会创造。只有这样，才可能达到一种“世事洞明皆学问，人情练达即文章”的境界。

任务一　构思经济应用文写作

一、领会具体的行文意图

（一）领导意图的表达特点

领导者具有特殊的思想境界，对问题的分析研判更全面、深刻、准确，处理问题效率更高。

领导意图有总体性意图和具体性意图之分，有明示性意图和暗示性意图之分，有确定性意图和非确定性意图之分。拟稿人对总体性意图要始终遵循，对具体性意图要灵活执行，对明示性意图要如是贯彻，对暗示性意图要心领神会，对确定性意图要坚决照办，对非确定性意图要完善补充。

（二）领会领导意图的方法

（1）主动询问和及时聆听领导要求。

（2）从讲话材料或领导批示、平时谈话中领会领导意图。

（3）动笔之前要虚心向领导求教，深刻领会和全面认识领导布置拟稿任务的精神实质；起草过程中要及时汇报出现的问题，争取领导及时指导；修改阶段要认真听取领导意见，认真审核文稿。

二、遵循处理事务对象自身运行规律广泛占有材料

（一）准确揭示事物规律为依据

经济应用文是以经济活动为对象，在选择和运用材料时必须遵循经济活动的特有运行规律，包括市场活动规律、经济运行规律、国家宏观调控及政策导向规律和事物本身的本质特征规律。

（二）勤于“平时”积累和有目的地“战时”收集

平时读书、看报、开会、听广播或交谈中，及时摘录、剪辑有直接或间接作用的资料，并适当分类整理，以备不时之需。受命写作时，要领会领导意图，明确具体的主题，围绕主题收集第一手资料，注意从现成的政策法规、领导讲话、文献资料中挖掘有关材料。

三、撰拟写作提纲，完成总体构思

（一）明确应用文总体构思

首先，确定应用文内容的组成情况。其次，确定正文的表达顺序。最后，安排文章的首

尾和衔接过渡，解决开头、结尾以及各层次之间有序表达的问题。

（二）灵活撰拟写作提纲

首先，写作提纲观点要明确，依据要充分，层次要清楚，纲目要详细。其次，撰拟提纲的组织和操作程序要规范。提纲由撰稿人亲自拟写；边研究边撰写。最后，要养成拟写提纲的良好习惯。拟提纲可以花时少而效率高，可以保证起草的文章层次清楚、结构严谨、逻辑性强。

四、草拟应用文书

（一）草拟文稿解决的问题

（1）要有时效观念。应用文具有时效性，要抓紧拟稿、按时结稿，否则一旦延误时机，就会影响工作的正常开展。

（2）做好会商工作。应用文书内容可能涉及多个单位或部门，这时主办部门要主动协商，协商部门也要积极配合，双方取得共识后才能对外行文，这样做可以避免“政出多门”。

（3）讲究材料与观点的和谐统一。严格掌握用材标准，材料要支持观点，观点要统帅材料。

（二）文书草拟的方法

（1）一气呵成法。这样可以保证思路畅通、文气贯通，保持写作进程，适合于简短的应用文书。

（2）十步一回头法。这种方法字斟句酌、扎扎实实，能提高草拟文书的质量，但速度较慢，思路也时断时续。

五、加工修改应用文书

（一）把握加工修改的原则

（1）严肃认真的态度。

（2）实事求是的精神。

（3）讲求修改程序的规范性。

（4）注重时效性。

（5）增强“短”“少”意识。

（二）明确修改的范围

（1）修正主旨。

（2）增删材料。

（3）调整结构。

（4）推敲语言。

（5）检查格式。

（三）掌握修改的方式

（1）修改方式灵活多样。可以集体讨论修改，可以自己修改，也可以领导指定人员修改，也可以防止几天后再修改。

（2）修改的手段多种。利用删节、补充、变更、调整等手段，具体运用要酌情而定。

（四）注意修改符号运用

为标示修改的情况，要使用已经明文规定的修改符号，以便抄写员、打字员、排印员、校对员核对。明确清晰地标示修改符号，有利于保持文面整洁，便于修改、打字、排印和校对。

任务二　经济应用文写作要素

研究经济应用文写作，就是研究“写什么”和“怎样写”的问题。所谓“没有规矩，无以成方圆”。文章皆由主题、材料、结构和语言四个基本要素构成，应用文也不例外。如果将应用文比作人的话，那么主题是灵魂，材料是血肉，结构是骨骼，语言是细胞，只有把握这四个基本要素，应用文的整体质量才有保证。

一、经济应用文的灵魂——主题的选择

（一）主题确定的依据

应用文书的种类很多，对立意的依据要求各不相同，一般说来有以下两种情况。

1. 以领导意图和工作需要确定主题

应用文的拟写是领导与管理工作中不可或缺的重要工具，根据工作的实际需要制发，旨在“受领导之命，代单位立言”。因此，领导意图、工作需要就是写作目的，就是剪裁材料的依据，就是确立主题的主导型根据。

2. 依据实际材料确定主题

应用文要求真实、实用。换言之，确立主题必须尊重事实，尊重事物本身的规律，不能凭空设想、生造主题。例如，市场调查与预测报告的主题必须在真实材料的基础上得出。

（二）主题拟写的要求

1. 正确

首先，主题必须符合国家的法律法规以及党和国家的路线、方针和政策，并符合领导单位的指示意图，才能指引正确的方向。其次，主题的正确还体现在须符合客观实际情况，能反

映客观事物的本质规律以及具体的业务规范，从而帮助人们正确处理工作事务。

2. 鲜明

鲜明是指应用文观点意图要清晰确切、旗帜鲜明、不容置疑；主题必须能够抓住问题的实质；态度鲜明，肯定什么、否定什么、赞成什么、反对什么，要一目了然，不能似是而非、模棱两可，甚或前后矛盾、不知所云。

3. 集中

应用文要求内容单一，一文一事，不可多中心，意多必乱文。

4. 深刻

即撰写应用文要求揭示事物的本质及其内部规律，体现出原则性和指导性。例如，撰写行政公文要明确指出撰文的目的，写总结等要提炼出规律性的认识和行之有效的措施。

（三）主题的表现方法

1. 标题点题

在标题中点明主题，如《关于进一步做好医疗机构药品集中招标采购工作的通知》这样的标题，直接点名写作目的。

2. 开宗托旨，开门见山

（1）使用“主题句”，开宗托旨。

在公文和其他应用文书中，明白、准确地表达主题的句子叫主题句。主题句以介词结构“为了……”为特征。

（2）不出现主题句，开宗托旨。

有的应用文开宗托旨，首句并不出现主题句，而是直接阐述意义、主张或基本观点。

3. 小标题显旨

小标题显旨的形式，是将文章主题分解成几个部分，每个部分用一个小标题来显示。值得注意的是，各个小标题的排序必须注意体现合理的逻辑关系。

4. 片言居要

即在文章的内容转换之处揭示主题，同时起到承上启下的过渡作用。

5. 呼应显旨

正文的开头和结尾前后呼应，以突出主题。这种写法多是开头提出与主题相关的问题，篇末呼应之。

6. 篇末点旨

即在应用文书正文的结尾点明写作主题。

二、应用文的血肉——材料的选择

材料是构成文章内容的要素，指作者为着某一目的而收集、选取并在文章中使用的一系列事实或依据。这些事实或依据包括事件、现象或数据、理论依据、公认的原则以及公理等。我们所需要的材料是“写入文章”的，因此何时选择、怎样选择、选择什么材料，就需要动一番脑筋了。

（一）材料的类别

文章的主题需通过材料表现，主题要鲜明，材料要具体丰富。为此，收集材料应类型丰富、数量充足。一般而言，材料应有：历史材料和现实材料，正面材料和反面材料，直接材料和间接材料，文字材料和数字、图表材料，典型材料和一般材料等。

（二）选材的方法

1. 亲身经历

为求得材料的准确、真实，常常需要我们深入现场、亲身实践、亲眼所见、亲自调查、观察事物现象，借用知情者的见闻，得到确切的数据。亲身经历是认识客观事物的基础，也是获取材料的重要方法。例如，我们写新闻，就应该在第一时间赶赴现场、掌握第一手材料。观察体验不仅要亲自所为，还要有科学的态度。主要要求有：

（1）要系统而周密。对事物的全貌、各个部分的情况、发展过程等要全面了解。

（2）要由此及彼、由表及里。不但要观察事物的表象，还要透过表象看到实质，通过比较对照了解特征、发现问题。

（3）从实际出发，实事求是，尊重客观事实。

（4）广泛深入，细致全面。不能先入为主，主观片面。

2. 检索阅读

检索阅读是获取材料的重要方法，包括读书看报、翻阅档案，从中查找同类问题或相关问题的现实研究资料及历史资料。具体有以下几种。

（1）熟悉和掌握图书分类，如查分类目录、书名目录、著者目录等。

（2）学会利用书目、索引，可以快速有效地获取更多的资料。

（3）熟练使用一些工具书，如字典、辞典、百科全书、手册、文摘等。

（4）上网收集。

（三）选材的标准

1. 突出主题

材料是服务于主题的，在选材时要根据表现主题的需要来决定对材料的取舍。

2. 真实准确

所谓真实，是指确有其事，能反映事物的本质而不是表象。所谓准确，就是可靠无误。写进应用文里的材料必须准确无误，从大的事件到具体细节，一句引语、一个数据，都是实事求是的反映。

3. 典型生动

所谓典型的材料，是能深刻揭示事物的本质特征，具有广泛代表性和说服力的材料。所谓生动的材料，是指那些具有感染力和鼓动性，能够和谐社会、凝聚人心的材料。

4. 新颖鲜活

新颖是指写进应用文里的材料，一定要有时代感，能够表现客观事物的发展变化趋势，反映客观事物的最新面貌，以及现实生活中人们最关心的那些新人、新事、新思想、新成果和新问题。

（四）材料的使用

1. 恰当安排材料的先后顺序

即对材料分类排队、有序安排。常见的处理材料的方法有如下几种。

（1）筛选法。在众多的材料中选择典型的能表现主旨的材料。

（2）类化法。通过确立反映事物本质特征的、与分类目的相适应的标准，将纷繁复杂的材料进行梳理归类的方法。

（3）截取法。选用一个完整事件的片断或完整事物中的部分以表现观点的一种处理材料的方法。用这种方法，不求事件的连贯、事物的完整，只求能言简意赅地说明问题和阐明观点。叙事性较强的应用文，如简报、通报、调查报告以及应用文中叙事性较强的部分常用此法。

（4）撮要概述法。对虽有价值但却非常纷繁的材料加以概括压缩，使精华部分更为突出的方法。

2. 确定材料的详略程度

每一项材料有其前因后果、来龙去脉，要注意剪裁。其标准有两点。

（1）根据主题的需要确定材料的详略。所有材料服从主题需要，表现主题的材料宜详，偏离主题的材料宜略；中心材料宜详，次要材料宜略；典型材料宜详，一般材料宜略。

（2）根据文体的特点确定材料的详略。

三、应用文的骨骼——结构的安排

（一）应用文结构安排的原则

1. 服从主题的需要

应用文一般在标题或开头点明主旨，再围绕主旨安排层次和段落，有的还在结尾加以总结，从而升华主旨，照应开头。

2. 体现不同文种特点

应用文在写作时应该注意这些不同文种的结构特点，不同的文种必须有其相应的结构，不能随意混用。

（二）应用文结构的基本要素

文学作品的布局要求丰富多变，应用文书的布局则因其实用性强，比较程式化，各具体文种大多具有特定的惯用格式，大致有标题、开头与结尾、主体层次结构等。

1. 标题

常见的标题有两大类。

（1）公文式标题。公文式的标题由固定的要素构成，简明直白。一种是由发文机关、事由、文种组成，如《××公司关于做好第一季度销售工作的通知》；另一种是事由、文种组成，如《关于本年度市场销售情况的调查》。

（2）文章式标题。文章式标题可以直接指明文章的内容、主题，多见于调查报告、新闻、讲话等，如《新时期大学生思想工作方法调查》。

2. 正文

（1）开头。开头又叫导语、前言、引言等。常用的开头有如下几种。

① 目的式。以“为了”“为”等阐述发文的意义、行文依据、说明意图等，如“依据……规定”“根据……要求”“制定如下……”等。

② 开门见山，直接切入。直接在开头揭示主题，目的是引起读者对文章的注意。

③ 概述式。概述基本情况或背景，如时间、地点、范围、规模等。

④ 提问式。将文章的主题以提问的方式提出，然后在后文中解答，如调查报告惯用这种手法。

⑤ 引述来文式。即在文章的开头用引文表明态度、说明情况，如转发性的通知、批复经常使用这种方法。

（2）主体的基本形式。正文的主体是应用文的核心部分，应用文的主题和材料都要体现出来，即文章层次的安排、思想内容表现的次序。

① 以简单的说明为序，简述“什么事”“怎么做”。内容单一、格式固定、篇幅较小的应用文常用此种格式，如请示、公告、通告等。

② 以时间先后为序。以一定时间内事物的发生、发展及变化过程为序，如工作总结、新闻、报告等。

③ 以逐层递进为序。按事理的逻辑性，即按提出问题、分析问题、解决问题的过程为序展开内容。

④ 以因果关系为序。按事物的因果关系来安排顺序，或由因寻果，或由果溯因，体现逻辑性。

⑤ 以横向并列为序。或按事物组成的各个部分，或按问题性质的不同方面，或按轻重主次，将材料横向排列。

⑥ 以总分变换为序。围绕某一中心点，呈现出“总述—分述”或“分述—总述”或“总—分—总”的形式，其中“分述”部分的内容呈并列状态。

3. 结尾

结尾应简洁明了，与开头呼应，完成写作目的。常用的结尾方式有以下几种。

（1）点题作结。结尾处点明主题，深化观点。

（2）号召作结。结尾处发出号召，寄托希望。

（3）强调作结。强调行文要求。

（4）专用词语结束。如“此布”“此复”等。

四、应用文的细胞——语言与表达

（一）应用文的语言

应用文的语言，原则上与一般文章相同，但是由于其功能的特殊性，在语言上有其特殊的规定与要求。

1. 准确规范

准确是指要恰当地表达思想内容。首先，要辨析词义，正确选用最恰当的词语，恰如其分地表达内容。如“责令”和“责成”在程度上不同，“订金”与“定金”的性质不同。其次，要注意符合语法规范。再次，注意避免歧义。对概念的划分要正确，如“走访了许多机关单位、学校、工厂”中“机关单位”与“学校、工厂”有重叠；判断要恰当，推理要合乎逻辑，如“形式主义不应一概反对，应用文的形式不但不应反对，还要加以重视”中犯了偷换概念的错误。最后，注意不同文种的风格色彩，避免使用不确定的词，如“最近表现不好”“这项工作已基本完成”等句子信息量过大。

规范是指恰当使用规范性书面语和文言词语，忌用口语、俚语、方言、简称等。

2. 简明精练

首先，语言要抓住关键，删繁就简。行文时去掉套话、空话，适当使用缩略语。

其次，话语表达不宜太长，表述层次不宜太多，尽量用短句，还可以恰当地使用格式语、专业语和人工语言符号。

最后，语言要明确。即作者提倡什么、反对什么，态度要鲜明、是非要明确，不能模棱两可、含混不清。

3. 平实得体

平实指语言平易、自然、朴素、实在，它不言过其实、不哗众取宠，而是切实、平稳、客观地表述文意，易于让人相信、接受和实行。

得体指应用文在用词、语气、语体风格等方面要符合文体的要求，语言适度有分寸。如公文语言要严肃庄重，调查报告、总结的语言要朴素平实，经济契约类文书要用好专业术语。

特别阅读

应用文中的常用习惯语

开端用语：根据、查、兹、兹因、兹有、为了、关于、按照、前接、近查等。

称谓用语：第一人称用“本”“我”，第二人称用“贵”“你”，第三人称用“该”。

经办用语：兹经、业经、前经、即经等。

引叙用语：悉、近悉、惊悉、前接、近接等。

期请用语：即请查照、希即遵照、希、希予、请、拟请、恳请、务必、务求等。

表态用语：照办、同意、可行、不宜、不可、同意、不同意、遵照执行等。

征询用语：当否、可否、妥否、是否可行、是否妥当、是否同意等。

期复用语：请批示、请批复、请复、请告知、请批转等。

结尾用语：为要、为盼、为荷、特此函达等。

（二）应用文的表达

1. 表达方式

应用文的表达方式是指写作中采用的表述方法和形式。一般来说，应用文写作主要采用叙述、议论和说明这三种表达方式。由于文体性质和写作目的不同，其表达方式也不尽相同。

（1）叙述。叙述是记叙人物经历或事件发展变化过程的一种表达方式。在应用文中，主要是叙述事实经过、交代问题的缘由。要求真实客观、直截了当、简明扼要并具体完整。

（2）说明。说明是对事物的形态、性质、特征、构造及功能等做介绍，或是对事理进行解说、阐释的表达方式。常用的说明方法有定义说明法、举例说明法、诠释说明法、分类说明法、比较说明法以及数字图表说明法等。说明时要求客观、准确和简明。

（3）议论。议论是就某个问题或时间进行分析评论、发布观点看法的表达方式。较常用于调查报告、司法文书、总结、评论等应用文体。依据文种，可以恰当选择例证、引证、类比、归纳等方法，要求论点鲜明正确，论据充分典型，论证有理有力。

2. 表达技巧

应用文的表达技巧是指写作中为了突出主旨、抓住受众而采用的艺术表现手段。总体来说，应用文由于文种的限制，写作上要求严谨、庄重、准确、朴实。概括地说，应用文的表达技巧有以下四点。

一是善于揣摩受众心理。也就是要在了解、分析受众心理需求的基础上，选择必要的手段来打动人心。

二是善于抓住诉求重心。一篇好的应用文，要么诉诸人们的理性，要么诉诸人们的情感。

三是善于综合有用信息。也就是要广泛收集、分析并采用各种材料、数据，使我们写出的文章更有说服力，如市场预测、营销策划文书、财经分析等都离不开信息的综合利用。

四是善于借助表述形式。应用文的结构、语言一般都有相应的要求，我们必须遵循。但也有许多应用文种在表述形式上是可以借鉴文学模式的表现形式的，特别是一些商业策划活动、法律文书以及个人事务性应用文体，是可以适当借鉴的。

任务小结

经济应用文是国家机关、企事业单位为处理经济活动中的事务、传播经济信息、表述经济意愿而撰写的具有惯用格式的实用文体，起到沟通信息、宣传教育、指导工作、情感交流及凭证记录作用。规范制作和正确使用应用文是人们的重要职责。写作时要善于领会行文意图，恰当确立主题；遵循处理事务对象自身运行规律广泛占有材料和选择材料；根据材料适当安排结构，巧妙运用语言进行表达。

同步测试

名词解释

应用文　经济应用文

复习思考

1. 应用文具有哪些特点？

2. 应用文的语言要求是什么？

3. 拟写标题：

（1）学院团委准备在下周五下午 2 时，在大学生活动中心召开各系部团总支书记会议，内容是布置今年文化节的各项工作。

（2）就××大学××系学生张×擅自离校外出旅游，严重破坏学校纪律，给予记过处分一事通报全校。

案例分析

某君在与人谈论一个有一技之长的年轻人时说："此人有点才能，人也聪明，但不能太顺利"。言下之意是对这位有一定才能的年轻人不可重用，得压一压。

不错，各方面的经验包括挫折是使人成材的襁褓。人处在逆流中，的确会有顺境下得不到的体验；但若是看到一些年轻人的人生、事业之路坦荡顺利时，大可不必人为设障碍。

今逢改革之时，我们的思想应开明一些。只要是德才兼备之人，我们都应为其腾飞开辟道路，只有后来者居上，方能显出我们事业的兴旺发达。因此，对致力改革、献身"四化"的有用之才，我们又何必忧其"太顺利"呢？

请给上面的短文加一个恰当的标题，并指出文中阐明的观点。

问题诊断

下面是一位同学写的书信，请从结构和语言上指出他的错误，并加以修改。

建华和新生，你们好！

惊悉你们俩人考上大学，非常高兴，谨向你们致以衷心祝贺！说来惭愧，咱们三人曾同学五年，独我落选。不过，鄙人这次虽然高考不幸、名落孙山，但决不灰心，决心明年再考，即使考不上也不悲观，学府外自学成材的人不是大有人在吗？时至今日，学习计划已具雏形，诸君学习成绩显著，有何经验之谈或锦囊妙计，莫保守，来信告我。

余不赘陈，愿我们在学习的道路上比翼双飞。

此致

敬礼

实训设计

1. 实训目的

把握应用文观点、材料、结构和语言的写作技巧。

2. 实训项目

××市财政局关于申请追加广播事业费预算指标的请示

×财字［201×］第12号

财政部：

为适应形势发展的需要，满足我市广大群众的要求，经市委领导同意，我局决定筹备成立××电视台。初期先举办电视教学讲座，计划今年国庆正式开播。目前开播讲座的准备工作正在进行。今年需要开办费90万元，主要包括：购置六频道发射机一台38万元……另外，××电视台初期举办的电视教学讲座计划开播英语讲座、电视大学自学考试辅导等，这些讲座都是我市急需开办的，市委领导指示，通过三五年的电视教育，将在我市初步形成一个电视教育网，这必将为我市的建设提供大量的人才，是件投资少、见效快、效应高的好事情。现初步估算，每年需人员经费及正常的技术措施经费95万元。以上两项经费共185万元，在我市广播事业预算指标和机动财力中难以解决，特此申请。

××市财政局

3. 实训思路

（1）分析文章标题的特点。

（2）分析全文结构样式。

（3）指出本文的观点、材料是什么？是否单一？

（4）探讨本文的语言是否恰当准确。

4. 实训做法

可将学生进行分组，讨论半小时后，由每组派代表抽签讲解上述问题。

项目二

经济调研信息类文书

学习目标

知识目标

◎ 了解市场调研信息文书的种类、特点和性质。

◎ 掌握市场调研信息类文书的格式和写法。

能力目标

◎ 能够区分不同情境，有选择地写作市场调研信息类文书。

学习情境二　经济调研文书

任务要求

1. 了解并把握企业创始之初各类经济调研文书的写法及格式，掌握必备的写作理论知识。

2. 学会区别写作情境，使用不同种类的经济调研文书。

3. 通过学习与训练，较为熟练地运用正确的格式拟写市场调查报告、市场预测报告、可行性研究报告、商业计划书、经营策划书等文书。

情境任务设计

宁祥餐饮有限责任公司于2012年6月计划扩大规模，初定在位于郊区的大学城开办一家面向大学生的中档酒店。经过半年的草草准备，2013年初新酒店开始运营，但效益不如预期的那么好，酒店财务上也出现了很多漏洞。适逢经济危机，宁祥酒店决定在新酒店开业半年后将其拍卖。你觉得宁祥公司的新酒店之所以在这么短的时间内就被迫拍卖是哪个环节没有做好？他们应该怎么做？新酒店财务上的漏洞应该怎样查清？酒店拍卖前应该经过什么手续？上述活动以文书的形式表述出来，分别应该是什么文书？

分析

上述情境反映的是一个公司从筹备到被拍卖的整个经济活动过程。在新酒店的筹备工作中，要完成深入的市场调查、市场预测、经济活动分析和可行性研究等任务，以便为公司主管部门最后的决策提供可靠的保证。体现在文字上的任务要求就是撰写市场调查报告、市场预测报告、经济活动分析报告和可行性研究报告，并且在此基础上写一份翔实可行的经营策划书。没有这些材料作依托，草草开张，可能会导致狼狈收场。通过财务审计提供的审计报告，公司便能发现新酒店的财务漏洞。那么上述调研文书该怎么撰写呢？

知识导读　经济调研文书概述

一、经济调研文书的含义

经济调研文书是对经济活动进行调查、研究、预测并得出结论或提出意见、建议的应用文章。它用以记载和反映国家、企业和个人的经济信息，是经济活动中的重要凭证，是沟通经济信息、分析经济活动状况和促进经济效益提高的管理工具。

经济调研类文书包括市场调查报告、市场预测报告、经济活动分析报告、可行性研究报告、查账和审计报告、资产评估报告及经营策划书等。

二、经济调研文书的特点

（一）内容的真实性

经济调研文书是进行经济活动的指导性和参考性文书，因此要确保内容和相关数据的真实可靠性，否则就失去了其应有的价值，有时甚至会造成巨大的经济损失。

（二）行文的时效性

经济调研文书反映的是某个时期或阶段的经济状况，有明确的针对性，因此有很强的时效性。

（三）建议的可行性

经济调研文书一般应提出相应的意见和建议，这些意见和建议是建立在对相关问题的分析和研究基础上的，因此，一般具有很强的可行性。

（四）表述的简明性

经济调研文书要如实反映社会经济问题，以便指导和规范市场经济行为和活动，因此用语要求严密和简明。语言要贴切、概念准确、判断恰当、推理符合逻辑，能简洁明了地表达作者的意图。

三、经济调研文书的写作要求

（一）深入调查研究，掌握可靠有效的材料

无论哪一种经济调研文书，都需要以切实可靠的材料为基础进行分析研究，这些材料不是凭空想象出来的，而是来自社会经济活动本身。因此，以实事求是的精神深入进行调查研

究是写好经济调研文书的前提。

（二）科学规范行文，使用简洁明确的语言

经济调研文书与其他的应用文体一样有着严格的行文规范，个别文种如审计报告要由法定部门或法定人员严格按照相关法规的要求撰写，不能按照个人喜好随意篡改。语言的使用也要尽可能简洁明确，不要拖沓冗长，也不要随意使用一些专用名词，以免造成误解。

任务一　市场调查报告和市场预测报告

一、市场调查报告

（一）市场调查报告的含义

市场调查报告是调查人员对市场特定范围进行调查之后所获得的资料，经过整理和分析研究，得出合乎实际的结论后，按照规范的格式写成的书面报告。

一般对经验进行总结和推广，关注和揭露真相，是领导管理部门掌握研究相关情况、制定方针政策的重要依据，同时还是检验路线、方针、政策贯彻执行情况及其效用的有效方法。

（二）市场调查报告的特点

1. 内容的真实性

市场调查报告必须以翔实具体的数据和事实来说明主旨，揭示事物的本质。因此，在调查过程中要坚持科学严谨的态度，不可随意编造。

2. 目标的针对性

市场调查报告的主旨都是有的放矢，目的是反映并解决经济发展过程中遇到的一些问题和新情况，以引起相关部门和社会公众的注意和重视。因此必须明确调查目的，选好切入点，有针对性地反映问题和解决问题。

3. 表述的理论性

市场调查报告需要事实印证，但绝不是简单的材料堆砌，必须在分析材料的基础上概括总结出共性和规律，以便发挥其参考指导作用。

（三）市场调研的方法

1. 按调查对象划分

（1）全面普查。全面普查是指对调查对象总体所包含的全部个体都进行调查。

（2）重点调查。重点调查是以总体中有代表性的单位或消费者作为调查对象，进而推

断出一般结论。

（3）随机抽样。随机抽样调查是在总体中随机任意抽取个体作为样本进行调查，根据样本推断出一定概率下总体的情况。它可以分为三种：一是简单随机抽样，即总体中所有个体都有相等的机会被选作样本；二是分层随机抽样，即对总体按某种特征（如年龄、性别、职业等）分组（分层），然后从各组中随机抽取一定数量的样本；三是分群随机抽样，即将总体按一定特征分成若干群体，随机抽样是将部分作为样本。

2. 按照调查方法划分

（1）访问法。这是最常用的市场调查方法。一般使用调查表、答卷法及谈话法。

（2）观察法。观察法有三种形式。一是直接观察法，即派人到现场对调查对象进行观察；二是实际痕迹测量法，即调查人员不是亲自观察购买者的行为，而是观察行为发生后的痕迹；三是行为记录法，即在取得被调查对象的同意之后，用一定装置记录调查对象的某一行为。

（3）实验法。实验法是指将调查范围缩小到一个比较小的规模上，进行试验后取得一定结果，然后再推断出总体可能的结果。

（四）市场调查报告的格式与写法

案例点评

《齐鲁晚报》烟台市场调查报告

一、研究意义

1.《齐鲁晚报》在烟台地区的首选率只有32.4%，是本次四个被调查城市中最低的，与其他的城市首选率相差近30~50个百分点，分析落后的原因对我们很有借鉴意义。

2. 烟台是胶东地区市场的代表区域，《齐鲁晚报》在胶东地区的影响力远不如在鲁西、鲁南地区，分析烟台市场可以帮助我们找到整个胶东市场的症结所在，从而有针对性地开展工作。

3. 省内许多地区的报纸已经喊出了学习胶东的口号，胶东的媒体究竟如何、他们的竞争策略是怎样的，这些都值得我们研究。

二、竞争环境

1.《烟台日报》作为机关报占据单位订阅的主要市场，但是同现有的机关报一样，其存在内容老化、不适应市场变化的问题，对《齐鲁晚报》基本不形成太大的竞争。

2.《烟台晚报》是烟台地区最主要的生活类报纸。由于创办时间早，已经在当地读者之中形成了比较固定的阅读群体，也培养了一部分人的阅读习惯，加上其本身的价格优势（零售价格0.5元/份），已经成为《齐鲁晚报》在烟台地区最主要的竞争对手。但是由于采编能力有限，《烟台晚报》无论从版面规划还是内容设置上都不是非常出色，甚至可以说是非常一般，在这方面《齐鲁晚报》并不比它逊色，关键是我们如何让读者认识到我们报纸的优势。

3.《今晨六点》是烟台报业杀出的一匹“黑马”。创刊不到一年的时间，读者首选率已经由最初的10%左右飙升到20%以上，分析其成功的原因，我们认为首先它弥补了烟台地区缺乏晨报的空缺，旗帜鲜明地打出“晨报”招牌，给读者的认知造成了强烈的冲击，品牌很快深入人心；在报纸内容的编排上，《今晨六点》注重本土化和深入化，紧紧抓住烟台当地的新闻进行报道，并深入分析新闻背景，从而在最短的时间内聚集起不俗的人气；从发展的眼光看，它将是《齐鲁晚报》未来几年甚至更长一段时间内在烟台地区的主要竞争对手。

三、读者分析

1.《烟台晚报》长期以来都是下午发售（现在有所改变），当地读者已经形成下午看《晚报》的习惯。

2. 烟台当地报刊零售点比较少，使烟台当地读者没有在街头购买报纸并随之阅读的习惯，家庭、单位订阅成为报纸主要来源，但是随着《今晨六点》的发售，这种习惯开始松动。

3. 阅读《齐鲁晚报》的读者素质普遍比较高，读者比率见表1和表2。

表1　　读者职业

职业	烟台地区读者阅读《齐鲁晚报》的比率（%）	全省读者阅读《齐鲁晚报》的比率（%）
公司职员	40.4	66.7
专业技术人员/教师/医生	67.8	64.1
机关/事业单位工作人员	72.1	61.9
企业高级管理人员	42.3	33.5
企业中层管理人员	—	42.9
私营业主	28.6	57.4
离退休人员	31.5	40.7
学生	67.9	65.7
其他	35.6	42.8

表2　　读者学历

学历	烟台地区读者阅读《齐鲁晚报》的比率（%）	全省读者阅读《齐鲁晚报》的比率（%）
高中以下	25.1	35.6
中专/中技	31.5	78.4
大专	64.7	62.7
大本	52.1	41.3
大本以上	40.5	39.3

（1）高知识结构人群明显增加，大学本科学历的比例超过50%。

（2）职业相对固定在机关事业单位工作人员以及学生上，尤其是机关事业单位工作人员的比例呈直线上升的态势。

分析原因，我们认为，作为省级媒体，《齐鲁晚报》的内容更多的是从全国、全省的角度着眼，具有很强的大局观和政策导向性。对于在机关事业单位的工作人员来讲，非常需要通过这个渠道来了解时事，以便指导自己的工作，因此他们成为《齐鲁晚报》的主要读者；而学生（尤其是大、中专学生）来自于不同的地区，他们不受当地阅读习惯的影响，也希望了解更多的外部情况，因此他们也成为《齐鲁晚报》的主流读者。看来市场是建立在需求的基础上的，《齐鲁晚报》满足了这些人的需求，才能够在这些人心目中扎下根。

4. 阅读习惯稳定

我们考察烟台地区报纸更换率的时候发现，只有16.0%的读者经常更换报纸，这说明当地读者的阅读习惯是比较稳定的，《齐鲁晚报》已经占据的市场（争取到的读者）不会在短时间内发生太大的变化。但是这些读者毕竟只是整个阅读报纸人群中的一小部分，只有他们支持是不能满足《齐鲁晚报》市场开拓的需求的。

5. 读者对《齐鲁晚报》评价比较高

分析烟台读者对《齐鲁晚报》各个版面的评价发现，烟台当地的读者对于《齐鲁晚报》的综合质量是比较认可的，对各版面的不满意程度都比竞争媒体要低，读者对此两报不满意度的比较见表3。

表3　　版面不满意情况

版面	对《齐鲁晚报》的不满意度（%）	对《烟台晚报》的不满意度（%）
新闻	21.6	76.1
财经	30.0	66.7
体育	29.7	67.2
生活专刊	28.6	68.6
文学副刊	28.3	71.7
经济专刊	44.1	52.5

但是读者为什么不选择综合素质高的报纸呢？我们认为原因是多方面的：

（1）多年形成的阅读习惯很难改变。

（2）胶东地区比较浓厚的本土情结在读者选择报纸时起到了推动作用。

（3）当地报纸积极转变思路，进行强有力的竞争，进一步压缩了我们的市场空间。

（4）《齐鲁晚报》自身的质量还不足以让读者放弃地方情结，改变阅读习惯。

不选用本报的原因所占比例见图1。

四、存在问题

1. 缺乏地方新闻阻碍报纸发展（略）。

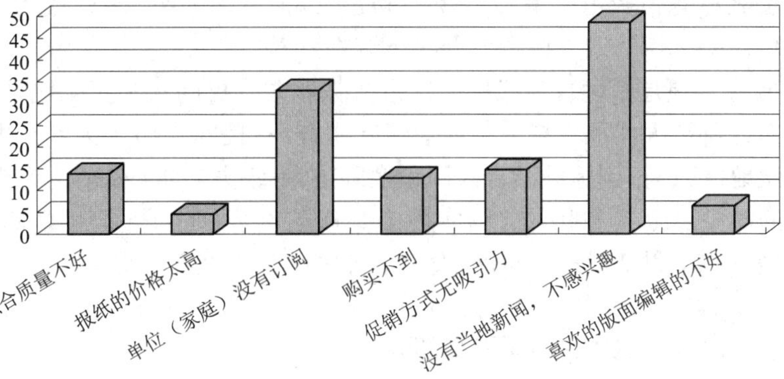

图 1　不选本报的情况

2. 征订工作思路需要转变（略）。

3. 综合质量全面提升是当务之急。

地方固然有地方的问题，但是中心问题是报纸整体质量需要有更大的提升，当报纸综合质量远远高于当地报纸时，读者自然会选择我们的报纸。

五、解决办法

1. 对《齐鲁晚报》在烟台地区（胶东地区）的经营应该采取适当的倾斜政策，加大投入力度，优化人员配置，争取将地方版由现在的每周一期发展到每周两期，强化地方新闻版的作用，加大新闻报道力度。

2. 加强征订工作，进行促销方式的尝试，例如订报抽奖（奖品设置丰厚）等措施。

3. 巩固现有市场，加强对现有读者的挖潜工作。可以考虑向机关事业单位工作人员赠送报纸、建立读者联谊会等措施；同时，对学生群体可以考虑在学校内设立报箱，不定期地赠送报纸，以便挖掘更多的读者。

想一想

这篇例文可分为几个部分？标题是怎样构成的？语言有何特点？

评一评

本文是一篇典型的问题调查报告。标题采用了公文式；正文部分开篇说明此次调查的意义，正文主体部分从竞争对象和读者群角度分析了问题出现的原因，且用翔实的事实和数据进行了印证，具有很强的说服力；结尾部分提出问题及解决问题的参考意见，为相关部门的决策提供了依据。

小任务

以“互联网+时代大学生社交工具”为主题，设计问卷，并形成一份市场调查报告。

1. 标题

市场调查报告的标题分为公文式标题和新闻式标题两种。

（1）公文式标题格式由“发文主题”和“文种”组成，基本格式为《××关于××××的调查报告》《关于××××的调查报告》《××××调查》等。

（2）新闻式标题是一种自由式标题，包括陈述式、提问式和正副题结合使用三种类型。陈述式如《东北师范大学硕士毕业生就业情况调查》；提问式如《为什么大学毕业生择业倾向沿海和京津地区》；正副标题结合式即正题陈述调查报告的主要结论或提出中心问题，副题标明调查的对象、范围和问题，这实际上类似于“发文主题”加“文种”的规范格式，如《高校发展重在学科建设——××××大学学科建设实践思考》等。

2. 正文

正文一般分前言、主体和结尾三个部分。

（1）前言。前言起到画龙点睛的作用，要精练概括、直切主题。前言有几种写法：① 写明调查的起因或目的、时间和地点、对象或范围、经过与方法以及人员组成等调查本身的情况，从中引出中心问题或基本结论来；② 写明调查对象的历史背景、大致发展经过、现实状况、主要成绩、突出问题等基本情况，进而提出中心问题或主要观点来；③ 开门见山，直接概括出调查的结果，如肯定做法、指出问题、提示影响、说明中心内容等。

（2）主体。这是调查报告最主要的部分，一般由三部分内容构成：① 基本情况。叙述调查得来的材料，有时可用数据、图表说明；必要时还应对市场的背景资料，如地理、气候、政治、经济等的变化趋势做出说明。② 分析归纳。对调查得来的数据资料分析归纳；调查者发现了哪些问题、得出了什么结论等。这部分也可和基本情况合在一起写，即边介绍情况，边分析归纳问题。③ 提出建议。根据分析研究，提出相应的对策及措施。

（3）结尾。结尾的写法也比较多，可以提出解决问题的方法、对策或下一步改进工作的建议；或总结全文的主要观点，进一步深化主题；或提出问题，引发人们的进一步思考；或展望前景，发出鼓舞和号召。

3. 落款

落款包括作者姓名和调查时间，可写在正文右下方，也可写在标题下。

（五）市场调查报告写作的注意事项

（1）深入调查，掌握第一手资料。调查是做好调查报告的前提，只有充分占有第一手资料才有可能写出有价值的调查报告。因此调查前应明确调查的对象和目标，确定调查的方法，在调查中点面结合，尽量搜集与主体相关的各方面材料。

（2）去粗取精，利用典型有效的材料。调查报告中的材料不是越多越好，而是要对材料进行筛选，从中找出典型材料，只有这样提炼出来的观点才更具有说服力、更能印证主题。

二、市场预测报告

（一）市场预测报告的含义

市场预测报告是在市场调查的基础上，运用科学的方法分析研究，对未来一段时间内，对一定范围的市场供需状况和经济发展趋势做出预计和测算的书面报告，一般简称为“市场预测”。

（二）市场预测报告的特点

1. 科学性

市场预测是建立在占有详尽的信息资料的基础上，依据科学的方法经过严密的推理和科学运算得出的准确结论，因此能够保证预测结果的科学性和精确度。常见的预测方法有判断预测法、科学测算法等。

2. 预见性

市场预测是在深入分析市场既往历史和现状的基础上，对市场未来的发展趋势做出预见性的判断。市场预测报告应合理而正确地预判，使预测结果和未来实际情况的偏差概率达到最小化。

3. 时效性

时效性是指市场预测报告的内容和结果存在时间性要求，必须及时准确地把握市场的现状和未来发展趋势，才能使企业在竞争中掌握主动。

（三）市场预测报告的格式与写法

案例点评

2014 年中国餐饮市场分析与 2015 前景预测报告

2015 年 2 月 15 日，中国烹饪协会发布的《2014 年度中国餐饮市场分析和 2015 前景预测报告》显示，2014 年，国民经济在新常态下保持增长平稳、结构优化、质量提升、民生改善的态势。在此良好的宏观经济背景下，全国餐饮市场结束增速不断下滑的颓态，出现企稳回升的势头，向新常态下可持续发展阶段迈进。

一、2014 年全国餐饮业发展与市场运行特点

1. 餐饮市场发展概况

（1）整体市场稳中回暖。

2014 年，全国餐饮收入 27 860 亿元，同比增长 9.7%，较上一年加快了 0.7 个百分点，终止了 2011 年以来连续三年增速下滑的颓势，见图 1 和图 2。餐饮收入增幅与社会消费品零售总额增幅（12.0%）的差距也一改近三年来持续扩大的态势，由 2013 年的 4.1 个百分点收窄至 2.3 个百分点，餐饮收入拉动社会消费品零售总额增长 1.12%。限额以上餐饮收入止跌回升，全年收入 8 208 亿元，同比正增长 2.2%，比上年大幅提升了 4 个百分点。

纵观全年，2014 年餐饮业理性发展，实现稳中回升，限额以上餐饮企业也开始转为“正能量”。

餐饮市场全年各月度的起伏走势（见图 3）与社会消费品零售市场几乎完全吻合，餐饮业将消费品市场乃至国民经济“晴雨表”的功能发挥得淋漓尽致。分月度来看，餐饮市场一直处于不断尝试调整的过程中，波动性贯穿全年。2014 年伊始，市场就以 9.6% 的增速高开，并不断上行，在 5 月至最高值 11%，限额以上餐饮也达到峰值 6.2%；而之后却开始转

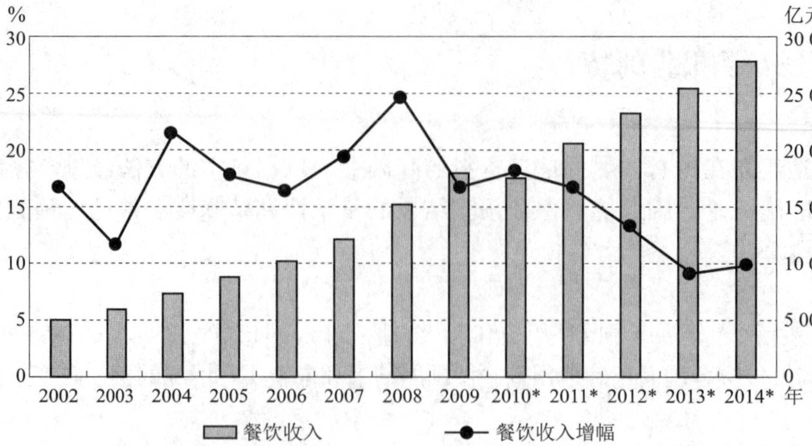

图 1　全国餐饮收入及增速状况（2002—2014 年）

注：2010 年起，国家统计局将统计口径由住宿餐饮业零售额调整为餐饮收入。

（资料来源：根据国家统计局数据整理制作）

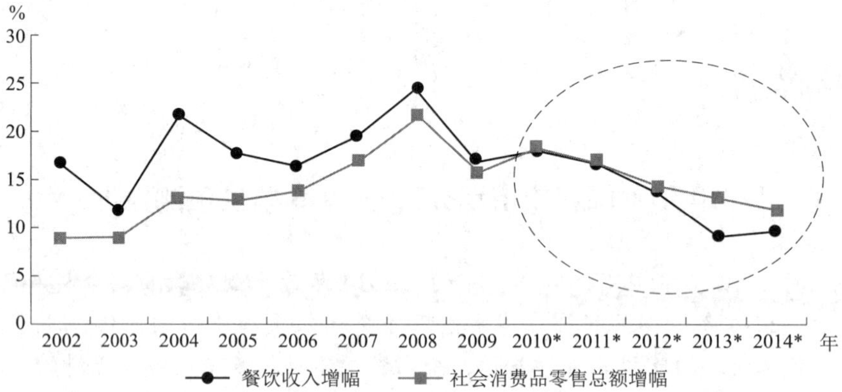

图 2　全国社会消费品零售总额及餐饮收入增幅状况（2002—2014 年）

（资料来源：根据国家统计局数据整理制作）

为下行，8 月滑至小低谷，限额以上餐饮更是再次跌为负增长；随后，整个餐饮市场运行呈现向好趋势，11 月、12 月进入冲刺阶段，最后以 10.1% 收官，限额以上餐饮也逐渐回升至正增长，并以 3.8% 结束全年。

从各季度情况来看，相较上一年，餐饮市场尤其是限额以上餐饮已总体上扭转颓势，虽然仍具敏感性，但是正在逐步回暖。整体市场一波三折，餐饮收入、限额以上餐饮收入增速都在第二季度处于峰值，第三季度又落入低谷，第四季度则开始进入企稳回升阶段，见图 4。

（2）区域市场大部好转。

2014 年福建省餐饮收入达到 1 039.7 亿元，餐饮收入过千亿省市阵营又新增一名成员，预计此阵营省区成员将达 10 个。从目前已公布数据的省市来看，总体上各地区的餐饮市场发展状况已明显好转。与上一年相比，大部分地区发展增速都有不同程度的加快，而且大多都超过了全国平均幅度（0.7 个百分点），即便是增速仍比上一年放缓的地区，降幅也有所收窄。

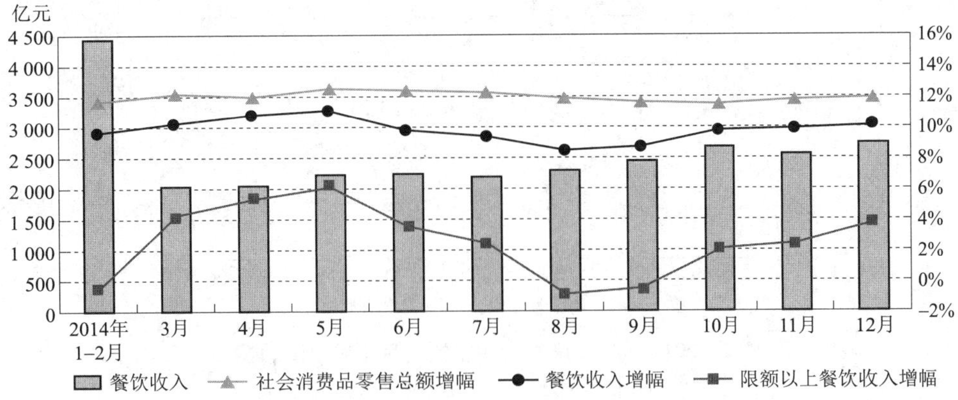

图 3　2014 年全国餐饮收入月度增长状况

（资料来源：根据国家统计局数据整理制作）

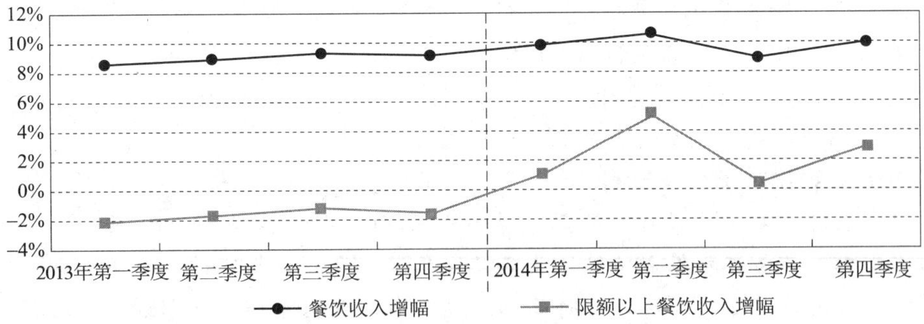

图 4　2013 年以来全国餐饮收入季度增长状况

（资料来源：根据国家统计局数据整理制作）

同时，相较上一年的严峻形势，绝大部分地区限额以上餐饮收入已然止跌回升，不过也有少数省市仍未走出困境。

（3）行业景气情况及用工需求均低迷。

尽管 2014 年餐饮业整体发展形势有所回升，但行业景气仍不容乐观。根据国家统计局统计，有半年以上的时间餐饮业商务活动指数都处于临界点以下状态，企业业务总量减少，且新订单指数也低于临界点，市场需求有所减少，这种状况在 6 月、7 月份尤其明显。

同样，餐饮行业用工情况依然疲软。中国人力资源市场信息监测中心对全国近百个城市的公共就业服务机构市场供求信息的统计显示，因季节因素，2014 年一季度全国住宿和餐饮业用人需求大幅上涨，但随后急剧下跌，见图 5，无论是在同比还是环比上，用工需求都转为负增长，并一直持续至年底。

2. 餐饮行业发展特点

（1）政策优化继续促进行业发展。

2014 年 5 月商务部出台《加快发展大众化餐饮的指导意见》，对全行业来说可谓是期待已久的甘露，起到了一定的振奋作用。《意见》提出大众化餐饮所占比重拟由当前的 80% 提

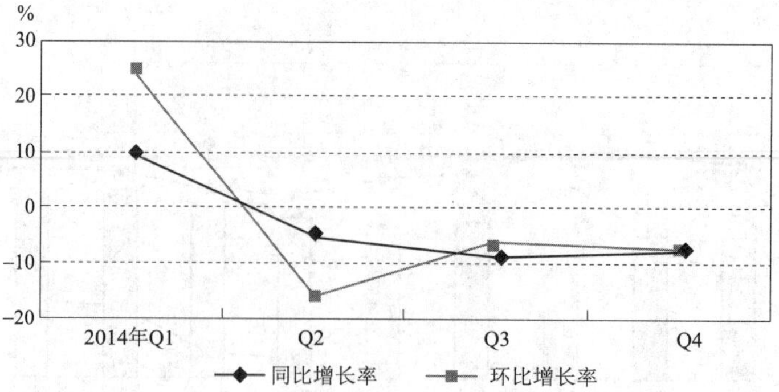

图 5　2014 年各季度住宿和餐饮业用工需求变动情况

（资料来源：根据人力资源和社会保障部数据整理制作）

高到 85%，更是表明了政府对促进餐饮业发展的目标、方向和态度。

（略）

（2）大众需求旺盛带动市场回升。（略）

（3）餐饮企业多管齐下各显神通。（略）

（4）餐饮 O2O 大热改变消费模式。（略）

（5）本土品牌与国际巨头存在差距。（略）

二、2015 年餐饮市场前景预测

当前中国经济正处于从投资型驱动向消费型驱动转型的换档期，第三产业占比不断提升、城镇化规模和质量稳步推进使餐饮业充满发展潜力和机会。不过，竞争加剧、企业微利已成为餐饮行业无法改变的事实，并将长期持续。全行业仍需摆正思想认识，在新常态下顺应形势练内功，创新驱动谋发展。

1. 行业发展环境将得到进一步优化（略）

2. 新常态新形势新发展（略）

3. 企业扩张势头逐渐恢复（略）

4. 资本引进来、中餐走出去（略）

2015 年是中国餐饮业落实“十二五”目标的收官之年，也是巩固行业转型成效、迈向餐饮收入三万亿新阶段的关键时期。走满足大众需求、适应市场变化、提升盈利水平的理性发展之路，就是餐饮业未来发展的“新常态”。预计 2015 年春节，餐饮市场将迎来开门红。让我们拭目以待。

（资料来源：中国烹饪协会．转载自 http：//www. linkshop. com. cn/web/archives/2015/318847. shtml）

想一想

这篇市场预测报告结构共分几部分？其特点是什么？

评一评

本文是一篇全国性行业市场预测报告。正文包括导言和主体两部分。导言介绍了预测对象的基本情况；主体部分包括两个方面：2014 年历史回顾、现状说明和数据分析以及 2015

年市场发展趋势预测；结语部分简洁明了地提出展望、收束全文。

小任务

对本区域你所学专业的就业情况进行调查，并进行分析，形成专业市场预测报告。

通常来说，市场预测报告主要包括以下主要内容：

1. 标题

通常由预测时限、区域、目标和文种四部分组成。

2. 正文

（1）导言。主要用来揭示全篇的主旨，交代写作的目的和动机，介绍预测的方法与过程。

（2）主体。通常是对现状的分析、对未来的预测和经客观分析后的意见和建议。一般包括：回顾历史，说明现状；分析事实，预测发展趋势；提出建议和设想，为经营决策提供参考。

（3）结尾。结尾或归纳全文以深化主题，或重申观点以加深认识。

3. 落款

落款包括署名和日期。

（四）市场预测报告的写作要求

1. 材料要具体真实

市场预测报告中选用的材料必须具体并真实才能够进行科学的预测，反之则会导致错误的判断，那就会失去预测报告应有的价值，甚至造成经济损失。

2. 预测要准确无误

预测的准确性是预测报告的灵魂。要使预测结果准确无误，除了材料的数据真实全面外，还必须在正确理论的指导下运用科学的预测方法，预测的方法分为定性预测法和定量预测法两种。

3. 建议要切实可行

市场预测报告中提出的建议要切实可行，切忌说大话、套话和空话。

任务二　商业计划书和经营策划书

一、商业计划书

（一）商业计划书的含义

商业计划书是商业用计划书，是公司、企业或项目单位为了达到招商融资和其他发展目标，根据一定的格式和内容要求而编辑整理的一个向受众全面展示公司和项目目前状况、未来发展潜力的书面材料。它通过综合分析项目的内部和外部因素，全面描述项目的性质、潜在优势、市场前景、团队构建、如何实施该项目、财务管理、投资收益、风险预测与控制以及投资退出机制等方面的内容。

（二）商业计划书的格式与写法

案例点评

宏硕果业有限公司商业计划书

一、宏硕果业有限公司概况

1. 公司简介

宏硕果业有限公司是集果品的生产、加工、贮运、销售为一体的股份制企业。主营“宏硕”品牌陕西渭北绿色食品苹果、有机苹果、红地球葡萄等果品，具有独立的进出口经营权，被陕西省政府认定为省级农业产业化重点龙头企业，为中国果品流通协会苹果分会副理事长单位、中国农学会葡萄分会理事单位。

公司注册资金 1 100 万元，实行董事会领导下的总经理负责制。公司设立子公司×××绿色果业有限公司、宏硕良种苗木繁育中心和长武示范园基地。公司具有高素质的管理团队和一流的技术人才，科研力量雄厚，基础设施完善。经过多年发展，公司在长武县建有贮藏量 8 000 吨的果品保鲜库和高标准的果品加工车间，依托长武县区位优势自建红地球葡萄园 650 亩，是国家绿色食品发展中心颁证的绿色食品生产基地。

（略）

公司坚持“以工业化为基础、以标准化为手段、以品牌建设为先导、以整合资源为策略”的经营理念，定位高端消费群体，以安全、营养和一流品质赢得市场。公司已建立了成熟的销售网络，目前宏硕有机苹果已成功开拓上海、深圳、广州、杭州、西安、重庆等国内高端水果市场，在沃尔玛、家乐福、乐购等大型连锁超市都设有宏硕苹果专柜，在国内高端苹果市场上占据一定位置，成为了中国有机苹果第一品牌。

2. 公司概况（略）

3. 公司组织机构

部门设置：行政部、生产技术部、销售部、发展规划部、财务部；

分支机构：

×××绿色果业有限公司（控股公司）；

宏硕良种果树苗木繁育中心（下属实体）；

长武苹果、葡萄生产示范园区（下属实体）。

4. 公司发展沿革（略）

5. 股东及股权结构

目前，集团注册资本为人民币 1 100 万元，由 3 名自然人股东共同出资构成。各股东的出资额、占注册资本的比例及在公司的任职情况见下表。（略）

6. 管理团队（略）

7. 业务与产品

甜果集团目前的业务分两大类：

（1）果品的种植、深加工、贮运、销售及出口贸易。

（2）良种果树苗木的繁育、组培及销售。

甜果集团的产品分苹果、葡萄等品种，以下为公司产品的明细分类表。（略）

二、生产基地介绍

1. 苹果生产基地（共计 17 044 亩）

（1）×××车村基地。（略）

（2）×××水洼村基地。（略）

（3）×××绿色果业有限公司。（略）

2. 宏硕良种果树苗木繁育中心（略）

3. 长武果业生产示范园区（略）

三、行业及企业优势

（一）有机苹果生产的技术领先优势（略）

（二）产业优势（略）

（三）区位优势（略）

（四）品牌优势（略）

（五）项目优势（略）

四、投资要点

1. 国内领先的有机苹果生产技术和经营实践（略）

2. 独具特色的经营模式和经营理念

（1）公司采用“企业+合作社+农户”的生产种植方式，让果农以企业的标准和规范进行精细生产，企业负责农资供应和产品收购，与果农建立起长期、稳固的合作关系，以相对较低、推广较快的方式进行规范化、标准化的果品生产。

（2）经过多年的积累和探索，甜果集团形成了“以工业化为基础、以标准化为手段、以品牌建设为先导、以整合资源为策略”的经营理念，注重以大工业化的手段从事果品的生产和加工，注重产品质量和过程控制、注重品牌建设和资源整合，不做简单的果品经销或单纯进行果品深加工，而是注重全方位打造果品生产经营的全产业链。

（3）科学合理的营销模式。

① 精准定位：世界最好的精品苹果、有机苹果第一品牌。

② 差异化营销：作为有机苹果的“宏硕”苹果，以“黄土风情”的原生态风格表现自身的自然、天然、绿色、有机的本质，以大、中型超市专柜为主，与普通苹果的销售模式明显区分。

③ 品质保障：严格遵守执行国际农业领域最先进的“良好农业操作规范”（CPA）和“有机种植体系”，保障了“宏硕”果品的高品质。

④ 品牌引领：注重品牌推广和宣传。

⑤ 全程立体营销：标准规范的基地建设+国际标准的储存及深加工体系+精品标准终端。

3. 商机无限的陕西苹果产业

（1）陕西的苹果资源得天独厚，是国内也是世界上最大的苹果适生区和优生区，陕西苹果的优势和品质还将进一步被越来越多的人所认识。

（2）国家“十二五”发展纲要将农业放在优先发展、重点投资的突出位置，而苹果在陕西……已经成为农业的支柱产业，各级政府非常关注，并从政策、资金等多方面给予大力扶持。

（3）苹果产业利润空间较大，根据近两年的分析及公司经营实践，普通苹果的毛利润约21%，有机苹果的毛利润约38%，深加工的利润则更好（宏硕苹果脆片毛利润达60%以上）。

（4）较低的投资风险。

自然灾害方面：从多年实践和陕西地区气候情况看，基本没有较大范围的灾害，局部的灾害一般面积较小；同时政府也正在计划出台农业相关保险政策。

市场方面：鉴于陕西苹果的持续增产和市场走红，销售方面总体无大风险。

4. 前景广阔的综合深加工及冷链物流建设项目

（1）主要建设内容：

12吨/日果蔬休闲食品生产线三条；1万吨气调库；2万吨冷藏库；20吨/时果品光电分选线、包装线各一条；6万~8万吨的物流系统；企业技术中心一个。

（2）项目主要指标：

项目实际投资预计约1.5亿元人民币；

项目投资回收期：3年；

项目建成后形成的综合能力：年加工10 000吨鲜果、生产1 000吨果蔬（主要是苹果干和苹果脆片）休闲食品；3万吨鲜果的储存能力。

（3）经济效益：预计项目建成后年总收入3亿，实现利润4 500万元。

（4）项目进展情况：项目已经于2011年3月16日与泾渭新区管委会签订投资协议，被正式批准立项；设备调研考察工作已经完成；建设方案初步确定。

五、投资合作方案

（一）经营目标

1. 完善法人治理，科学规范运作；
2. 利用各方优势，实现快速发展；
3. 迅速占领资源，打造果业名牌；
4. 稳步提升业绩，早日实现上市。

（二）运作方案

1. 由×××果业集团完成注册新公司——宏硕果业有限公司（以下简称“宏硕公司”，已经于2010年12月完成）。

2. 甜果集团以经过评估的经营性资产对宏硕公司进行增资，×××果业集团拟向宏硕公司增资的资产总值约为3 000万元。

3. 投资人以现金方式认购宏硕公司股份，投资人认购的股份约为2 000万股，增资后的宏硕公司注册资金约为人民币5 000万元（暂定）。

4. 投资人认购股份的价格为2.0元/股。

5. 甜果集团现有“宏硕”商标、各种认证、生产加工技术、营销网络等无形资产无偿转让或提供给宏硕公司使用。

6. 增资后的宏硕公司注册地址变更为陕西××泾渭新区（国家级开发区），并在适当时候整体变更为陕西宏硕果业股份有限公司（暂定名）。

7. 甜果集团示范园生产用地因属于集体土地，按法律规定不能进行投资，甜果集团拟低价长期向宏硕公司租赁。

8. 本次重组结束之后，甜果集团持有宏硕公司（或变更后的宏硕股份公司）的股份占总股本的60%，投资者股东所持股份占总股本的40%（投资者可以是一个或多个）。

9. 甜果集团申报的××市泾渭新区空港产业园“年处理一万吨果蔬休闲食品综合深加工及冷链配送”项目已经整体移交给宏硕公司。

六、未来三年经营业绩预测（略）

七、投资资金拟使用方向（见表1）

表1　　投资资金拟使用方向

项　　目	预计资金需求额（万元）
空港冷链物流项目征地等	2 000
空港冷链物流项目1万吨冷库	1 000（总费用1 500）
空港冷链物流项目光电分选线	1 000（总费用1 500）
合　计	4 000

八、宏硕公司未来五年发展规划及设想

第一阶段（2011—2013年）：

★ 联合投资资本，扩大经营规模，提升经营业绩；

★ 建成泾渭新区“年处理一万吨果蔬休闲食品综合深加工及冷链配送”项目，形成3万吨鲜果的储存能力；

★ 建设5万亩有机苹果生产基地；

★ 完善营销网络，逐步拓展海外市场，实现销售收入2亿~3亿元；

★ 成为国家级农业产业化重点龙头企业。

第二阶段（2014—2015年）：

★ 建设10万亩有机苹果生产基地；

★ 扩大深加工规模，成为国内主要鲜果和苹果深加工产品供应商；

★ 扩大苹果脆片等生产规模，实现日产3吨的生产能力；

★ 建成北京、上海、重庆、深圳等分销中心，扩大海外销售网络；

★ 稳步提升业绩，实现销售收入4亿~5亿元，并完成上市。

宏硕果业有限公司

2011年4月28日

（资料来源：本文转载自百度文库）

想一想

商业计划书应包含几个部分？

评一评

这是一份较为翔实的投资商业计划书。该文格式较为规范，首先介绍公司概况，分析了市场优势和投资优势，并详细介绍了融资项目要点、方案、资金使用预算、业绩预测、股权分配等，重点突出、详略分明，能让投资者一目了然。商业计划书一般用于吸引投资和融资。

小任务

上网搜寻大学生创业项目，选取感兴趣的做一份商业计划书。

商业计划书是反映公司和项目光明前景及增长潜力的书面文件，其目的是向潜在的资助者推销自己的公司。同其他重要的商业职能一样，这要求完成事先准备、分配任务、精练和制定原则等步骤的工作。商业计划的准备程序包括搜集准确、令人信服的信息及在动笔之前认真编写提纲，其一般有规范体式要求。

1. 封面

一般提供计划书项目名称、制作单位等。

2. 目录

商业计划书要列出目录，。

3. 正文

（1）商业计划摘要（或称“执行概要”）。它是投资人首先要看到的内容，故置于商业计划书的第一部分。商业计划摘要是整个商业计划书的浓缩版，需要精辟地概括项目计划的目的、任务及关键要点。

（2）企业情况。介绍公司情况、宗旨或“价值取向”及其历史，描述公司的现状、战略和未来计划。

（3）管理团队与组织结构。应该描述管理层人员及其背景以及对主要人员的额外需求等，公司聘用的主要外部顾问和咨询专家的情况也应包括在内。

（4）项目（产品或服务）的描述。此部分详细描述产品或服务特性、元素、生产过程和产品或服务的质量、研发过程、市场竞争优势、市场前景预测等。

（5）市场分析。客观描述行业内的市场状况，介绍产品（或服务）乃至创业企业在行业中所处的地位，一般包括市场组成、目标市场、行业分析、竞争分析等。一般采用 SWOT 分析法，即通过对企业自身的优势（Strengths）和劣势（Weaknesses）以及外部环境中的机会（Opportunities）和威胁（Threats）进行分析，用以判定企业是否能够进入某一行业并形成竞争优势，如何改变劣势、加强优势，以及如何降低风险、利用机会。

（6）项目实施方案（策略分析）。描述价值体现、市场策略、销售策略、进度计划等。

（7）财务分析。合理的财务预测是赢得投资的最重要的因素。因此计划书中应包含成本分析、收入及利润预测、财务模型分析预测、融资计划、资金用途等内容。

（8）风险控制。分析可能面临的创业风险以及风险将导致的损失，包括环境、政策、资金、技术、市场、操作、管理以及法律责任等层面的风险。着重分析主要的风险给企业带来的威胁，其他风险可简略介绍。

（三）商业计划书写作要求

1. 写作前要撰写提纲和概要

商业计划书是寻求外界支持的书面材料，提纲和概要可以帮助厘清思路，明确内容。

2. 写作目的要明确，按照规范格式写作

商业计划书是企业对自身经营情况和能力的综合总结和展望，目的是突出企业的投资价值。因此在写作上要遵循严格的规范格式，数据要准确。

二、经营策划书

（一）经营策划书的含义及种类

1. 含义

在企业的经营过程中，对某个未来的活动或者事件进行策划并展现出来的文书就是经营策划书。通过经营策划，使企业在经营过程中达到获得利润的目的，而企业能否成功地进行经营策划并实施，是企业经营成功或失败的关键所在。

2. 种类

一般按内容和项目分为商业策划书、广告策划书、活动策划书、营销策划书、网站策划书、营销型网站策划书及公关策划书等。

（二）经营策划书的特点

1. 客观性

经营策划书是企业在特定的时期为特定的产品或服务制定的经营方略，因此一定要针对企业的实际情况来制定，不能泛泛而谈，这样才能达到预期的效果。

2. 创新性

创新性是经营策划书的生命。在尊重企业客观现实的基础上，策划部门应尽可能地试用新的经营战略或对原有的营销战略进行重构，避免因循守旧。

3. 可行性

经营策划书一旦确定下来，就对企业的经营活动产生指导作用，是每个部门都要严格执行的，因此要有很强的可行性。

（三）经营策划书的格式与写法

案例点评

佳洁士牙膏策划书

前言

始创于1837年的宝洁公司，是世界最大的日用消费品公司之一。2002—2003财政年度，公司全年销售额为434亿美元，在《财富》杂志最新评选出的全球500家最大工业/服务业企业中排名第86位，并位列最受尊敬企业第七位。宝洁公司全球雇员近10万，在全球80多个国家设有工厂及分公司，所经营的300多个品牌的产品畅销160多个国家和地区，其中包括洗发、护发、护肤用品、化妆品、婴儿护理产品、妇女卫生用品、医药、食品、饮料、织物、家居护理及个人清洁用品等。

“佳洁士——节约牙膏”是宝洁公司推出的新产品，为配合宝洁公司的牙膏市场推进计划，特进行本次广告策划。本次策划将为“佳洁士——节约牙膏”塑造独特的市场形象，并以全新的方式推向市场。

本次策划书的文本结构如下：

市场分析：中国品牌牙膏发展历程；

产品分析：自身产品特点及对手产品特点；

销售与广告分析；

企业营销战略：企业目标与市场策略；

企业广告策划：广告目标、广告对象和市场、广告策划主题、广告创意设计；

广告媒介策略——公共关系策略——广告效果预测，评估——实施策略。

一、市场分析

（一）中国市场牙膏品牌的发展历程

1998 年，全国牙膏产量达到 28.07 亿支，比 1949 年增长了 133.6 倍；2000 年产量达到了 36 亿支，年人均使用量提高到了 2.8 支；有关专家预计，2005 年中国牙膏产量将达到 45 亿支，2010 年将达到 54 亿支。

近二十年来，中国牙膏市场大致经历了四个阶段。

第一阶段（1949—1992 年）：国内品牌三足鼎立。

1949 年到 1992 年期间，中华、两面针和黑妹三大国产品牌一直支配着中国庞大的牙膏市场，但三大品牌几乎没有正面竞争，而是各居一隅，分别占据着东部、南部和西部市场，相安无事。

第二阶段（1992—1996 年）：洋品牌小试牛刀。

1992 年，世界最大的牙膏品牌高露洁进入中国市场，1995 年宝洁公司的佳洁士进入中国。在这一阶段，由于外国品牌的价格过高（约为国产品牌的 3 倍左右），它们仅仅进入了沿海大中城市的高端市场。

第三阶段（1996—2000 年）：洋品牌洗牌中国市场。

外资品牌完全改变了中国牙膏市场格局：一方面通过收购国产品牌来取得市场份额和渠道，如联合利华从上海牙膏厂取得了中华和美加净的品牌经营权；另一方面通过出色的营销手段及价格调整，让大众接受自己。1996 年，国内牙膏十强品牌中外资品牌仅占两席，到 1998 年已经增至 4 席，而 2000 年更是增加到了 6 席；而蓝天六必治、芳草、两面针等昔日国产名牌整体陷入颓势。

第四阶段（2000 年至今）中国牙膏品牌寻求突破。

冷酸灵、田七、蓝天六必治等国内品牌在经历了一轮市场洗礼后，营销手段和品牌管理理念日渐成熟。他们避开与外国品牌的正面交锋，在中老年口腔护理和中草药护理等细分市场上大做文章，取得了不错的效果。

（二）现有市场竞争格局发展

1. 第一梯队优势明显

高露洁稳居榜首，佳洁士紧随其后，这两个品牌占据了大部分市场份额。在人们的心目中，高露洁、佳洁士几乎成了牙膏的代名词，短短的几年中，这两个品牌已将国产老品牌远远抛离，成为了中国牙膏市场的主导品牌；而老品牌中华经过了联合利华重新品牌定位和包装之后，重焕光彩……

2. 二线品牌竞争激烈

冷酸灵、两面针、蓝天六必治、黑妹等老品牌虽已风光不再，但凭借原有的品牌优势依然占据了一席之地，而不少国外品牌如 LG、黑人、安利也开始瞄准中国市场大力推广，由此造成了二线品牌的激烈竞争态势。从成长指标来看，新兴国外品牌可谓是后劲十足，发展前景良好。

（三）消费者分析

1. 消费群结构分析

牙膏虽然是一种家庭消费品，但随着国外品牌的进入，国内与国外品牌之间在消费群结构上开始出现差异。

国产品牌牙膏的主要消费群集中在低收入者以及中老年人，而年轻人或中高收入者则偏向于使用国外品牌的牙膏。造成以上差异的原因可能有以下两点：

（1）不同年龄段的消费习惯不同。对于中老年人来说，使用习惯是很难改变的，特别是对于一种使用了十几年甚至几十年的产品，老品牌早已根深蒂固，要想让他们接受新事物恐怕很难。

（2）中外品牌价格有差距。尽管高露洁等品牌在近几年产品线延伸到了各消费层，但相对于国产品牌来说，价格还是高了些许。对于一般的消费者来说，使用国产牙膏已经可以满足基本的清洁需求，也算得上是价廉物美了。

2. 消费区域特征分析

（1）一线品牌覆盖全国各地。高露洁、佳洁士在全国各地都占据了主要的市场地位。

（2）二线品牌具有明显的区域特征。从上表来看，冷酸灵、两面针在成都优势尤为明显；黑人、黑妹在广州表现突出；上海防酸在上海地区一枝独秀，渗透率甚至高于佳洁士。

（四）市场发展趋势分析

目前，彩电、空调等的价格战正打得如火如荼，其实国内牙膏的市场竞争一点也不亚于一些大件商品的竞争。两面针牙膏突然降价的消息在牙膏同行内就掀起了风波，但面对“两面针”此次的降价行动，业内人士称牙膏市场暗战激烈，但整体价格却难有波动。

中国牙膏市场长期以来被国有品牌所垄断。中华、黑妹和两面针三大品牌一直以来分享了中国庞大的牙膏市场。

外资品牌面对牙膏这一高利润的行业，当然不甘心放弃这个共有 12 亿人口的大蛋糕，近一两年来，一下子冲出了好几个外资品牌，如高露洁、佳洁士、洁诺等，其以巨大的广告费作为铺垫，誓要与国产品牌一争高低。

中国消费者的健康观念在不断改变，“对自己及家人的照顾从口腔开始”的广告信息不断影响个人的消费购买行为，从以往单一清洁牙齿的工具到补钙、防酸、防蛀等，各种各样名目的新牙膏产品如雨后春笋般涌现，令人一时眼花缭乱。中国市场从原来三足鼎立的局面一下子被划分得七零八落，出现了各品牌重新洗牌的现象。

牙膏市场价格战是否打得起来现在还是未知数，但广告战却已是不争的事实。据央视调查咨询中心对全国 340 多个电视频道的监测所知，2000 年 1—5 月牙膏电视广告总投放量为

38 932 万元，比上年同期增长了 37%。

前几年，整个中国牙膏市场基本被国产的几个品牌所刮分，但据统计，1999 年 1—5 月牙膏电视总投放量为 28 326 万元，中华、两面针、冷酸灵、黑妹、蓝天六必治等几个品牌的广告投放量只占总广告量的 32%，外资品牌的“佳洁士”、“高露洁”等广告投放量占 42%。因为国产品牌受到合资品牌的外来压力，为了巩固已有的市场份额，争夺战一触即发，2000 年 1—5 月各国有品牌的电视广告费用都有所上升，由于中华被联合利华兼并，广告费比上年同期猛增近 6 倍。在此期间，中华中草药牙膏以 5 773 万元的广告费高居各产品之首。

从媒体选择来看，国产牙膏广告相对比较集中在中央台，全国各省的投放面也相对松散，采取一网打尽的广告投放方式。但中华、两面针、黑妹等几个国有品牌唯独在北京、上海地区在 1999 年 1—5 月基本没有广告投入，这是其他一些外资品牌所没有的。是否因为是自己的领地就自顾不暇呢？而面对合资品牌广告的疯狂入侵，2000 年 1—5 月这些品牌在以上地区的广告投入相对有所增加。特别一提的是中华一改以往作风在上海地区 2000 年 1—5 月投入 500 多万元，北京地区投入 220 多万元。

广西柳州的两面针和广州的洁银牙膏是国内最早打响中药护牙概念的产品，但前者发展较快。两面针中药牙膏依然是近段时间广告的首推产品，1999 年 1—5 月这一产品已投入了近 450 多万元；而面对中华中草药牙膏的强劲推出，两面针不敢怠慢，迅速推出两面针强效中药牙膏加入竞争，2000 年 1—5 月的广告投入了 1 852 万元，可面对中华中草药牙膏的庞大广告冲击，却又显得有心无力。相比之下，其他的外资品牌暂没有涉足中草药这一领域，而是多以防蛀、全效、超白等特点作为广告卖点。

报纸作为第二大的广告媒体，各牙膏品牌却不屑一顾。据央视调查咨询中心对全国 380 多份报刊的监测所知，1999 年 1—5 月只有高露洁一个品牌高唱独角戏，投入广告费达 262 万元，其他牙膏品牌基本没有投放广告。此局面到了 2000 年 1—5 月出现了新的改变，两面针、中华等牙膏品牌象征性地投入了几十万元，也算占据了一席领地。面对其他品牌的加入，高露洁不但没有加入广告战，反而比上年同期减少了 50% 的广告费，令人匪夷所思；另一合资品牌佳洁士依然按兵不动。据统计，2000 年 1—5 月牙膏的报刊广告总投放费用是 338 万元，占电视的 0.9%，显得有些微不足道。

面对此次风波，牙膏同行众多品牌表示不跟进，靠单一的降价来换取销售量的上升，是极其危险的营销手段。有关人士指出，在消费层次多元化、消费观念国际化的今天，会有越来越多的人接受价高质优的观念，国内品牌在以优质价廉稳住广大实惠消费群体的同时，也不要消极放弃高消费群体市场。

（五）未来产品发展趋势

几年前，国外品牌的进入从根本上改变了中国牙膏市场的竞争格局，今天，这些已经奠定了坚固市场根基的国际品牌依然保持着旺盛的生命力，而又一批国外品牌也来到了中国，准备掀起新一轮的竞争；相比之下，国产品牌则显得后势不足。在今后的牙膏市场中，上演的应该是国外品牌之间的争夺，市场份额将被重新划分。

二、产品分析

（一）“佳洁士—节约牙膏”分析

本公司为回报广大消费者，特研制一款新型牙膏，其外形设计独特；牙膏口是其他产品的一倍；牙膏是液体，容易粘在牙刷上。这样的设计既便于消费者使用，也便于消费者养成节俭的作风。本公司的这款牙膏有水果香型和薄荷型，能 24 小时全天为您服务，白天让您口气清新、散发自信的魅力；夜晚它会为您消灭牙齿中的病菌，维护您牙齿的健康。此外，这款牙膏有各种克数供您选择。

（二）竞争对手牙膏分析

1. 两面针牙膏

薄荷香型：预防牙本质过敏、牙周炎、牙痛；120 克。

水果香型：消炎、止痛、预防牙龈出血；180 克。

冰凉薄荷型：清除牙垢、使牙齿洁白；全新易挤软管；120 克。

天然水果香型：预防牙周炎、口腔异味、脱敏防蛀；100 克。

清爽薄荷：缓解牙本质过敏、牙龈出血、牙痛、口腔异味、止血；120 克。

水果香型：清新口气、牙痛；180 克。

2. 中华牙膏

长效防蛀：防蛀、坚固牙齿，清新口气；170 克。

中草药：预防发炎、蛀牙、口腔溃疡，清新口气；120 克。

长效防蛀：固齿，清新口气；120 克。

金装全效：含氟、钙、强齿素 CAGP，固齿、拒绝蛀牙，清新口气；100 克。

3. 蓝天六必治牙膏

绿茶：抑制口腔病菌、阻止牙菌斑生成、清热去火除口臭，冰茶茉莉香型。

生物酶：口腔菌平衡、防止口腔牙周疾患、修复组织、抑制出血。

中草药：预防口腔炎症、牙龈出血、疼痛、异味，水果香型。

全效：预防口腔炎症、牙龈出血、肿痛、口臭、牙齿过敏、口腔溃疡，冬青薄荷型。

4. 黑人牙膏

水清新，富含氟化物、晶莹蓝色膏体、蕴含法国天然香水、独有水凝清新分子。

三、销售与广告分析

（一）宝洁公司销售与广告现状

1. 宝洁公司的知名度、美誉度与企业形象

1988 年宝洁公司在广州成立了在中国的第一家合资企业——广州宝洁有限公司，从此开始了宝洁投资中国市场十四年的历程。为了积极参与中国市场经济的建设与发展，宝洁公司已陆续在广州、北京、上海、成都、天津等地设立了十几家合资、独资企业。

十四年来，宝洁公司一贯奉行“生产和提供世界一流产品、美化消费者的生活”的企业宗旨，在华生产出了众多质量一流、深受消费者喜爱的产品，宝洁的飘柔、海飞丝、潘婷、舒肤佳、玉兰油、护舒宝、碧浪、汰渍和佳洁士等已经成为家喻户晓的品牌。迄今为止，宝洁在华投资总额已逾 10 亿美元，拥有约 4 000 名员工。自 1993 年起，宝洁公司连续九年成为全国轻工行业向国家上缴税额最多的企业。

宝洁公司历来崇尚消费者至上的原则，在中国也不例外。为了深入了解中国消费者，宝洁公司在中国建立了完善的市场调研系统，开展消费者追踪并尝试与消费者建立持久的沟通关系。宝洁公司在中国的市场研究部建立了庞大的数据库，把消费者的意见及时分析、反馈给生产部门，以生产出更适合中国消费者使用的产品。

宝洁公司是一个创新型的现代化企业，一贯重视科学研究、技术开发及人才培养，注重产品质量及加速原材料本地化的进程。宝洁公司在全球建有 19 个大型技术研究中心，拥有 8 300 名科学技术研究人员，其中有 2 000 名具备博士学位的研究员。公司每年科研经费的投入在 17 亿美元以上，平均每年申请专利达 20 000 余项。在中国，为了使宝洁在技术上有更大的发展，宝洁与清华大学共同创建的全球第十八个大型科研中心已于 1998 年 4 月在北京正式落成。这会更有效地利用宝洁全球的技术优势，研究开发先进的产品技术，创造设计出更适合中国消费者需要的产品。

公司高度重视人才培养，向员工提供了独具特色的培训计划。公司的目标是尽快实现员工本地化，计划在不远的将来，逐渐由国内员工取代外籍人员担当公司的中高级领导职务。

在争取尽早实现原材料本地化的进程中，宝洁公司积极帮助中国吸引外资、加速原材料工业的发展。在宝洁的影响下，已有众多国际原材料供应商来华投资，宝洁与罗纳普朗克公司的合作就是其中的一例。

宝洁公司十四年来一贯恪守“取诸社会、用诸社会”的原则，成为有高度社会责任感的企业公民。近几年来，宝洁公司在中国已累计向社会捐助 4 000 多万元人民币，用于支持发展教育、健康、城建、环保、助残及赈灾救济等各项社会公益事业。例如：宝洁 1996—1998 年向希望工程累计捐款 1 200 万元，在全国 27 个省、自治区兴建了 76 所希望小学；1997 年还向春蕾计划捐款 50 万元，支持女童教育，帮助她们重返课堂。

1998 年 4 月，在宝洁公司董事长来华访问期间，宝洁向清华大学捐款 1 070 万元，引进目前世界上最先进的实验仪器，帮助完善学校的教学实验设施及用于承担宝洁与清华大学共同合作的科研项目；同时向教育部捐款 700 万元，用于支持中、小学青春期健康教育。此外，宝洁公司还向野生动物保护基金会捐款 150 万元，以保护国宝大熊猫。

宝洁公司在中国十四年所取得的成就得益于迅速发展的中国经济和日臻完善的投资环境，离不开中国各级政府和广大消费者以及社会各界的支持。宝洁将一如既往地为提高中国消费者的生活质量而不懈努力，同中国一起发展、一起繁荣，以实现宝洁的承诺：让我们尽心尽力，让每一天尽善尽美。

（二）宝洁公司的市场销售现状

（1）产品质量：佳洁士—节约牙膏，将以品质为第一位，为消费者生产出放心的商品。

（2）价格定位：佳洁士—节约牙膏，售价人民币 2~4 元不等。

（3）渠道策略：佳洁士—节约牙膏，销售渠道覆盖全国各地的大、中、小超市。

（4）品牌定位：佳洁士比高露洁晚进入中国市场三年，一直处于步步落后的境地，近几年来，佳洁士和高露洁在中国的营销战更是到了白热化的状态。虽然和高露洁一样，佳洁士也是定位在高端市场，但是与高露洁的专业形象不同的是，佳洁士将营销目标瞄准儿童，广告上频繁出现的是一张张儿童“没有蛀牙”的笑脸。通过在儿童心目中树立的良好品牌形象，来影响父母选择牙膏品牌。

四、主要品牌定位策略分析

1. 高露洁

高露洁一直占据着牙膏高端市场。近年来，由于人们生活水平的提高和消费习惯的改变，消费者对品牌的偏好程度加强，对价格的敏感程度下降，高露洁更是牢牢地占据着牙膏市场份额第一的位置。通过与中国牙防协会等医疗机构的合作，以及广告中身着白大褂的牙医对消费者的谆谆诱导，高露洁在中国消费者心目中树立起了“牙科专家”的品牌形象。

2. 中华

1994 年，欧洲日化用品巨头联合利华公司和上海牙膏厂采取商标使用许可的合作方式，租赁了中华的商标使用权，联合利华很看重中华的品牌知名度和在中老年人群中的影响力。2001 年 5 月，联合利华更换了中华牙膏的标识，并推出了各种不同口味的中华牙膏，使其消费群体向年轻化拓展。

3. 冷酸灵

冷酸灵是重庆市著名的牙膏品牌，它能在竞争激烈的市场中生存下来，当初的产品定位和广告宣传功不可没。冷酸灵的广告主题在很长时间里一直集中在向受众表达：冷酸灵能解除牙齿遇到冷热酸甜后所遭受的痛苦，这使得冷酸灵品牌被牢固定位于药物牙膏上，并成为了这方面的第一品牌。20 世纪 90 年代中期以后，在高露洁、佳洁士等品牌的大举进攻下，冷酸灵仍然坚持了已有的正确主题与定位，提炼出了一句带给受众直接利益的口号：“想吃就吃，冷酸灵牙膏”，进一步强化了产品的诉求点，从而守住了自己的市场份额。但可惜的是，其后来“坚忍不拔，冷酸灵”的口号，以及“大象篇”“立起篇”等广告策略的失败，让冷酸灵牙膏痛失了不少市场份额。

五、企业营销战略

1. 营销目标

（1）短期目标：通过宣传令消费者认识此产品，并且购买。

（2）长期目标：令消费者对此产品拥有品牌忠诚度。

2. 市场策略

（1）产品定位：让消费者节俭，从产品出发让消费者能做到节俭。

（2）诉求对象：单身青年和青少年。

（3）广告主题：“佳洁士—使节约”。

六、广告表现

1. 非媒介

（1）针对青少年。

① 用儿童作节约对象的宣传，把活动编成儿歌，歌颂节约美德。

② 在各小学树立节约美德，评选节约美德先锋队员（例如颁发证书、奖品等）。

③ 节假日儿童自己购买佳洁士牙膏儿童装，可以半价购买（销售地点：各小学门口、公交车站等）。

（2）针对青年。

① 产品推出一段时间后，可以在指定日期用旧牙膏换新牙膏。

② 可以定期搞优惠或兑奖活动。

2. 媒介

（1）电视：中央电视台-1、中央电视台-5、中央电视台-6、中央电视台-8（全国性）；北京电视台、青岛电视台、哈尔滨电视台（地方性）。

（2）报纸：《中国经济报》《少儿导报》等（专业类）；《中国电视报》、《青年报》、《打工报》、地区性日报、地区性晚报等（综合类）。

（3）杂志：《销售与市场》等（专业类）；《少男少女》《读者》《意林》《青年文摘》

等（综合类）。

（4）户外广告：各个目标市场的路牌、灯箱和车身。

（5）媒体广告预算。报纸广告预算10万元；杂志广告预算5万元；电视广告预算35万元；户外广告预算15万元；合计：65万元。

七、公关营销策略

1. 目的

公关营销的最终目的是提高企业效益，最高的目标是服务公众、贡献社会。具体的目的是让公众了解宝洁，让宝洁了解公众、了解他们的真正需要以及公众对产品的意见反馈和建议等。

2. 活动策划

（1）产品上市新闻发布会（以“提倡节约新起点”为主题进行，向公众宣布一个新起点的诞生）。

（2）牙膏试用（向目标市场的消费者发放10 000管牙膏，并记录下使用者的数据，宣传“提倡节约新起点”主题）。

八、效果预测、评估

售前：采用向消费者促销的方式；

售中：利用媒介和非媒介一起向消费者介绍“佳洁士—节约牙膏”；

售后：对广告效果进行整体评估。

（资料来源：http：//mkt. icxo. com/htmlnews/2009/05/31/1385177_ 0. htm）

想一想

在做该经营策划书前需要做哪些工作？该经营策划书是否具有可行性和可操作性？论证是否充分？

评一评

本文是一份成功的日用品策划书。公司首先根据市场的差异为其产品定位，然后选择了适当的营销方式。因为上述活动是建立在对目标市场实地调研和分析基础上的，因此该营销计划具有可行性和可操作性。

小任务

1. 经营策划书制定后，突然有一家合资企业也要在几乎同一时期将其产品投放到该市场上，该合资公司更具实力，但既定消费群体对其产品却比较陌生。你认为应该如何调整此经营策划书，需重点修改哪些部分？

2. 企业在做经营策划书的时候，应该对目标市场进行哪些分析？

策划书没有一成不变的格式，它依据产品或营销活动的不同要求，在策划的内容与编制格式上也有变化。但是从营销策划活动一般规律来看，其中有些要素是共同的。一般可采用下列结构进行营销策划书的编写。

1. 封面

策划书的封面可提供以下信息：（1）策划书的名称；（2）被策划的客户；（3）策划机

构或策划人的名称；（4）策划完成日期及本策划适用的时间段。因为营销策划具有一定时间性，不同时间段上市场的状况不同，营销执行效果也不一样。

2. 正文

（1）策划目的。要对本营销策划所要达到的目标、宗旨树立明确的观点，作为执行本策划的动力或强调其执行的意义所在，要求全员统一思想、协调行动，共同努力保证高质量地完成策划。

（2）分析当前的营销环境状况。

当前市场状况及市场前景分析：① 产品的市场性、现实市场及潜在市场状况。② 市场成长状况，包括产品目前处于市场生命周期的哪一阶段、对于不同市场阶段上的产品公司营销侧重点如何、相应营销策略效果怎样、需求变化对产品市场有哪些影响等。③ 消费者的接受性，这一内容需要策划者凭借已掌握的资料分析产品市场发展前景。

对产品市场影响因素进行分析。主要是对影响产品的不可控因素进行分析，如宏观环境、政治环境，居民经济条件如消费者收入水平、消费结构的变化、消费心理等；对一些受科技发展影响较大的产品如计算机、家用电器等的营销策划中还需要考虑技术发展趋势方向的影响。

（3）市场机会与问题分析。

营销方案，是对市场机会的把握和策略的运用。因此，分析市场机会就成了营销策划的关键。只要找准了市场机会，策划就成功了一半。

① 针对产品目前营销现状进行问题分析。一般营销中存在的具体问题，表现为多方面：企业知名度不高、形象不佳影响产品销售；产品质量不过关、功能不全，被消费者冷落；产品包装太差，提不起消费者的购买兴趣；产品价格定位不当；销售渠道不畅或渠道选择有误，使销售受阻；促销方式不适当，消费者不了解企业产品；服务质量太差，令消费者不满；售后保证欠缺，消费者购后顾虑多；等等。

② 针对产品特点分析优、劣势。从问题中找劣势并予以克服，从优势中找机会、发掘其市场潜力。分析各目标市场或对消费群特点进行市场细分，对不同的消费需求尽量予以满足，抓住主要消费群作为营销重点，找出与竞争对手的差距，把握利用好市场机会。

（4）营销目标。营销目标是在前面目的任务基础上公司所要实现的具体目标，即在营销策划方案执行期间，经济效益目标达到：总销售量为×××万件，预计毛利×××万元，市场占有率实现××。

（5）营销战略（具体营销方案）。

① 营销宗旨。一般企业可以注重这样几个方面：以强有力的广告宣传攻势顺利拓展市场，为产品准确定位，突出产品特色，采取差异化营销策略；以产品主要消费群体为产品的营销重点；建立起点广、受众面宽的销售渠道，不断拓宽销售区域等。

② 产品策略。通过前面产品市场机会与问题分析，提出合理的产品策略建议，形成有效的“4P”组合，达到最佳效果。

A. 产品定位。产品市场定位的关键主要是在顾客心目中寻找一个空位，使产品迅速启动市场。

B. 产品质量功能方案。产品质量就是产品的市场生命，企业对产品应有完善的质量保证体系。

C. 产品品牌。要形成一定知名度、美誉度，树立消费者心目中的知名品牌，必须有强烈的创牌意识。

D. 产品包装。包装作为产品给消费者的第一印象，需要采取迎合消费者，能使其满意的包装策略。

E. 产品服务。策划中要注意产品服务方式、服务质量的改善和提高。

③ 价格策略。普遍性原则有：拉大批零差价，调动批发商、中间商积极性；给予适当数量折扣，鼓励多购；以成本为基础，以同类产品价格为参考，使产品价格更具竞争力；若企业以产品价格为营销优势的则更应注重价格策略的制订。

④ 销售渠道。产品目前销售渠道状况、对销售渠道的拓展有何计划，针对这些问题采取一些实惠政策鼓励中间商、代理商的销售积极性或制定适当的奖励政策。

⑤ 广告宣传。

一般原则：

A. 服从公司整体营销宣传策略，树立产品形象，同时注重树立公司形象。

B. 长期化：广告宣传的商品个性不宜变来变去，变多了，消费者会不认识商品，老主顾也觉得陌生。所以，在一定时段上应推出一致的广告宣传。

C. 广泛化：选择广告宣传媒体多样式化的同时，注重抓住宣传效果好的方式。

D. 不定期地配合阶段性的促销活动，掌握适当时机，及时、灵活地进行促销，如重大节假日、公司有纪念意义的活动等。

实施步骤：

A. 策划期内前期推出产品形象广告。

B. 销后适时推出诚征代理商广告。

C. 节假日、重大活动前推出促销广告。

D. 把握时机进行公关活动，接触消费者。

E. 积极利用新闻媒介，善于利用新闻事件提高企业产品知名度。

⑥ 具体行动方案。根据策划期内各时间段的特点，推出各项具体行动方案。行动方案要细致、周密，操作性强又不乏灵活性。还要考虑费用支出，一切量力而行，尽量以较低的费用取得良好效果为原则。尤其应该注意季节性产品淡、旺季营销侧重点，抓住旺季营销优势。

（6）策划方案各项费用预算。这一部分记载的是整个营销方案推进过程中的费用投入，包括营销过程中的总费用、阶段费用、项目费用等，其原则是以较少的投入获得最优效果。费用预算方法在此不再详谈，企业可凭借经验，具体分析制定。

（7）方案调整。这一部分是作为策划方案的补充部分。在方案执行中有可能出现与现实情况不相适应的地方，因此贯彻方案时必须随时根据市场的反馈及时对方案进行调整。

（四）经营策划书写作的要求

（1）经营策划书的撰写要建立在调查研究和可行性分析的基础上，只有这样策划才能有针对性地进行，使其具有可行性。

（2）经营策划书要做得具体、精细，具有可操作性。

任务三　经济活动分析报告、可行性研究报告和审计报告

一、经济活动分析报告

（一）经济活动分析报告的含义

经济活动分析是以经济理论和经济政策为指导，以会计核算、统计报表、计划指标和调查的情况为依据，运用科学的分析方法，对某一经济组织的经济活动或某一经济现象进行分析研究，从中探索经济规律，评价成败得失，探讨其中原因，寻求改进方法，达到提高经济效益的目的。

市场调查报告是对市场中当前情况的分析与判断，市场预测报告是对未来情况的推测和把握，而经济活动分析报告是对已经发生过的经济过程进行剖析，总结经验和规律。

（二）经济活动分析报告的特点

1. 指导性

经济活动分析报告着重对经济活动进行及时研究和评价，为有关部门采取相应措施提供科学可靠的依据，为企业的发展指出明确的方向，因此具有指导性。

2. 时限性

经济活动分析报告像其他经济类应用文一样都有时限性，要求及时准确地反映经济情况，超过时限的经济活动分析报告就失去了它应有的指导意义。

3. 综合性

经济活动分析报告是建立在对大量的信息分析、综合和判断的基础上的，它所需的数据涉及来自不同载体的大量的经济数据、经济指标等，因此它具有综合性。

（三）经济活动分析报告的格式与写法

案例点评

大市待兴商为先

——××××年深圳市商业物业市场分析

近几年，深圳百多幢高层建筑拔地而起，为城市频频增添新风景。这些大厦的裙楼部分大多作为商业用途，与随和嘈杂的东门老街、福田商业街、平价商场等形成鲜明对比，成为

现代大都市的标志之一。

在房地产销售中，裙楼商业至关重要，关系到整幢大厦的销售成败，可谓是“一旺百旺，一落百落”。下面就价格、供求、利弊等问题分析商业物业的现状和发展前景。

售价平稳　租价起伏

××××年至××××年，深圳商铺的价格有平均33%的年增长率。以罗湖区一普通铺面为例，××××年至××××年，租金从60元升到180元（本文中价格单位为元/平方米），年增长38%；售价从3 700元升到15 000元，年增长50%以上；××××年下半年受大市影响，商铺租金开始下降，至××××年平均下跌15%~30%。国贸商场是深圳早期最大的购物中心，租金高达600至800元，今年降至350元，友谊城租金从500元降到300元，新近落成的宝华楼甚至用“一年免租”来吸引业主。与租价相比，商铺的售价较为平稳，在售的大厦底层商铺价格为28 000~45 000元，佳宁娜广场高达70 000元，为目前市场最高价。由此反映出许多发展商寄望于后市，下调租金是短期行为，待一两年期满可以再次调整，亏损不大；而售出的物业就收不回来，平价抛售带来的缺口是很难补上的，因此尽管是有价无市，发展商仍然惜售以待。

需求下降　供应增多

深圳商铺一直都比较抢手，常常在建筑期内就已名花有主。但今年实际需求下降，空置率较高，处于繁华路段的大厦只有首层和二层尚能吸引业主，三至五层几乎全空闲。发展中心、罗湖商业城的空置率高达85%，其原因在于：

（1）已经开业运作的大商家经营状况不太理想，只能维持现状，不再扩大经营。

（2）准备投资商业的企业见大市冷清需做谨慎考虑，以致推迟投资计划。

（3）小商家竞争激烈，受经济衰退形势的冲击大，转让、转租现象多。

（4）部分商铺规划不合理、自断其路。如在首层设银行，过于庄重，以致上层商场无人光顾。

深圳市新近落成和在建的大厦有近百个，形成几个较集中的商业区，如人民南路与深南东路交汇处、蔡屋围中心区、东门商业区和福田商业中心，除以上主要区域外，其他路段还零星分布着一些项目。预计××××年的商铺供应量约2 000 000平方米，××××年约320 000平方米，供应远远大于需求。

利弊共存，前景光明

深圳是座只有15岁的年轻城市，它的发展前景是光明的。就商业物业而言，机会与风险共存。

今年，深圳市政府提出建设“国际性大城市”的战略目标，其中包括大力发展商业，把深圳建设成为商业中心。深圳市政府在《深圳市商业发展规划》中，提出了以大型商业、物资批发中心为骨干，大型购物广场、商业零售企业为支柱，超级市场和连锁店为基础的发展方向，××××年至××××年要建起15个左右的大型购物广场，政府在税收、资金上予以倾斜，创造良好的市场环境和投资条件。

由于深圳的地理优势带来的旅游消费和深圳人口急剧增长，平均年增容30万人造成的社会购买力不断增强，给商家带来了更多的发展机会，商铺的需求也随之增大。

但是，由于商铺供应量大大高于需求，市场消化有限；加上近年来，深圳大量厂房、仓库改建为商铺，以其低廉的租金分摊了一部分投资者和小业主的成本，截至今年9月，已建成万佳百货、百姓购物俱乐部、百家惠等20多家平价商场，这股“平价风”对成本较大的大厦商铺冲击很大。

笔者认为，如果由政府统筹规划各类商业区，对经营的档次、类型做出明确的定位，既要保留老街那种商业街、小商品市场，又要发展高档商业中心区，各具特色、互不冲突，满足不同的消费者，将对商铺市场起到调节平衡作用，有利于商铺物业市场的发展。

此外，应该用优惠的政策、良好的投资环境吸引更多的外商来深发展。目前在深的外资名牌店有麦当劳、大家乐、佐丹奴、百佳、华润、迪生等，不久前，美国沃尔玛百货公司、香港珠江公司联合投资1.7亿元人民币，建成占地17 800平方米的百货中心，这些对促进商业物业的发展起着显著的作用。

创造大型百货商场可以消化相当数量的商业物业，创造极为可观的利润。如上海第一百货公司××××年销售额为19.6亿元，而深圳各大商场连入围最低标准2.9亿元都没有达到，可见经营规模相差甚远。近日深房集团与香港合资，在深房广场建起1~5层、营业面积达25 000平方米的德实利百货公司，就是一个良好的开端，希望深圳早日建起像上海第一百货、北京百货大楼那样的规模大、货品齐全、功能齐的百货购物城。

想一想

本文属于哪种经济活动分析报告？它是怎样体现经济活动分析报告的特点的？

评一评

本文是一篇反映微观经济形势的年度经济活动分析报告。采用正副标题的形式直接说明分析对象和文种。正文主体部分从价格、供求和利弊三个方面分析了该年度深圳市商业物业市场的现状，结尾提出笔者的意见和建议。逻辑严密、层次清晰、材料翔实，具有很强的指导性和参考性作用。

小任务

搞经济活动是否“可行”，就人的主观性而言，一要尊重客观经济规律，二要尊重客观实际，根据现有条件，量力而行。谈谈你对此的看法。

经济活动分析报告一般包括以下几部分。

1. 标题

（1）全称式标题。这种标题一般由分析单位名称、分析时限、分析对象及范围和文种四个部分构成，如《××××公司2003年度空调销售情况分析报告》。

（2）简称式标题。这种标题省略了单位名称或分析时限，或两项同时省略，只概括分析内容和文章主题。

（3）建议式标题。这种标记指直接使用分析报告里提出的意见或建议作为标题，这类标题比较醒目，直接切入主题，让人一看就大致了解了报告要达到的目的。比如，《关于加强回笼资金管理的建议》。

经济活动分析报告标题中的文种，有时也可称为“分析”“情况汇报”“情况说明”

“评估与建议”等，虽然没有直接点明他经济活动分析报告的性质，但还是让人一看就能明白。

2. 正文

正文通常由概述、介绍情况、进行分析和提出建议四个部分组成。

（1）概述。概述又称引言或导言，是正文的开头部分，主要用来叙述经济活动分析期间的基本情况、分析的背景、分析原因或目的、分析的范围和时限等内容。

（2）主体。

① 介绍情况。这一部分详细介绍分析对象的情况，包括主要经济指标的完成情况、技术设备以及管理情况的文字说明和具体数字说明。写情况介绍主要是为下文的分析做铺垫，它是解决问题的基础，因此必须做到准确、完整、真实、可靠。

② 进行分析。进行分析和研究就是在正确的经济理论、党和国家的方针政策指导下，依据一定的经济指标，对经济活动过程中的有关情况进行综合分析研究、对有关的数据进行科学的运算和推导，通过对比分析等手法，揭示问题的实质和存在原因（包括主客观原因），在此基础上提出看法、做出结论。为了保证问题的解决，这一过程必须实事求是、从具体情况的实际出发。

③ 提出建议。这一部分一般是根据分析的结果提出今后经济活动中改善的措施和方法。有的经济活动分析报告以说明成绩、总结和推广经验为主，这一部分就着重写明推广经验、提高经济效益的途径；有的经济活动分析报告以揭露问题、总结教训为主，这一部分就应着重写明解决问题、改进工作的措施。总之，分析问题是为了解决问题，分析是建议的前提，建议是分析的结果，两者在经济活动分析报告中占有突出重要的位置。同时，提出的建议应注意具体可行、切实有效、针对性强。

（3）结尾。结尾又称结束语，是对全文的一个简略总结，起到收束全文、归纳全文的作用。

3. 落款

经济活动分析报告的最后，还要写明撰写此经济活动分析报告的单位或作者名称以及写作的日期。

（四）经济活动分析报告写作要求

（1）要运用科学的分析方法揭示经济活动的规律，如调查分析法、比较分析法、比率分析法、差额计算法、平衡分析法以及因素分析法等。

（2）分析要全面而重点要突出，经济活动分析报告关键是做好分析，分析全面而深入本质，同时要提出切实可行的对策和建议；但是不宜面面俱到，而是要抓住重点、要点。

（3）简明的文字和准确的数据有机结合，经济活动分析是定量分析，要靠数据说话。无论是情况介绍、分析问题还是提出对策都必须以具体数据为基础；在数据运用上要准确无误，必要时可制成图表。文字与数据运用要相得益彰。

二、可行性研究报告

（一）可行性研究报告的含义

可行性研究报告是在前期进行全面分析、论证、评估，以确定其技术上先进、合理，经济上有效益，为决策提供依据的一种书面报告。

可行性研究报告是科学决策的有效工具，经过定性和定量的分析和计算，能够确保项目的切实“可行性”，是财政、金融、会计、营销、环保、税务等多个部门的专业人士在深入分析论证和对比的基础上得出的科学结论，因此在项目的建设和经营过程中能够最大限度地避免失误，为企业的经济和社会效益的取得提供可靠的保证。

（二）可行性研究报告的特点

1. 科学性

可行性研究报告不仅要阐明项目在技术和经济上所依据的理论和原理，还要运用大量的数字、资料论证该项目的实际可行性。论证过程需要介绍、分类、比较、图表数字等说明方法的支持。

2. 论证性

可行性研究是各方面集思广益的过程，需要宏观和微观、现实和长远、政治和经济等多方面的综合论证。总之，只有充分的论证和深入的分析才能保证结论的正确性。

3. 综合性

可行性研究报告的内容涉及市场需求、技术上的可能性、资金的预算等不同领域和不同内容，必须由多学科共同合作完成，具有很强的综合性。

4. 系统性

可行性研究报告要求解决项目应否实施、何时实施及如何实施等一系列问题。因此，作者必须围绕影响项目的各种因素进行全面系统的分析，所以可行性研究报告是一个系统工程。

（三）可行性研究报告的格式与写法

案例点评

关于创办纸浆快餐盒厂的可行性报告

一、概况

目前，我国有几千家工厂生产塑料快餐盒，年产量超过100亿个，加上其他一次性的塑料杯盘、塑料容具，总共有数百亿个快餐盒作为垃圾投入环境，导致“白色污染”越来越严重。聚苯乙烯（EPS）塑料快餐盒（即发泡塑料快餐盒）虽然具有使用方便、生产成本低等优点，但是由于其特殊的塑料属性不易降解，即使深埋在土壤里几百年的时间，仍然保持原状，若抛入海中也会造成鱼类死亡；又由于其材料实质是石油炼制成的化工聚合物，焚烧时释放出多种化学有毒气体，其中有一种称为二噁英的化合物非常有害，因此怎样完美地对它回收处理，迄今仍是让科学家束手无策的难题。使用发泡塑料餐盒造成“白色污染”，产生的恶果令人触目惊心。比如，广州市每天消耗泡沫快餐盒近百万只，造成“白色垃圾”30吨左右；按填埋方式处理一吨“白色垃圾”需耗资1 000元计算，每天的处理费用高达3万元。实际上采用填埋的方式，也只是“表面”的处理方法，并不是根本的处理方式，填埋以后对土质、水质的污染，对农业、渔业、饮水卫生等几个方面造成的损失，是不可估量的。面对这触目惊心的恶果，世界各国包括我国政府无不把治理“白色污染”作为环境保护的一大工作，全国人大、国务院要求各地环保、科研、工商部门紧密配合，在短时间内采取防治对策。铁道部及北京、上海、广州、武汉、杭州、厦门等城市已相继采取措施，禁止使用发泡塑料快餐盒，而采用植物浆为材料的快餐盒取代发泡塑料盒已成为环境保护的必然措施。

二、市场分析

随着改革开放的深入，人们的生活节奏加快，卫生意识不断提高，一次性容具已成为生活市场的主要消费品之一。根据有关资料介绍，一次性快餐盒的使用，过去以火车、轮船、长途汽车旅客为主，但近几年来，学校、医院、工厂、旅游和城市的快餐服务业的快餐盒用量占绝大多数。例如：上海市人口1 200万，中小学生占总人口的20%，即240万人，其中20%在校用餐，那么学校的日消费量约50万个，年用量约1亿个，沈阳、西安、武汉、天津等大城市的日用量也在20~40万个；列车的每年需求量为10亿个以上。目前我国市场上一次性快餐盒的年需求量为100亿个以上，同时每年还会以10%增长率递增。

三、经营宗旨及经营范围

引进先进生产工艺和技术，制造国内外市场畅销产品，讲信誉、求质量，通过多种渠道把产品推向各地市场，力求走向国际市场，获取可观的经济效益。主要以生产快餐盒、方便饭碗为主，其产品规格为：（1）快餐盒：大号170mm×110mm×40mm，容量750ml盒盖带扣；小号160mm×90mm×40mm，容量600ml盒盖带扣；（2）方便饭碗600ml；（3）碟盘规格4、6、8、10寸（带花纹）。

四、投资规模

根据实际情况，购入一条流水线全自动纸浆快餐盒机械，设备投资约320万人民币，流动资金50万，共计370万元。

五、日产量、办厂条件及所需人员

中型规模每日单班（8小时）可生产6万个快餐盒，主厂房需要300平方米，原材料仓库50平方米，办公室60平方米；装机容量125KW，所需工人15人，具体分工见表一（见下页），厂房地基无需特殊基础设施，无噪音、无污染。

六、适用原料

木浆、蔗浆、芦苇浆、棉浆、秸秆浆。

七、产品特点

美观大方、使用方便、保温性能好、不渗漏。

无毒无味、防水防油、耐酸耐碱、卫生安全。

可降解、可回收无污染、可在微波炉烘烤。

八、生产成本（个）

1. 材料费用：浆板 0.063 元/个（3 300 元/T÷52 380 个/T），助剂 0.045 元/个。

2. 生产费用：水电费 0.024 元/个，工资 0.018 元/个，业务费用 0.01 元/个，折旧 0.008 元/个，包装 0.01 元个。

3. 税收：0.012 元/个。

合计：0.19 元/个。

4. 生产岗位定员：

表 1　　生产岗位定员

工种	人数	具　体　工　作
带班	1	指导生产、质量监督等车间事务
碎浆机	1	配浆
注浆成型机	4	操作
热压定型机	5	操作
修边压痕机	1	修边操作、清理岗位卫生
网模成型、消毒	1	操作、送料、清毒
检验、包装	1	质检、统计
机电维修	1	设备机电维修
合计	15	

九、结论

我们以一条生产线为例，日产 6 万只快餐盒（8 小时计算），快餐盒出厂价每只 0.31 元/个，成本为 0.19 元/个，纯利可得 60 000 ×（0.31 元/个-0.19 元/个）= 7 200 元，一年按 300 天计算，可得利润 2 160 000 元。按以上测算，此项目在近期及将来都可行，也可以说是一个短平快、回报率高的好项目。

想一想

该可行性研究报告的结论是如何得出的？是否确实具有可行性？

评一评

这是一份关于创办纸浆快餐盒厂的可行性研究报告。该文分析了快餐盒市场的现状和存在的问题，得出生产纸浆快餐盒的必要性，进而分析论证了创办纸浆快餐盒厂可取得的经济和社会效益，由此推断此项目“在近期和将来都可行”，“是一个短平快、回报率高的好项目”，从而为投资决策者提供了可靠的依据。

小任务

学校拟建设“大学生创业基地”，请同学们分析讨论其建设规模及可行性，并完成一篇可行性研究报告。

可行性研究报告篇幅的长短和内容的繁简，往往取决于项目的大小和问题的难易。一般来讲，可行性研究报告的结构包括标题、正文、落款和附件四部分。

1. 标题

一般由拟建项目名称和文种名称组成。

2. 正文

包括前言、主体和结尾三部分。

（1）前言。前言又称总论，简要地陈述项目提出的依据和背景、指导思想、基本情况和基本设想。

（2）主体。主体是可行性研究报告的分析论证部分。要求采用系统分析方法，以经济效益为中心，围绕影响项目的各种因素，运用大量的数据资料论证拟建项目是否可行，这部分涉及的内容比较多，一般包括：

① 市场需求情况，包括国内和/或国际市场的现状、动向以及本产品状况。

② 原材料、能源、交通情况，包括原料、辅助材料、能源、半成品、配件等品种、规格、数量、质量、来源渠道和供应状况等。

③ 项目地址的选择和建设条件，包括项目地址的自然条件、经济条件、社会条件和交通运输条件，土建工程要说明建筑面积、结构、实物工程量、造价以及“三废”处理的措施。

④ 技术、设备和生产工艺，包括技术名称、技术水平、技术引进、工艺流程和要求，设备的名称、型号、规格、数量、质量以及配套工程、辅助设施、人员培训等情况。

⑤ 资金筹集、账务和经济评价，包括全部工程所需投资额、流动资金的需求量、各项资金的筹措方式及贷款偿付期限和方式，资金投入的分析论证，投产后经济效益、社会效益的预测以及经济效益敏感性分析。

（3）结尾，即结论与评价。从市场、技术、条件、资金、效益各方面进行分析、评价和比较，以明确提出该项目是否可行的结论。

3. 落款

落款包括项目主办单位、负责人、主要技术负责人、经济负责人以及年、月、日。

4. 附件

有关资料和证明文件附上，作为正文的依据和证明备查。

（四）可行性研究报告写作要求

1. 坚持实事求是的工作作风

撰写可行性研究报告必须坚持实事求是的工作作风，通过深入的调查研究、材料分析和准确的数据计算得出正确的结论。

2. 掌握科学合理的分析方法

在可行性分析过程中考虑问题要全面，不仅要看到有利因素，也要看到不利因素，为了准确深入地认识事物，要把定量分析和定性分析结合起来。

3. 树立团结合作的精神

一份可行性研究报告涉及自然学和社会科学，从调查到分析、研究、计算，其间大量的工作需要各种专业的相关人才通力合作，因此要树立团结协作精神，保证工作顺利完成。

三、审计报告

（一）审计报告的含义

审计报告又称审计报告书或者查账报告书，是审计人员在对被审计单位的财务收支、经济效益进行审查后，根据审计结果向审计授权单位或委托单位做出的书面文字材料。

按照审计工作规程的要求，每项审计项目完成后都必须编制审计报告。审计报告是对审计项目审计过程和结果的全面总结，也为审计机关对审计结果做出审计结论和处理决定提供前提和依据。

（二）审计报告的特点

1. 参照性

审计报告是国家审计机关做出审计结论和处理决定的重要根据，也是被审计单位执行审计结论和改进工作的重要依据。

2. 检验性

审计报告是审计机关成果的一种总结，通过它可以检查审计工作任务的完成情况，衡量审计人员政策业务水平和工作质量的高低。

3. 公正性

审计报告是鉴证文件。审计人员以政府的政策法规为标准，以充分的证据和公正的立场，对审计过程中发现的问题做出公平公正的评价，因此作为审计结果的审计报告在实际经济活动中能起到一定的公正作用。

（三）审计报告的格式与写法

案例点评

关于××百货商场财务收支的审计报告

××市审计局：

根据（19××）审代字第10号《审计任务书》，我们于19××年××月××日至××月××日对国营××百货商场19××年的财务收支情况进行了审计。审查了该商场1994年度资金表、经营情况表、有关财务收支的账簿，抽查了年度内的有关记账凭证和原始凭证，盘点了库存现金，按照审计计划如期完成了审计任务。查明：该商场 1994 年度尽管经营业务有所发展，较好地完成了商业任务，但由于财经法纪观念不强，财会工作薄弱，仍存在内部控制制度执行不严、会计处理不及时、财务收支不真实等错弊行为。审计发现并落实的有：隐匿各项收入 16 152 元，扩大各项开支 40 321 元，人为加大销售成本 25 625 元，造成偷漏营业税 826. 5 元，偷漏所得税 36 265 元。现报告如下：

（一）被审计单位概况

国营××百货商场系××市百货公司所属的中型百货企业，以零售为主，兼营少量批发业务。19××年××月开业，经营大小百货、文化用品、针纺织品、五金交电、服装、鞋帽、家具、家用电器等类商品 17 000 多种。商场设党支部，1994 年实有干部职工 225 人，除支部书记 1 人、经理 1 人、副经理 2 人等党政管理干部共计 18 人外，直接从事营业的人员 207 人，占全体人员的 92%；财会专职人员 6 人，占全体人员的 2. 67%。按商品大类设 15 个商品柜组，每个柜组的副组长为不脱产核算员。

近年来，在商业经济体制改革中，商场的经营业务有所发展，较好地完成了商业任务。该商场 1994 年的流动资金平均占用额为 145 万元（其中商品资金占 87. 2%），年销售总额为 1 387 万元，实现毛利 176 万元，毛利率为 12. 73%（比 1993 年增长 12%），实现利润总额 85 万元，利润率为 6. 13%（比 1993 年增长 13. 33%），开支商品流通费 41 万元，费用水平为 2. 95%（比上年下降 3. 06%），全年全员劳动效率为 61 664 元，人均利润为 3 778 元。总的看来，各项主要经济指标完成计划较好。

但是，据有关部门介绍并从审计结果证实，商场的管理工作、财会工作处于中间状态，需采取措施进一步加强。

（二）发现的问题和处理意见

除内部控制制度不严、存在漏洞，以及账务处理不及时、长期挂账，致使会计材料不实等问题已分别指出纠正外，查实的属于财务收支错弊问题和处理意见如下：

1. 加大销售成本，压低销售利润

（1）经查，该商场经营的两种电扇，19××年××月进货的价格每台已调低 30 元，而月末计算销售成本时仍按当月初成本计算，未按先进先出法计算，使当月售出的 780 台电扇每台多计成本 30 元，共计加大成本 23 400 元，压低了销售利润，造成偷漏所得税 12 870 元。商场财计股长××承认有弄虚作假的错误并做了书面检查。

（2）该商场的小百货、文化用品和粮果烟酒三个商品柜组的库存商品分别实行售价金额核算，分柜组计算已销商品的进销差价。经审核计算发现，该三个商品柜组 12 月的已销商品进销差价并未实际计算，而是按 11 月的三个商品柜组的进销差价率计算的，致使 12 月实际实现的进销差价少计 2 225 元，造成少计利润，漏交所得税 1 223. 75 元。商场财计股长××承认错误，并称当时因年终财会业务繁忙，图省事造成，并非故意作弊，经查证，××所述属实。

以上两项人为地扩大销售成本、压低利润，造成偷漏所得税 14 039. 75 元，虽已做出检查，但情节较为严重，除应立即调整账项、补缴所得税外，对 1994 年 6 月所售电扇 780 台有意多计成本偷漏所得税 12 870 元，已征得税务局同意，处以一倍的罚金。

2. 隐匿收入，偷漏所得税

（1）该商场自 19××年××月起将 6 个临街门面橱窗租借给本市六家工厂商品作为宣传广

告栏，商场每月收取租金 1 200 元（每个橱窗 200 元），全年合计 14 400 元，记入“应付款——其他应付款”的有关明细账户下，长期悬挂，不做清结。商场承认此项收入准备用作“意外”支出，但尚未动用，以致偷漏营业税 744 元和所得税 7 510 元。

（2）该商场 1994 年 10 月为“家用电器厂代销”33 台滞销收录机，每台代销手续费 50 元，共得手续费 1 650 元，采用以上手段，计偷漏营业税 82. 5 元和所得税 862. 13 元。

查以上两项均属营业外收入，应计入企业“其他收入”账户，并应照章缴纳营业税，计算经营成果。长期悬挂备作“意外”开支，属隐匿收入行为。虽均未动用，但已造成严重后果，应立即补交所漏营业税 826. 5 元，余额转入 1994 年 3 月份“其他收入”账户计算损益。

3. 扩大商品流通费开支

（1）19××年××月××日支付购蒸笼款项，共一笔，9 只蒸笼单价 35 元，计 315 元，支付炊事用具款 307 元，两项合计 622 元列入“费用——其他费用”。该项开支均属商场集体食堂所用，按商业财务制度规定应由企业福利基金列支，其违反现行制度，造成漏缴所得税 342. 10 元。

（2）19××年××月××日支付“购消防运动会奖品”一笔，计 493 元，列入“费用——其他费用”。根据财务制度规定，职工运动会奖品属于福利基金开支范围，其乱计费用造成漏交所得税 271. 15 元。

（3）1994 年 7 月 20 日支付“修仓库围墙”款 20 503 元，以“费用——修理费”列支；7 月 26 日支付“打水井”款 6 052 元，以“费用——保管费”列支。经查两项工程的有关文件证实，该工程均系批准的自筹资金更新改造项目，应由企业“更新改造基金”列支，其乱计费用，造成偷漏所得税 14 605 元。以上合计扩大费用开支 27 670 元，应立即进行账项调整，应由专项存款支出，造成偷漏所得税 15 218 元应补缴入库。

4. 乱列其他支出

1993 年财税大检查中，因乱计费用偷漏所得税受到罚款 11 000 元的处理。按现行会计制度规定，支付罚款应由“企业留利基金”承担，但该商场将此项罚款于 2 月 11 日支付时，以“待转罚款”为名先在“应收款——其他应收款”账户列账，后于 4 月 25 日和 5 月 25 日分别由“其他支出”列支，造成财务成果不实，又偷漏所得税 6 050 元。1994 年 6 月 20 日在商场经理××的同意下，将截至 6 月的医药费超支 1 642 元，由“其他支出”列账，违反了现行财务制度，并漏缴所得税 903. 10 元。

以上两笔乱列其他支出 12 642 元，均属有意违反制度、弄虚作假的行为，特别是将罚款列支其他支出更是错上加错，情节更为严重，理应受到严肃处理。对上述乱列其他支出应立即纠正，由企业留利基金承担，转由企业专项存款支付；为维护财经纪律，除将偷漏所得税 6 953. 10 元补缴入库外，其罚款乱列支出偷漏所得税 6 050 元，已征得税务局同意处以一倍罚金。

（三）评价和建议

从这次审计中发现的以上问题可以看出，国营××百货商场主要负责人法制观念淡薄，财会工作质量较低，并未从历次财务检查所发现的错弊行为中吸取教训，以致仍发生有意、无意隐匿收入及扩大开支、财务收支严重不实、偷漏国家税收等一系列违反国家税财经纪律和财会制度的行为。为了维护国家利润、严肃财经法纪、促进改善管理，我们建议：

（1）除对上列问题分别按各项处理意见进行纠正、调整，补缴营业税826.50元、所得税36 265元，处以罚款18 920元外，还应将转作企业留利基金部分补缴相应的能源交通建设费。

（2）责成市百货公司对该商场的财会工作进行整顿，从此次审计所发现的问题中吸取教训，并采取措施予以改进。

（3）该商场经理××和财计股长××对上述舞弊行为负有直接责任，应向市公司做出检查。

本报告各项内容及建议，该商场已出具书面材料，表示完全同意。以上报告妥否，请审核。

附：国营××百货商场对本报告表示同意材料一份。（内容略）

审计组组长××（印）

审计员××（印）××（印）

19××年××月××日

（资料来源：中国论文联盟，http：//www.lwlm.com）

想一想

本文属于哪一种审计报告？是否符合审计报告的特点？

评一评

本文属于专项审计报告，依据相关法规审计撰写，分项说明情况，依据发现的问题提出有针对性的意见和建议，用语简明扼要。

小任务

根据上述审计报告为学校超市做一份年度审计报告。

1. 标题

审计报告的标题有两种写法：一种是“审计机关+被审计单位名称+审计内容+文种”，如《××市审计局对××公司2015年度财务收支状况的审计报告》；另一种是省略审计机关，即“被审计单位名称+审计内容+文种”，如《关于××学院资产负债表的审计报告》。

2. 主送单位

即审计报告的受文单位务必注明全称或者规范的简称，如××市审计局、××学院等。书写时要顶格，后面以冒号引领全文。

3. 正文

审计报告的正文包括引言、主体和结尾三个部分。

（1）引言。引言的内容主要包括审计的依据、时间、内容、范围、审计方式及有关情况的概括说明等。该部分一般以“现将审计结果（情况）报告如下”等语句过渡到下文。

（2）主体。审计报告的主体部分主要包括以下几个方面的内容。

① 基本情况：概述被审计单位的基本生产经营情况，包括单位经济性质、生产规模、经营状况等。

② 发现问题：这是审计报告阐述的重点。审计报告不仅要说明发现的问题，还要说明问题产生的原因。

③ 审计决议：该部分主要是针对审计过程中发现的问题来确定问题的性质和责任，以便依据国家法律、法规、政策和制度等规定和标准分别对问题提出处理意见。

④ 审计评价和建议：审计评价是审计机关对被审计单位做出的结论性评语，可分为肯定性评价和否定性评价。审计建议是审计机关针对审计过程中发现的问题提出的旨在帮助被审计单位改进工作的意见和要求。

（3）结尾。结尾一般运用公文惯用语，如“当否，请审批”“特此报告”等。

4. 落款

在正文的右下方签署审计机关和审计人员的名称。凡参加审计的人员都要签名盖章，以示负责。日期要具体到年、月、日，且要书写完整，书写在签名的下一行。

5. 附件

附件一般是审计过程中发现问题的证明材料，附在正文之后，作为审计报告结论的佐证，可在正文落款位置左侧先注明附件共几件、多少页等。

（四）审计报告写作要求

（1）实事求是，证据确凿。审计报告的撰写是建立在对审计材料整理分析的基础上的，因此对审计材料的收集审核一定要秉着实事求是的态度，以确保材料翔实、证据充分确凿。

（2）依法办事，观点正确。审计要依据政府的有关方针、政策、法律法规进行。法律法规是衡量一个单位或当事人的经济行为是否符合财经法纪的唯一标准，因此只有严格依法办事才能提出正确的观点。

（3）科学分析，结论正确。审计报告不是单纯的审核材料的堆砌，而是通过对列入报告的事件和数据进行科学的分析，准确判断被审计单位出现财经问题的原因，然后得出结论并提出有针对性的意见或建议。

（4）语言简明，表达清晰。审计报告所采用的数据要精确，语言表述要简明扼要，措辞要准确得体，不能滥用术语或专用名词，以免引起误解。

任务小结

市场经济条件下，企业自主经营、自负盈亏，因此前期的市场调研报告、市场预测报告、经济活动分析报告、可行性研究报告等相关活动信息总结文书都对企业起着重要的参考和指导作用；审计报告使得社会和企业本身更加明确其自身的状况；商业计划书和营销策划书的成功与否甚至直接决定着企业的兴衰成败。因此学习和掌握经济调研类文书的写法，并能在实际工作中写出规范文书是企业成立之初工作人员必备的能力。

同步测试

名词解释

市场调查报告　市场预测报告　商业计划书　可行性研究报告　经营策划书

复习思考

1. 用表格说明市场预测报告、可行性研究报告和经济活动分析报告的异同。
2. 市场调查活动有哪些程序和方式？
3. 审计报告有哪些特点？
4. 商业计划书和经营策划书的异同。

案例分析

关于2003年度中央预算执行和其他财政收支的审计工作报告

审计署审计长　李金华

委员长、副委员长、秘书长、各位委员：

本人受国务院委托，向全国人大常委会报告，2003年度中央预算执行和其他财政收支的审计情况，请予审议。

根据《中华人民共和国审计法》和《中央预算执行情况审计监督暂行办法》的规定，审计署对2003年度中央预算执行和其他财政收支进行了审计。按照十六大、十六届三中全会和国务院对经济工作的部署，今年的预算执行审计紧紧围绕加强宏观调控、推行依法行政、维护群众利益、促进提高财政资金使用效益等开展工作，主要审计了财政部具体组织中央预算执行情况，国家发改委及中央其他部门预算执行情况，税务系统税收征管情况，教育、扶贫、救灾等专项资金管理使用情况，工商银行和原中国人寿保险公司资产负债损益情况，以及原国家电力公司领导班子经济责任履行情况。

一、2003年度中央预算执行和其他财政收支审计情况

2003年国务院及其各部门……总的来看，2003年度中央预算执行和其他财政收支情况是好的，但仍存在一些不容忽视的问题。

（一）中央预算管理中存在的主要问题（略）

（二）中央基本建设预算管理中存在的主要问题（略）

（三）中央其他部门预算执行中存在的主要问题（略）

（四）税收征管中存在的主要问题（略）

（五）专项资金管理使用中存在的主要问题（略）

（六）财政资金投资效益方面存在的主要问题（略）

（七）金融机构资产负债损益中存在的主要问题（略）

（八）原国家电力公司领导班子任期经济责任审计情况（略）

这次中央预算执行审计结束后，审计署对查出的问题依法进行了处理。……这次审计查出问题的全面整改情况，国务院将在今年年底前向全国人大常委会做出专题报告。

二、加强中央预算管理的意见

（一）细化中央补助地方支出预算，增强资金分配的透明度（略）

（二）完善政府投资管理和审批体制，提高资金使用效益（略）

国家审计署

2004 年 6 月 23 日

对审计报告的题目是否有特殊要求？根据上述例文说一说审计报告的格式和内容。

问题诊断

阅读下面案例回答问题：

2015 年 5 月，某地一商场开业庆典推出了一个策划项目：凡是手持百元人民币号码尾数为“88”的顾客可当 200 元消费。结果顾客手持“中奖”人民币蜂拥而至，柜台被挤坏，还有人员受伤，主办商家只好提前宣布活动中止。这次活动招致顾客不满，还受到中国人民银行的警告，工商部门也上门来干预。

问题：

1. 此策划项目实施失败，错在哪些地方？
2. 为什么会造成如此局面？
3. 假如让你来策划这家商场的开业庆典，说说你的策划思路。

实训设计

1. 实训目的

了解市场调查的程序，熟悉市场预测报告、可行性研究报告、经营策划书的格式与注意事项，掌握上述三种文书的写法。

2. 实训项目

××职业技术学院拟依托本校的汽车学院开办汽车美容维修中心，主要服务对象定位为大学城的学生、教职员工及其家属，请学生进行相关市场调查，并在此基础上做出市场预测和可行性分析，若上述活动成立则进一步进行市场营销策划。请完整演示该过程。

3. 实训思路

（1）让学生能厘清整个思路；

（2）让学生掌握市场调研的程序和方式；

（3）让学生学会经济分析、预测和市场营销策略，练习写作市场调研类文书。

4. 实训做法

（1）学生每 10 人为一个团队，根据各自的特长和爱好自由组合，进行市场调研等活动。学生须分工合作，每组分别准备市场调查报告、市场预测报告、可行性研究报告和营销策划书各一份。

（2）课下做好资料搜集准备。

① 市场调查前需做的准备：

A. 每个团队内部根据各自的特长合理分工；

B. 确定调查的范围和对象；

C. 做好调查表。

② 市场调查报告、市场预测报告、可行性研究报告等文书的写作准备。

A. 整理市场调研所得的材料，去粗取精，筛选有用信息；

B. 明确主题。

（3）学生课下拟好文书，用电脑打印，用两节课时间讨论，论证各自方案的可行性。

学习情境三　经济信息传播文书

任务要求

1. 了解并把握企业经营过程中经济信息传播文书的写作方法及格式要求，掌握必备的写作理论知识。

2. 学会区别写作情境，使用不同种类的经济信息传播文书写作。

情境任务设计

乐天饮料公司新研发一种由各种蔬菜混合制成的新型饮料准备在近期上市，该饮料口感醇厚、微甜，比较适合办公室工作的青年男女饮用；该饮料具有缓解疲劳、美容、解毒等功效。为了能够在市场上占据一定份额，并且引起广大消费者的注意，请你为该产品进行说明，并为该产品进行宣传。

分析

从上述情境看出，推广新产品，首先要对新产品的性能功效进行分析，对产品进行说明，以便消费者了解；为了引起社会的关注，可以在媒体上通过广告、消息传播等形式进行宣传。而要做好以上工作，就必须掌握并能够撰写产品说明书、经济广告文、经济消息等经济信息传播文书，并且可以以评论的形式对新产品进行分析，加大新产品的影响力。那么应该怎样写作这些经济信息类的应用文体呢？

知识导读　经济信息传播文书概述

一、经济信息传播文书的含义

经济信息传播文书是指人们对经济现象进行说明、传播、报道的一种应用文体。经济信息传播文书能有效地对经济信息进行说明、传播，为经济生产带来直接效益，为消费者提供消费指南。

经济信息传播文书包括产品说明书、商业广告、经济消息、经济评论等。

二、经济信息传播文书的特点

（一）准确性和真实性

经济信息传播文书的写作要求必须客观真实地反映产品内容，不允许有任何夸张和虚构的成分。

（二）指导性

经济信息传播文书是对消费者消费行为的指导，同时也对企业生产发展起一定的指导作用。

（三）时效性

经济信息传播文书要求在内容的表述上明确而有针对性，针对产品的性能、使用说明进行介绍；同时也对正在发生的经济现象进行分析评价，因此具有非常强的实效性。

（四）严密性

经济信息传播文书的写作语言真实反映事物的本质特征，概念准确、推理符合逻辑，能够简洁明了地对事物进行分析评价，避免使用容易产生歧义的笼统语言。

三、经济信息传播文书的写作要求

（一）选用恰当表述方法

经济信息传播文书的不同文种有不同的表述方法，要从行文的需要选择恰当的表达方式叙述事件、说明情况，表述问题要恰如其分、清楚简洁。

（二）结构合理规范

根据不同文体的不同功能确定不同的写作结构，通过结构的安排使读者一目了然地了解产品的信息以及产品发展趋向、国家政策等各方面的情况。

（三）主题鲜明集中

要围绕主题选择能反映事物本质的典型材料来组织文章，一文一事，重点突出。凡是引用人名、地名、数据、资料时，要查对核实，确保准确无误。

任务一　产品说明书和商业广告文

一、产品说明书

（一）产品说明书的含义

产品说明书又称“使用说明”，是一种向消费者介绍产品（包括服务等）的性能、特征、用途、使用和保养方法等知识的文书材料，以说明为主要表达方式，语言平易、朴实、易懂。

产品说明书主要是指导消费者如何使用该产品，同时也是生产者对该产品质量保证的一种承诺，产品说明书一般随产品附送。

（二）产品说明书的特点

1. 实用性

产品说明书有着明确的实用目的，主要为指导消费者对产品的使用，方便消费者了解产品、正确使用产品而制作，所以产品说明书必须围绕具有实用价值的内容来写作。

2. 知识性

产品说明书的写作必须将产品的结构、性能、特征、功用等向消费者交代清楚，因此其具有知识性的特点。

3. 条理性

说明书的写作要抓住产品的具体特点，抓住其内在规律性，注意表达的顺序，做到条厘清晰、层次分明，以便消费者正确理解产品的内容。

4. 科学性

要以客观的态度介绍产品的情况，必须实事求是，不得有虚假或欺骗行为。产品的功用和指标要符合国家质量标准，运用的数据要准确无误。

（三）产品说明书的格式与写法

案例点评

九味羌活颗粒说明书

【商品名称】

通用名称：九味羌活颗粒

汉语拼音：Jiuwei Qianghuo Keli

【成分】羌活、防风、苍术、细辛、川芎、白芷、黄芩、甘草、地黄。辅料为蔗糖、糊精。

【性状】本品为棕黄色的颗粒；气香，味甜、微苦。

【功能主治】疏风解表，散寒除湿。用于外感风寒挟湿所致的感冒，症见恶寒、发热、无汗、头痛而重、肢体酸痛。

【规格】每袋装15克。

【用法用量】姜汤或开水冲服。一次15克，一日2~3次。

【不良反应】尚不明确。

【禁忌】尚不明确。

【注意事项】尚不明确。

【贮藏】密封。

【包装】药品包装用复合膜；15克/袋×12袋/盒。

【有效期】24个月。

【执行标准】中国药典2005年版第一部。

【批准文号】国药准字Z51022009

【生产企业】

企业名称：××××制药有限公司

生产地址：××省××市××区××镇××路××号

邮政编码：611130

电话号码：××××××

传真号码：××××××

网　　址：www. scdyk. com

想一想

这则药品说明书是由哪几部分组成的？在语言上有什么特点？

评一评

这则药品说明书是由标题、正文和落款三部分组成的，标题由药品名称和文种组成，简洁明了地指明说明书的主题；正文采用条款式表述方式，介绍了药品各个方面的应知问题；落款详细地介绍了生产企业的不同联系方式。

小任务

请为乐天饮料公司的新产品写一份产品说明书，要求语言简洁准确、内容完整、结构清晰。

产品说明书一般由标题、正文和落款三部分组成的。

1. 标题

标题主要包括商品全称（含品牌和型号）和说明书（也称使用说明）字样，如“源兴光驱使用说明”。有的标题只写产品名称，如“三九胃泰”。

2. 正文

一般的产品说明书往往包括以下几个方面的内容。

（1）产品的概况（如名称、产地、规格、成分、发展史、制作方法等）；

（2）产品的性能、规格和用途；

（3）安装和使用方法；

（4）保养和维修方法；

（5）附件、备件及其他需要说明的内容。

以上这些内容要素可视产品的具体情况取舍详略和变动前后顺序。

3. 落款

说明书的最后要标明产品生产企业的名称、地址、邮编、电话号码等，有些产品还需要写清维修地址、联系电话以及定点销售单位的地址及联系方式等。

（四）产品说明书写作要求

1. 内容真实

产品说明书必须本着为消费者服务的态度，如实地介绍产品的实际情况，尤其对某些大型产品、贵重产品以及在特定使用范围内的产品；除真实外还要全面，使消费者正确认识产品，避免因不了解产品、错误操作而造成的损坏。

2. 语言准确、通俗

对商品的介绍用词要客观准确，表述要条厘清晰，不能让消费者产生歧义；同时，不要使用不易懂的名词术语，要尽可能让普通文化水平的消费者一看就懂。有些操作性的产品，可以采用图文并茂的方式说明操作的步骤和方法。

二、商业广告文

（一）商业广告文的含义及作用

1. 含义

商业广告指商品经营者或服务提供者承担费用，通过一定媒介和形式，直接或者间接地介绍自己所推销的产品或服务的一种商业活动。

商业广告文指商业广告作品中的语言文字部分，它能够详细、准确、直接地传递产品信息，并能够补充和加强广告作品中非语言文字要素的表现力。

2. 作用

（1）传递信息。经济广告文能够迅速有效地把商品信息传递给消费者，引导消费者接受企业生产的产品和提供的服务。

（2）传播知识。随着高新技术的发展，功能复杂的新产品层出不穷，广告文可以向消费者传播产品的性能、用途、使用以及保养方法等知识。

（3）开拓市场。经济广告文的传播可以帮助产品在较短的时间内占有一定的市场份额，并为进一步扩展市场打下基础。

（4）指导消费。广告是影响消费者消费的主要手段之一，通过对产品的性能、用途等各方面的介绍，影响消费者的消费。

（二）商业广告文写作格式

案例点评

标题： 这辆新型劳斯莱斯在时速 60 英里时，最大闹声来自电钟

副标题： 什么原因使得劳斯莱斯成为世界上最好的车子？

一位知名的劳斯莱斯工程师说："说穿了，根本没有什么真正的戏法——这只不过是耐心地注意到细节。"

正文文案：

1. 行车技术主编报告：在时速 60 英里时，最大闹声是来自电钟，引擎是出奇的寂静。三个消音装置把声音的频率在听觉上拔掉。

2. 每个劳斯莱斯的引擎在安装前都先以最大气门开足 7 小时，而每辆车子都在各种不同的路面试车数百英里。

3. 劳斯莱斯是为车主自己驾驶而设计的，它比国内制造的最大型车小 18 英寸。

4. 本车有机动方向盘、机动刹车及自动排档，极易驾驶与停车。

5. 除驾驶速度仪表盘外，在车身与车盘之间，互相无金属之衔接，整个车身都加以封闭绝缘。

6. 完成的车子要在最后测验室经过一个星期的精密调整，在这里分别受到 98 种严酷的考验。例如，工程师们使用听诊器来注意听轮轴所发的低弱声音。

7. 劳斯莱斯保用 3 年。已有了从东岸到西岸的经销网及零件站，在服务上不再有任何麻烦了。

8. 著名的劳斯莱斯引擎冷却器，除了亨利·莱斯在 1933 年去世时，把红色的姓名第一个字母 RR 改为黑色外，其他没有任何变化。

9. 汽车车身之设计制造：在全部 14 层油漆完成之前，先涂 5 层底漆，然后每次都用人工磨光。

10. 移动在方向盘柱上的开关，你就能够调整减震器以适应道路状况。（驾驶不觉疲劳是本车显著的特点）

11. 另外有后车窗除霜开关，控制着 1 360 条看不见的在玻璃中的热线网，并备有两套通风系统，因而你坐在车内也可随意关闭全部车窗进行空气调节，以求舒适。

12. 座位垫面是由 8 头英国牛的牛皮所制——足够制作 128 双软皮鞋。

13. 镶贴胡桃木的野餐桌可从仪器板下拉出，另外有两个可在前座后面旋转出来。

14. 你也能有下列各种额外的随意选择：做浓咖啡的机器、电话自动记录器、床、盥洗用冷热水、一支电刮胡刀等。

15. 你只要压一下驾驶者座下的橡板，就能使整个车盘加上润滑油。在仪器板上的计量器，指示出曲轴箱中机油的存量。

16. 汽油消耗量极低，因而不需要买特价汽油，是一种使人喜悦的经济车。

17. 由于具有两种不同传统的机动刹车——水力制动器与机械制动器，劳斯莱斯是非常

安全的汽车——也是非常灵活的车子，其可在时速 85 英里时安静地行驶，最高时速超过 100 英里。

18. 劳斯莱斯的工程师们定期访问以检修车主的汽车，并在服务时提出忠告。

19. 班特利是劳斯莱斯制造。除了引擎冷却器之外，两车完全一样，是由同一工厂中同一群工程师所制造，班特利因为其引擎冷却器制造较为简单，所以便宜 300 美元。对驾驶劳斯莱斯感觉没有信心的人士可考虑买一辆班特利。

价格：本广告画面的车子——在主要港口岸边交货——13 550 美元。

假如你想得到驾驶劳斯莱斯或班特利的愉快经验，请与我们的经销商接洽。它的名号写于本页的底端。

劳斯莱斯公司

纽约洛克菲勒广场 10 号

想一想

这篇例文有何特点？

评一评

该广告是广告大师大卫·奥格威的经典作品，全文由标题和正文组成。标题分为正标题和副标题，突出主题，具有较强的感染力；正文采用条目式写作，对产品的性能、用途、使用方法等各方面做了详尽的说明，特别是对产品先进性的介绍，刺激消费者的消费欲望。

小任务

乐天广告公司的新饮料通过了质监部门的检测，认为其中含有多种对人体有益的有机成分。你作为本产品的推销人员，要为本产品拟订一份广告文案在报纸上刊登，你将怎样撰写？

商业广告文的写作格式包括标题、正文和随文和广告标语四部分。

1. 标题

标题是广告给受众的第一印象，必须是广告内容的凝聚和提炼，能突出广告的主题，新颖别致，有强大的吸引力和感染力。标题的写作贵在紧扣主题、突出重点、语言简洁、独辟蹊径和引人入胜。它有以下三种形式。

（1）直接标题 。直截了当地用商品的名称、品牌等作为广告标题的核心内容，直接表明广告的主题和销售重点。它的特点是简洁明了、一目了然。比如六神特效花露水的标题“六神有主，一家无忧 ”。

（2）间接标题 。不直接点明广告主题或介绍产品，而是采用暗示、诱导性曲径通幽的方式，引导消费者阅读正文的兴趣，它的特点是含蓄蕴藉、充满诱惑。比如巴伦牌香水的广告标题是“为了每一个男子都风度翩翩”。

（3）复合标题 。它是对直接标题和间接标题的综合运用，往往采用正标题和副标题两部分，它的特点结合了以上两种标题的长处，更具吸引力和感染力，运用起来更灵活、更全面。比如“独领风骚——泸州老窖 ”。

2. 正文

正文是广告文案的核心，也是广告标题的具体化表现。一般应写明商品的名称、用途、规格、特点、产地、性能、价格、出售方式、出售时间、地点等内容。

广告正文是广告文案的主导内容，可以多方面实现消费者对商品的诉求，从而引起消费者对商品的兴趣，使之产生购买的欲望；广告更要在技巧上下工夫，要求写作者要有扎实的语言功底和较高的文字修养。因此，在写作方法上大多采取如下形式：

（1）说明式。以介绍、说明、证明等手段来传达广告主体——企业（品牌）、商品（服务）的理性信息。这种方法自然朴实、清楚明白。

比如：永福县是名贵特产罗汉果之乡，罗汉果味甜、性凉，具有清热润肺、止咳化痰、生津止渴、润肠通便、益肝健脾以及促进肠胃机能、降低血压等功效。

再如：山东兰陵美酒，曾荣获 1915 年巴拿马国际博览会金质奖章，1980 年获山东优质产品证书，1987 年获“中国第一届黄酒节一等奖”。

（2）叙事体式。它包括故事式、生活片段式等形式。通过故事的发生、发展过程引人入胜，吸引受众的视听兴趣，又以故事中事件的处理和产品介入所获得的结果来说服受众。比如 DIPLOMA 奶粉文案：

试图使他们相会？

亲爱的扣眼：

你好，我是纽扣，你记得我们已经有多久没在一起了？尽管每天都能见到你的倩影，但肥嘟嘟的肚皮横亘在你我之间，让我们犹如牛郎织女般不幸。不过在此我告诉你一个好消息，主人决定极力促成我们的相聚，相信主人在食用 DIPLOMA 脱脂奶粉后，我们不久就可以天长地久，永不分离。

（3）论说体式。以深刻的哲理、严密的思辨性和语言的逻辑性见长。一般用于为企业或品牌塑造一个观念形象、一种价值理念，推出一种消费新观念或消费形态，以达到间接带动商品消费的目的。比如《南方周末》曾推出“静有所听，清有所见，恒有所得”系列广告即用此体：

（节选）在这浮躁的年代，静，也是一种责任。在静中聆听最细微的声音，在静中思想得到最真实的感悟。《南方周末》，思想人生，思想新闻。《南方周末》，深入成就深度。

（4）文艺体式。用文学、艺术的写作手法来创作出来的广告形式，包括诗歌、散文、曲艺、相声等。比如：南方黑芝麻糊广告以南方黑芝麻糊纯正的味道为契合点，运用温情的散文体形式，勾起人们记忆中对它的怀念。

它，还是那个味道！

黑……芝麻糊哎——

小时候，一听见黑芝麻糊的叫卖声，我就再也坐不住了……

如今，不管过了多久，它还是记忆中的那个味道！

南方黑芝麻糊，滴滴好味道。

——一股浓香，一缕温情。

附文：南方黑芝麻糊广西南方儿童食品厂荣誉出品。

又如诗歌体飞利浦 PL 台灯广告文案：

留一盏灯，给不眠的自己，
所有的灯都昏暗了，
所有人都睡了，
而我，仍独坐案头，
对着空格纸苦思。
且点上一盏灯，
点上无尽的信心与感觉，
为不眠的自己，
等待灵感过境。

飞利浦 PL 台灯，为不眠的人点一盏灵感的灯。

3. 随文

随文又称附文，指的是附于正文后面的那些较次要的、备查备用的广告信息。它是整个广告文稿的有机组成部分，是对广告文稿的进一步补充，并为广大消费者提供必要的线索、资料，起指导购买的作用。

随文的内容包括商标、厂标、企业名称、商品名称、通讯地址、电话号码、查询方式、银行账号、联系人，甚至法人代表、法律顾问等。有些比较著名的品牌进行广告宣传时有时将随文略去。

4. 广告标语

广告标语又叫广告口号，通常放在广告的结尾部分，是为了达到一定目的，实现某项任务而提出的有鼓动作用的简练明确的语句。它的作用是提醒人们记住企业或商品名称，敦促消费者采取购买行动。比如："海尔，中国造""一切皆有可能"（李宁）"钻石恒久远 一颗永留传"（德比尔斯集团）、"晶晶亮，透心凉"（雪碧）等。带有强烈的鼓动性的，是体现广告主体、定位和创意的一两句经典言辞，使消费者一听到或一看到就能产生明确的认识及识别。

广告标语要求写作者精心创意，突出产品个性或企业精神，有强烈的品牌意识；在功能上富有鼓动色彩，契合公众心态，富有亲和力和感召力，发掘文化概念；遣词造句上应简洁精练，容易流传；在表现形式上，灵活多样、富于变化。常见的形式有号召式、风趣式、标题式及颂扬式等。具体写法：

（1）强调商品的特点给消费者带来的好处。如"喝了娃哈哈，吃饭就是香"。

（2）突出企业经营特点。如"传奇品质，百年张裕"。

（3）号召消费者采取购买行为。如"一旦拥有，别无所求"（飞亚达手表）。

（4）简短易记，朗朗上口。如"味道好极了"（雀巢咖啡）。

（5）巧用修辞手法。如"眼睛是心灵的窗户，为了保护您的心灵，请为您的眼睛安上玻璃"（某眼镜）。

（6）突出个性，彰显竞争对手没有的特色。如"种下平安，收获人生"（平安保险）。

任务二　经济消息和经济评论

一、经济消息

（一）经济消息的含义

1. 消息

经济消息是消息的一个分支，而消息又是新闻的一个分支。因此，要给经济消息下定义，首先要明确什么是新闻。新闻界对“新闻”的解释，有广义和狭义之分。广义的新闻，一般是指报刊、广播、电视中常用的各种新闻报道体裁，包括消息、通讯、特写、调查报告、评论等；狭义的新闻专指消息这种新闻样式。消息，即以简要的文字迅速报道新闻事实的一种新闻体裁。消息是各种新闻体裁中用得最多、最活跃的一种体裁，在新闻报道中占有重要地位，所以人们又称它为新闻报道的主角。它最明显的特点是事实具体、文字简洁、篇幅短小、报道迅速、信息量大、传播面广。

2. 经济消息

经济消息是指以简洁明了的文字，快速及时地对经济领域中新近发生的有新闻价值的事实所做的报道。从报道内容看，经济消息所报道的是包括经济活动、经济信息、经济政策、经济管理、经济现象、经济观念等经济领域中的情况与问题；从报道的面来看，它包括工业、农业、商业、财政、金融、消费以及国内外市场等各个方面。

（二）经济消息的种类

经济消息按照写作形式、写作体裁和写作特点划分为以下几种。

1. 经济动态消息

经济动态消息也称动态经济新闻，是迅速及时地报道国内外新近发生或正在发生的经济事件和相关活动的一种新闻体裁。它着眼于事物的最新变动，以最快的速度传递最新信息。这一报道方式最能体现消息的快速及时、短小精悍、生动活泼，是使用频率最高、最具有代表性的消息类型。

经济简讯从广义上看也属于动态消息，又称简明新闻、新闻简报、短讯。其基本特点是文字简略、内容简单、结构单一。

2. 经济综合消息

综合消息是围绕一个主体，把一定时间或空间内的诸多经济事实综合起来，反映经济领域带有全局性的情况、成就、趋势或问题的新闻报道。综合消息中既有动态事实，又有一般事实，思想性、指导性较强。它具有事实的综合性、表达的综合性和时空的综合性等方面的特点，对时效性的要求一般来说较之动态消息要略为宽松。

3. 经济经验消息

经济经验消息是对具有普遍意义的典型性经验所做的报道，或称之为经济典型报道。其注重用事实说话，由事实引出经验，偏重于交代情况、做法，反映变化及效果，重视提供背景材料。这种消息与经验总结有相似性，但不同于一般的总结。经验消息对实际工作中最新鲜的、最具有代表性的内容做集中介绍，突出表现这些内容的现实针对性，从而使得受众能够从中吸取先进经验，具有借鉴意义。因此，经验消息有很强的实用性和可操作性。

4. 经济述评

经济述评又称述评性经济消息，是新闻媒体对新近或正在发生的重要经济事件、经济现象或带有普遍性的经济问题所进行的夹叙夹议的新闻报道，是一种以报道新闻事件为基础，以评论剖析事实，从而揭示其特点、本质和意义，给人以启发和引导的方式。在文字表现上，是述多于评，但在内容上又往往评重于述。

（三）经济消息的特点

1. 消息的一般特点——新、真、快、短

（1）新。即从时间上说，它报道的是新近发生的事情；从内容上说，它反映的是新鲜、新奇的事情。

（2）真。真实是报道的基础。经济消息使用的材料必须真实准确，特别是“新闻六要素”中的“五个 W”不能虚构夸张；其次报道的背景材料要真实可靠，无论引用什么材料都要认真查对、核实。

（3）快。新闻报道就是“抢新闻”，要在第一时间传播消息，让读者接收到最新的消息。经济消息要及时反映经济社会各种情况，反应事件的发展和变化。

（4）短。篇幅短小、内容简明扼要是消息区别于新闻其他文体的主要标志。简短就是要做到内容概括集中，语言精练而准确。

2. 经济消息的特殊性

（1）专业性。经济消息报道经济领域的重大新问题、新发现等，服务于经济活动，又影响经济活动。写作经济消息必须熟悉相关经济政策，具有一定经济知识。

（2）指导性。经济消息要报道经济事件中有价值的事实，能够对经济现象起到正确的认识指导作用，特别是能够对读者起到积极的引导作用。

（四）经济消息的格式与写法

案例点评

利益面前，干部退一步
虹桥镇二次改制突出“公平共享”，干部退股、再次分配

本报讯（记者 徐蒙 实习生 谢金晶）曾是集体资产改制“排头兵”的闵行区虹桥镇，又一次来到改革的当口。最近，虹桥镇先锋村、虹五村等 10 个村进行了“推倒重来”的第二次改制，并定下规则：所有干部退出当年的“岗位股”和受让的村民股权。

为何要推倒重来？20 世纪 90 年代末，虹桥镇推行改制入股，十多年来，乡村变城市，

农民并没有全数变股东。当年改制时，村里还有农田，商务楼才零星开建，村民意识不到股权的价值，宁可变现也不持股，于是纷纷将股权转让给村干部，加上当年为进行岗位激励、鼓励干部多持股而设的“岗位股”，村干部手里的股权渐渐多了。虹桥镇党委书记张有为告诉记者，当年改制最成功的先锋村，55%的村民手中没有或只有少量股份。

现在的虹桥镇已是上海“黄金地段”，当年改制中，土地和物业都没有出让，酒店、写字楼等产权仍属集体资产，十多年中资产规模今非昔比。可是盘子越大，不公平的因素也放得越大：早年退光股权的村民，虽然社会保障不错，却享受不到资产增值的红利，心里不是滋味。

“虽然当初转让是村民自愿，但这不等于公平”，张有为解释。改制后土地仍属于全体村民集体所有，而集体资产增值，说到底还是依托城镇化后的土地增值。村民为城镇化做出贡献，却得不到实惠，说明不公平；一大半村民享受不到发展的红利，说明没有共享。

二次改制，虹桥镇坚守“公平、共享”四字原则。而干部退股，就是要把虽说自由自愿，但也因当年信息不对称而多获的利益“让出来”。有些村干部心里有想法，或者说能不能“拖一拖”，或者说最好“别折腾”。

镇党委意识到，如果“拖一拖”，往后就更难改；要是“不折腾”，干群矛盾就会加深。

二次改制中，干部退股没有商量余地，以制度保证必须退出。最先完成的先锋村，没有一名干部不退股，共将538万股岗位股和200多万股受让股全部退还村民，占全部原始股37%。没想到，一些干部退股后反倒踏实了：“感觉一身轻了，再也不会被村民背后议论‘拿多了’”。

干部退股、再次分配只是一个开头。在此基础上，虹桥镇已拟订方案，年内将镇级集体资产也量化分配给每位村民。最近，还将进行全镇民主选举，选出55名村民股东代表，并建立董事会、监事会和股东代表大会。当集体资产真正握在村民手中后，怎么管理资产，干部说了不算，镇长书记也无权动用，只有“三会”通过，才能真正拍板。

（资料来源：解放日报，2013-8-29）

想一想

这篇例文属于何种消息？在内容上体现了消息的什么特点？全文对材料是如何进行安排的？

评一评

这则消息是第24届中国新闻奖一等奖的获奖作品。全文从小切口反映了大主题，体现了消息素材的鲜活特色，短消息蕴含大寓意。标题有特色，吸引力强；导语简练，开门见山点出事件核心——“干部退股”；主体部分运用“倒金字塔式”结构，将人们关心的“Why（何故）”放在前面，穿插对比性背景材料，简要说明改革必行；结尾运用总结式，对导语进行回应，揭示主题，文字简练生动。

小任务

乐天公司的饮料顺利投放市场，并且在消费者中掀起了购买的热潮，引导了新一代饮料的革命。请根据以上材料写一份经济消息。

无论何种消息，一般都有六个要素，即 When（何时）、Where（何地）、Who（何人）、What（何事）、Why（何故）和 How（如何）。在五个“W”和一个“H”中，最主要的是 What（何事）和 Who（何人）。

大多数消息的结构都是“倒金字塔”式的，即：最重要的材料放在开头，次要材料放在后面。消息的写作结构一般由“标题+消息头+导语+主体（+背景）+结语”组成。

1. 标题

标题是消息写作的重要组成部分，是全文的眉目。要求用简洁的语言概括内容的精华，以此吸引读者，激发读者的阅读兴趣。消息标题应简洁、准确地表明何人（物）（Who）做何事（What）。消息标题形式多采用单行式和多行式。

（1）单行式标题。只有一个标题。它是对消息内容的高度概括，简洁明了地反映消息内容的主旨。

地方债正式开闸，专家说比国债“合算”

盈利连续两季下滑，茅台业绩拐点初现？

以上两个例子可以看出单行标题的特点是鲜明、醒目，能够吸引读者阅读。

（2）多行式标题。一般由引题、正标题和副题组成。

引题（又称肩题、眉题），常用来揭示消息的思想意义或交代背景，说明原因，烘托气氛。

正题是标题的主题，概括说明主要事实和思想内容。

副题（又称辅题、脚题）提示报道的事实结果，或作为内容提要。

常见多行式标题构成有如下几种形式：

① 引题+正题。

利益面前，干部退一步（引题）

虹桥镇二次改制突出“公平共享”，干部退股、再次分配（正题）

② 引题+正题+副题。

只顾自家热，不管他人寒（引题）

180 多户偷“热”80 多万元（正题）

目前，整个新市区供热系统每天损失的热水达千余吨（副题）

③ 正题+副题。

日照瞄准滨海文化名城（正题）

今年将以重大宣传、重大活动、重大典型、重大项目为载体（副题）

撰写消息标题，既要做到生动新颖，又要虚实结合。具体采用哪种标题形式，需要作者根据消息的内容和报道的需要来设计。

2. 消息头

消息头是消息的标志，是新闻发出媒体、地点和时间的交代与说明。

消息头的构成：媒体+地点+时间。如“新华社北京（1949 年）10 月 1 日电”。

3. 导语

导语是指一篇消息的第一自然段或第一句话。它用简明生动的文字，写出消息中最主要、最新鲜的事实，鲜明地提示消息的主题思想。导语的写作要求，一是要抓住事情的核心，二是要能吸引读者看下去，因此导语写作应包含消息中最有新闻价值的要素。常见的导语写作类型如下。

（1）叙述型导语。直接了当用客观事实说话，简明扼要地反映出新闻中最重要最新鲜的事实，突出新闻要旨，让读者获得对新闻事实总的印象。

① 直叙式导语 ——开门见山。

新华社北京（1949 年）10 月 1 日电　中华人民共和国毛泽东主席今日在新中国首都宣布中华人民共和国中央人民政府成立。

直叙式导语适合于快速地报道新闻，故多见于动态消息。写好这种导语，关键在于解决好“叙述什么”和“怎样叙述”两点。

② 概括式导语 ——把新闻的诸项内容加以概括归纳，浓缩成一两句话表示出来。

本报讯——（记者王乐民）当前进行的保健食品安全整顿，将严厉打击违法宣传、非法添加药物成分、冒充药品进行销售等违法违规行为。12 月 8 日，国家食品药品监督管理局举行例行新闻发布会，介绍目前的餐饮服务食品安全和保健食品安全整顿有关情况。

③ 对比式导语 ——把新闻事实同一个与之既有联系又相反的内容放在一起叙述，通过对比衬托，突出新闻事实的意义。

新华社武汉 10 月 16 日电　武汉长江大桥正式通车后的第二天，长江上遇到了八级狂风，江面白浪滔滔，武汉市悬起了“风大浪急轮渡停航”的公告牌，但是，长江大桥却接待了南来北往的火车、汽车和络绎不绝的人群。

（2）描写型导语。它是一种以生动具体的描绘见长的导语类型。抓住新闻中的主要事实、事件发展的高潮、事件的某一有意义的侧面或某个特定的场景等，做简洁、质朴、传神的描写，以造成现场感来感染和吸引读者。

① 见闻式导语 ——以叙事为主，穿插一些形象的描写，使读者获得如临其境的感受。

圣海伦斯山昨晚爆发，从烟雾笼罩的火山口喷发出的巨大蘑菇状黑色烟柱升入天空，高达将近十英里。驾驶飞机在火山上空飞行的飞行员说，这次火山爆发看起来就像原子弹爆炸。

② 特写式导语——抓住人物表情或一些事物的局部细加描绘，给人留下特写镜头般的印象。

昨晚，约 500 只藏羚羊带着刚满月的儿女们，通过可可西里青藏铁路建设工地，向黄河源头的扎陵湖、鄂陵湖迁徙。

为了不惊扰这些可爱的精灵，可可西里至五道梁一线，铁路夜间停止施工，拔走彩旗，灯光休眠，机器熄火；作为高原生命线的青藏公路，过往车辆在夜间停驶 3 小时。这里又呈现出一种远古洪荒的宁静，只有高原的夜风为这群母子结成的队伍送行。

潜伏下来的观察哨称：跨越铁路线，母藏羚羊若无其事，像跨过自己家的门槛一样；小羊羔紧紧依着母羊，流露出一种莫名的惊喜。

（3）议论型导语。从议论入手或是把叙事和议论交织在一起，用夹叙夹议的方法对新闻事实进行简要评论的导语。

① 评论式导语——叙事与议论紧密结合在一起。

今日上午 9 时 05 分，日本外相重光葵在无条件投降书上签字。日本终于为它在珍珠港投下的赌注付出了代价，失去了世界强国的地位。

② 设问式导语——以提问的方式开头的导语。

长江究竟有多长？源头在哪里？经长江流域规划办公室组织查勘的结果表明：长江的源头不在巴颜喀拉山麓，而是在唐古拉山脉主峰格拉丹冬雪山西南侧的沱沱河；长江全长不止五千八百公里，而是六千三百公里，比美国的密西西比河还要长，仅次于南美洲的亚马逊河和非洲的尼罗河。

③ 引语式导语的议论——巧妙地援引新闻中主要人物的话来点明题旨，或引出主要新闻事实，或是引用某些警句名言来开头。引语的方式有二：直接引语和间接引语。

直接引语即直接引用原话。如：本报讯 吴官正市长昨日清晨“微服”出访武汉港十五码头，尝到了劣质服务的苦头后说：“武汉的服务工作没抓好，市长挨骂活该!”

间接引语是把别人的原话略加整理引出，整理的目的在于让引语的意思更简明扼要。如：

新华网福州 11 月 30 日专电（张笑雪）冬季到了，为了给瘦弱的儿子增强体质，福州一女士近期每天做一碗鹿茸炖肉，没想到儿子吃后失眠，还不时流鼻血。福州市第一医院针灸科主任戴永辉提醒，进补一定要根据个人体质，盲目进补很可能适得其反。

在写作导语时，要明确集中地反映出整篇消息的主要内容；六要素不一定要个个俱全，但必须具备时间、地点和事情这三个要素，此外导语要短小精练、要言不烦。

4. 主体

主体紧接导语之后，主要对导语提出的问题进行阐释，或是具体展开导语中交代的主要事实；或是补充导语里没有揭示的事实。消息主体又称“消息躯干”“消息主干”，主体的写作要中心明确，围绕导语确定的中心选择材料；主体的内容要和导语一致，而且要详略得当。因主体部分内容较多，所以要特别注意安排好结构，要做到结构严谨、层次清晰。主体部分的结构有：

（1）纵式结构，即按照事件发生的时间顺序来安排层次。

（2）横式结构，即按空间转换或事物的逻辑顺序来安排层次。

（3）纵横结合式结构，这是前两种结构的交叉使用，尤其适用于综合消息的写作。

5. 背景材料

背景材料是指与新闻事实有联系的历史条件、社会环境、政治原因、地理特征、科学知识等过去时的材料。介绍事件的背景材料可以深化消息的主题，增加消息的知识性、可读性。背景有历史背景（过去的历史来衬托今天新闻事件的新鲜）、人物背景（对经济活动中的有关人物做适当介绍）、地理背景（主要介绍经济新闻发生地区的有关自然环境、地理位置、风土人情等）和事物背景（主要是一些新事物、新成就、新情况等）。一般分为三类：

（1）对比性背景。它是对事物进行前后、左右、正反的比较，以突出新闻事实的重要意义，或阐明一定的主题思想。

（2）说明性背景。它是说明事情产生的条件，包括介绍时代背景、地理环境、历史演变等，借以引导和帮助读者加深对新闻的理解。尽量把新闻事实的表述和解释糅合在一起，以保持新闻事实表述的连贯性。

（3）注释性背景。消息中涉及一些新科技、新工艺、新产品等，往往要加以注释，用通俗的语言“翻译”给读者，既能方便阅读，又能丰富内容。

背景材料在消息中没有固定的位置，可长可短，但背景材料必须是与事实材料有直接的关系，能够突出深化主题，为读者理解消化信息服务；在写作时要详略得当，不可喧宾夺主。

6. 结语

结语是消息的最后一句话或者最后一段话，是对消息主体的自然延伸或归结，并与导语相呼应。结语的作用是结束全文，加强对主题的表达，加深读者对消息的感受。常见的有：

（1）总结式。对新闻主体交代的新闻事实或新闻事实所透析出的思想、道理进行总结、归纳，以期给受众一个完整的印象。

出租车的车载屏幕上，“海宝”正跳着霹雳舞，“海宝”的立像装饰着上海的大街小巷，地铁车厢里的每个悬挂把手上都有它的身影，街头巷尾的每辆清扫车上也能看到它舞动的身躯。

（2）补充式。在围绕报道主题进行叙述后，于结尾处再补充一个信息，或用背景材料，或用一个围绕主题的次要事实。

1975 年开始服役的“尼米兹”号航母的钢铁船体可能体现了影响东亚几十年的战略设想，但是一个日益崛起的中国对未来构成的挑战意味着它必定会驶向更灰暗的天际。

（3）证实性结尾。利用有力的证据和权威人士的话语或文字对新闻事实进行证明，不仅具有较强的说服力、可信性，还能增强新闻价值。

（4）评论式。以一种评论、议论的方式作为结尾段的处理，一是进一步点明主题，一是埋下伏笔，引人深思或以便进行连续或跟踪报道。

“数字、指标差距的背后，隐藏着更深层次的差距。目前，唐钢上下正在从市场观念、经营机制、管理水平等多方面寻找原因，实实在在地感到了市场竞争的压力，感受到了一种从来未有过的危机感和紧迫感。”

（5）呼吁式。在反映一定的问题后，写作者直接提出或借他人之口说出解决问题的办法，或者直接呼吁有关部门要如何行动，来达到完整、负责地对待一个问题新闻应有的采写态度。

罗恩·蒂尔森反对饲养老虎。他说很多国家林业局的官员私下里也反对饲养老虎，他认为中国官方和民间对动物保护的态度正在迅速发生变化，因此中国的过往记录不能代表未来的行动。他强调：“那是过去。这是现在”，中国下一步的行动可能决定着这个虎年是不是值得庆祝。

（6）展望式。这种方式较为常用。在结尾处再告诉读者一个延续下来的新闻事实，以期引起关注。较常规的写法，比如：“据悉，这种状况已经引起了有关部门的高度重视，解决问题的有关法规即将出台。”

（五）经济消息的写作要求

1. 结构严谨、层次清晰、重点突出、简明扼要

最常使用的是“倒金字塔”式写法，这是现行消息写作中最常用的一种结构方式，它以事实的重要性程度或受众关心程度依次递减的次序，先主后次地安排具体材料。

2. 围绕经济生活选材，精心提炼新闻主题

要求作者要了解经济学、管理学等相关知识，从专业的角度客观准确地对经济领域的新

闻进行及时深入的报道，能够对经济生活起到指导性的作用。选择新闻主题时应选择正确、集中、新颖、深刻的主题。

3. 要素要齐全，语言要准确通俗

经济消息的目的是为公众了解经济信息、洞察经济形势、进行经济决策提供参考。“新闻六要素”不可或缺，且要准确真实；语言运用上要通俗易懂，便于大众接受传播信息。

二、经济评论

（一）经济评论的含义

经济评论是对当前经济领域中出现的问题或现象以及广为人们所关注的经济方面的事实发表意见、看法的一种议论性的应用文体，它包括有关经济方面的社论、短评、述评、专论、纵横谈等。

经济评论可以随时对当前经济活动中发生的事实加以评析，或者对一些不明朗的问题展开争论，提高人们对事物的看法、认识；其有具体、明确的评论对象，讲求时效性，最忌“马后炮”，篇幅短小、形式多样。

（二）经济评论的种类

（1）国家权威性经济评论。国家权威性媒体发表的经济社论、经济评论员文章和经济短评等代表国家立场观点的评论。

（2）探讨性经济评论。侧重点放在对当前经济热点进行理论探索讨论，或对经济活动中的具体问题进行评价分析的评论文章。

（3）反馈性经济评论。反映消费者意见的经济评论。

（4）经济杂文。以散文笔法写作的形象生动、富于文采的经济短评和随笔。

（三）经济评论的特点

1. 理论与政策性

经济评论的目的是在于指明是非，在分析评论中认识、总结规律，因此经济评论必须以事实为依据，站在理论的高度进行评论，而且经济评论还要站在正确的立场上，以党和国家的经济政策作为评论的标准与尺度。

2. 新闻性

经济评论要体现出现实的针对性和实效性，用经济新闻中最新的事实作为评论的基础，要具备讲求事实的“新”和评论的“快”，并且要做到有的放矢，议事、谈问题都紧扣主题。

3. 群众性

经济评论面向广大消费者，告诉人们现在的经济状况，指出问题、总结经验，以引起社会各界的广泛关注；同时经济评论还吸引和鼓励广大群众关心和参与评论工作。

（四）经济评论的格式与写法

案例点评

36.5 亿元生态投资透出的可贵信号

在国务院推出扩大内需、促进经济增长一系列重大举措中，加强生态环境建设，支持林业生态恢复重建的内容令人眼前一亮。中央财政今年将对林业新增 36.5 亿元投资，明后年将继续加大投入力度。

今年以来，我国南方雨雪冰冻受灾地区和汶川地震灾区林业损失惨重，灾害中 4 030 万亩森林变为无林地或疏林地，相当于抵销全国一年的造林成果。

根据近日国务院常务会议精神，雨雪冰冻和地震灾区林业生态恢复重建被列为重要任务，到 2010 年，要基本恢复林区生活条件和基本生产能力，使受灾林农和林区职工得到妥善安置。这不仅将对世界经济金融危机日趋严峻背景下的扩大国内需求、促进经济较快增长有直接作用，更重要的是对实现人与自然长久和谐发展有积极意义。

值得强调的是，根据中央的安排，当前中央财政安排专项资金主要用于对林业基层单位职工因灾损毁的住房重建给予适当补助，对林木良种繁育给予支持，并制定受灾木竹最低收购保护价，中央和地方财政要对受灾木竹收购的加工企业所需流动资金贷款给予贴息。同时，对雨雪冰冻和地震灾害形成的难以偿还的造林债务，根据灾情给予优惠或适当豁免，并将林业灾害救助纳入中央和地方政府相关救灾资金渠道统筹安排。这些都是落实好生态恢复、改善和保障民生的重要举措，必须不折不扣地花好每一分钱，而且要以最快的速度落实到人到户。

俗话说，十年树木，百年树人。应该看到，相对于其他行业，森林生态系统恢复常常需要付出十几年甚至几十年的艰苦努力，这就需要各级政府和相关部门切实落实好中央精神。

中央强调，灾区恢复重建是此次拉内需保增长最重要的内容之一。灾区恢复重建成功与否，归根到底要看能否恢复遭到自然灾害严重破坏的生态环境。南方地区以山区为主，四季多雨，生态恢复、水源涵养，主要靠植树造林。36.5 亿元资金要落实到每一个人、每一棵树，争取早日还灾区人民一个山清水秀的生活生态环境。

（资料来源：中国财经报，2008-11-18）

想一想

本文是由几个部分组成的？作者是如何对问题进行分析的？

评一评

本文是一篇经济短评。标题直接表明主题；导语部分承接标题引出所要评论的问题；正文中引用了相关的数字以及国家的政策规定对事实进行分析；结尾再一次表明主题，提出呼吁。

小任务

乐天公司的饮料所引导的新一代饮料革命对食品企业的发展产生了怎样的影响？试写作一份经济评论对该现象进行分析，并能够对生产企业有所启发。

1. 标题

经济评论的标题要求简洁生动、有针对性，要将所论的观点在标题中直接或间接地揭示出来，如《国有品牌何以流失》《经济考核不是唱戏》等。短评的标题常用单标题，也有用双标题的，如《分歧加深、协调徒有虚名——西方各国财长和中央银行行长会议述评》。无论用何种形式的标题，都应力求新颖生动、简洁明了。

2. 导语

导语是文章的开头，与标题相对应，承上启下，主要引出所要评论的事或问题。导语的写作要开门见山，避免公式化的套话或空话。如有一则评论的导语是"元旦过后，整个市场的目光都注视着高价股，低价股非但长期在底部徘徊无人问津，而且成为换股平仓的对象。但我却认为，低价股中存在更大的机会。"这样以精练的用语，让人很快明白因何事而评论。

3. 正文

正文是文章的主体部分，主要是根据导语的内容，对引出的问题展开事实依据，进行评价议论。在评论中要抓住主要矛盾，一事一议，集中观点，对人民群众关心的而又有疑惑、有争议、反映强烈的问题进行分析议论。在评议中要就事论理，不能脱离事实、空发议论，要透过现象看本质，恰如其分、适可而止。

4. 结尾

评论的结尾要呼应开头，做出结论，或提出呼吁，或引发思考。

三、写作要求

（一）要有的放矢

经济评论的写作必须针对经济领域中最新近的、能引起人们广泛关注的某种经济现象或某些服务观念、某些经济问题、某些金融政策等进行评论，不能脱离事实而空发议论、空谈道理。通过评论，揭露经济生活中存在的问题，抨击不法的经济行为，维护国家和人民的利益，扬善抑恶。只有这样，才能评有所值，更好地为国家的经济建设服务。

（二）要有条理、有深度

经济评论是议论文体，要合理安排论点、论据和论证三要素，注意观点与材料的统一，要做到事实确凿、论据充分、逻辑严密可靠。要结合党和国家的方针政策、有关经济法规纪律来言明道理，阐述观点。

（三）要简洁生动

选用能真正说明问题的事例作为论据，要抓住问题的实质进行评论，不要高谈阔论言之无物。评论的语言要求严谨、通俗易懂，还应尽可能做到生动有趣，以激起读者阅读的兴趣。如在文中适当使用一些成语、俗语、歇后语等，或带有哲理的精辟短句，都能起到生动有趣的效果。

任务三 经济论文写作

一、经济论文的含义

经济论文是研究经济现象、探讨经济规律、发展经济理论、指导经济工作实践的学术性文章。它为经济理论研究、应用研究、开发性研究——新兴经济学科服务。这具有三个方面的含义：一是经济论文研究和描述的对象是经济领域内的学术问题；二是经济论文是探讨经济理论问题，进行经济科学研究的一种手段；三是经济论文是描述经济科研成果，进行学术交流的一种工具。

二、经济论文的特征

（一）创造性

这是指经济论文有创新点、论点、论据及论证过程。它反映了人们探索新认识或新发现的过程，揭示了某一方面的客观规律。

（二）理论性

这是指经济论文具有系统性和抽象性的特征。它一般运用科学的研究方法，探索客观事物规律并对事物做出科学论断。因此在占有材料上，运用已知的科学理论为指导，运用科学方法分析材料、获得结论，其研究过程及其内容均体现了理论性的特点。

（三）效益性

这就是指经济论文较接近现实经济生活，具有可行性意义和社会价值。

三、经济论文写作的一般程序

（一）选题

选题就是指在对已获取的大量材料进行分析研究的基础上，提出问题，确定科学研究和文章写作的方向与目标。

（二）制订计划

选定课题之后，为使研究、写作有条不紊并富有成效地进行，就要制订研究计划。首先要明确指导思想，明确研究方向、研究的范围和深度；其次，要确定研究的途径手段和方法，制订具体的工作步骤和安排。

对于搜集整理资料、拟定提纲、撰写初稿、修改初稿、清缮完稿等都要排出时间表。

（三）搜集、整理资料

资料是一个综合性概念，搜集、整理、研究是论文写作的基础，占有资料则是研究的基础，要尽可能地占有资料，材料越充分，分析判断的结果越可靠。

（四）材料的选择和使用

1. 材料的选择原则与方法

首先在选择材料时应遵循以下四个原则：（1）确凿；（2）切合主题；（3）材料具有代表性，能揭示事物的本质；（4）新颖。

其次在写作上应当掌握三个方法：（1）宏观把握、反复筛选；（2）微观审视，逐个精选；（3）综合提炼、认真挑选。

2. 材料的使用

（1）安排好材料的先后顺序；

（2）确定好材料的详略程度；

（3）处理好材料和观点的统一。

（五）动手撰写

经济论文是对资料进行创造性思维的“物化”形态。经过以上充分准备，把确立的论点和理论体系诉诸文字篇章，形成经济论文。

四、经济论文的格式与写法

案例点评

近几年我国钢材价格下降的原因和对策

国家计委价格管理司

在经历了1993年钢材价格暴涨之后，近几年来钢材市场价格持续下降。目前线材、螺纹钢等主要钢材价格均比1993年平均每吨下降1 000元左右；多数品种处于保本微利水平，个别品种亏损。钢材行业效益也逐年下降，1993年、1994年、1995年和1996年全行业分别盈利290亿元、263亿元、117亿元和50亿元，1997年1—11月盈利只有7亿元。初步分析，钢材价格将长期在低价位上运行。冶金行业效益下滑的原因是：

1. 市场总量供过于求。近几年，国内钢产量增长较快。1996年突破1亿吨，我国一跃成为世界第一产钢大国，除某些品种外，基本可以满足国内需求。但在高价格、高利益的驱动下，钢材进口失控，1995年、1996年分别进口1 397万吨和1 598万吨，均超过了计划进口 1 000 万吨的水平，1997 年全年进口量约 1 300 万吨。与此同时，“房地产热”“开发区热”降温，钢材的社会需求量回落到正常水平，因此出现了不同类型钢材或地区性的供过于求的现象。

2. 产品结构不合理，中小型、低档次的产品生产能力处于闲置状态，高附加值产品国内自给率过低。目前我国钢的生产能力达到 12 400 万吨，但生产能力利用率仅为 81.6%，部分品种的生产能力处于闲置状态。

3. 企业组织结构不合理，企业小型化、分散化，处于规模小、低水平重复建设状态。根据 1995 年工业普查结果，全国轧钢企业达 7 363 家，冶金系统内 271 家，其余 7 092 家都是各地自行上马的项目。1996 年全国炼钢企业 1 600 家，钢产量大于 10 万吨的企业只有 140 家，占全国钢产量的 90%；其余 10% 的产量分散在全国 1 400 多家小钢铁企业，平均规模不足 1 万吨。

4. 能源消耗、技术水平、劳动生产率与国际先进水平存在较大的差距。一是能耗高。1997 年我国大中型钢铁企业吨钢可比能耗为 945 千克标准煤，比国际水平高 20%～40%。二是技术水平、装备水平低。1997 年我国连铸比为 60%，发达国家早已达 90% 以上，如果达到发达国家水平，每年至少可增加效益 60 亿元；除少数设备比较先进外，装备水平多是 20 世纪五六十年代的，亟待淘汰的装备很多，约有 900 万吨平炉钢、900 万吨化铁炼钢，以及大量小电炉、小转炉、小轧钢厂等。三是劳动生产率低。1996 年我国冶金行业全员实物劳动生产率仅为 30 吨，而发达国家一般为 600 吨～1 000 吨。

5. 国内企业在国际竞争中处于劣势。我国除宝钢具有一定国际竞争力外，大多数冶金企业在国际钢材市场竞争中处于不利地位。

6. 国内钢材市场竞争过度，企业盲目降价促销。

应当看到，1993 年钢材价格暴涨，严重背离了钢材本身的价值，受价值规律的支配，价格回落并在一段时间内低价位运行，有其客观必然性。目前，对大多数冶金企业和大部分钢材品种来说，降价的余地已经很小，各企业通过降价手段走出困境的路子越走越窄。为了稳定钢材价格、促使冶金企业走出目前困境，建议做好以下几个方面的工作：

（1）调整企业组织结构和产品结构，实现经济增长方式的根本转变。我国是钢铁生产大国，但还不是钢铁强国，各冶金企业的规模、劳动生产率、技术水平、管理水平还与发达国家有差距，因此国内大中型钢铁企业要探索联合发展的路子，促进资产重组和优化，压缩长线产品，增加投入，开发、生产高新品种，提高占领国内市场、参与国际市场竞争的能力。

（2）冶金企业要立足内部挖潜降耗，降低成本。近几年来冶金企业受煤、电、油、运等上游产品价格上涨和钢材价格下降两头挤压，生产经营越来越困难，各冶金企业要扎扎实实学邯钢，强化管理练内功，挖掘能耗、物耗等潜力，降低生产成本，提高市场竞争力。

（3）严格控制进口，防止国外产品低价倾销。

（4）努力开拓国际市场，扩大出口。大中型钢铁企业要利用当前国内市场钢材价格下滑、国际市场钢材价格攀升的时机，把国内长线产品打入到国际市场，以缓解国内市场供过于求的矛盾。

（5）建立全国统一的钢材价格信息网络。市场经济是一种开放经济，区域分隔、信息闭塞或信息封锁只能导致单个企业生产及价格决策的盲从行为，因此要建立全国钢材供求及价格信息网络，逐步形成全国统一开放、竞争有序的钢材大市场。

(6) 加强价格协调和价格自律。对钢材价格进行协调，有利于建立统一开放竞争有序的钢材市场。

(资料来源：《工作研究》1998 年第 4 期，有删节)

想一想

这篇例文分为几个部分？语言有何特点？

评一评

这是一份结构完整、写作规范的经济论文，全文由标题和正文构成，引言部分言简意赅地概括了近几年钢材价格的走势；主体阐述具体内容，分析钢材价格下滑的原因，提出使冶金企业走出困境的合理建议。全文内容具体、层次分明、分析透彻、语言简洁明了。

小任务

一场对世界经济和金融体系产生深远影响的金融危机正在全球不断蔓延开来。针对这一现象，要拟写一份经济论文，应该如何完成呢？

根据国家标准 GB 7713—1987《科学技术报告、学位论文和学术论文的编写格式》要求，经济论文应包括：

(一) 标题

标题又称题目，是论文课题或论点的简明概括。一般为单标题，如《论当代经济的发展》；也有的论文采用双标题，正标题点明主旨，副标题交代论题，如《交通先行，一通百通——论公路建设与经济发展的关系》。标题要求生动、确切、鲜明。

(二) 署名

作者署名的位置在经济论文的标题之下，如系合作研究撰写的论文，可按所承担任务和贡献的大小先后具名。

(三) 摘要

摘要位于经济论文正文之前，是论文的梗概，是对论文内容不加诠释和评论的概括性陈述。其目的有二：一是满足二次文献工作的需要，使文献索引杂志不做修改或稍做修改就可转载；二是引导读者迅速了解全文内容。写作时要忠实于原文、突出重点、文字精练、语言连贯。

(四) 绪论

绪论也叫前言、导论。其主要内容包括：研究背景、目的和范围，对以往研究情况及相关论著的回顾、主要观点及成果等。绪论部分在内容上要注重客观、准确，在表达上要做到简洁明快、开门见山，不需要堆砌客套话。

（五）本论

本论是经济论文描述研究成果、具体展开论证的核心部分，是作者学术水平和创造才能的集中体现。其结构方式有四种。

（1）总分式，即“总——分——总”结构。按照事物的性质和内在联系，把总论点分成若干分论点，先概括总体，再分别论证，最后归纳得出结论。其优点是纲目张举、一目了然。

（2）递进式。将总论点分成层层深入的分论点，前一问题是后一问题的依据，后一问题是前一问题的深化，最后得出结论。其优点是由浅入深，读者易于接受。

（3）程序式。它是一种按照研究工作的进程和认识问题的先后依次叙述和论证的方法。

（4）综合式。即将上述三种方法灵活综合运用，适合篇幅较长、结构较复杂的经济论文。

（六）结论

结论是经济论文的结束语，完整揭示研究成果。它可以是中心论点的重申，或主要结论的概括，也可以是对本课题研究前景的展望，或是在研究结果基础上进行的预测；此外还包括研究中遗留的问题，或尚待进一步探索的问题。

（七）参考文献

经济论文中凡是引用了有关资料、文章，必须在后边注明参考文献的出处。这样做既是表示对前人研究成果的尊重、不掠人之美，也方便读者查阅原文出处，以便全面深入地了解有关内容。

参考文献的排列顺序一般为：序号、著者、文献篇名、发表期刊名称及期号、卷页或出版社及版次、年月、页码等。常见的参考文献的标注方法有以下几种。

（1）夹文注。直接在引文后用括号注明作者、篇名和出版发表事项。

（2）页下注，也叫脚注。将同一页引用的文献按顺序编号，然后集中在本页下端依序号注明。

（3）尾注。将全文引用的文献统一按顺序编号，然后在文末依次注明。

（八）附录

附录也是论文内容的一个组成部分。它可以对专门问题做比较系统的介绍，也可以介绍参考性资料或推荐性的方法。一篇论文在需要时可后列附录，还可以同时有几个附录，每个附录都应另起一页书写。

五、经济论文写作要求

（一）选题是关键

选题恰当就成功了一半。

选题必须遵循以下原则：一是实践性和现实性原则。选题应是在从事研究工作中，查阅大量资料、掌握学术信息的前提下，立足现实，有了一定心得体会后做出的。所谓掌握学术信息，是指对自己研究领域的历史和现状有一个大体的了解，前人都有哪些重要研究成果、哪些问题解决了、哪些问题尚存在争议及争论的焦点等。二是创造性原则。即应选择处于前沿位置、有重要科学价值的课题。三是兴趣性原则。选择符合自己兴趣的题目。四是可行性原则。选题要有充分的事实和理论依据，研究者要有胜任研究的能力，要有足够的时间、资料等作为保证。

（二）围绕课题占有资料

撰写经济论文应围绕课题占有详细的资料，从这些材料中“引出”其固有的而不是臆造的结论——这是一切科研的根本宗旨。

撰写论文搜集材料的途径有三：一是充分利用图书馆搜集材料。即从书籍、文献、杂志及其他的文字记载中搜集所需资料，这都是“第二手资料”。二是通过社会调查搜集资料。有许多新鲜的、有价值的资料，存在于丰富的社会生活中，需要我们通过社会调查去占有。撰写经济论文，尤其需要这些“第一手资料”。三是在思考、分析和研究上述两种资料的基础上，作者通过推理、判断和发掘而得到的一种更高层次的资料，这也是应该及时记录和整理的资料。它是产生新创意和见解的基础，尤其不可忽视。

任务小结

经济信息传播文书主要运用于经济活动的传播，是为扩大经济的影响，引导消费者的消费而采用不同的手段、方式向公众进行的信息宣传与传递。因此，经济信息传播文书写作必须客观真实地反映事实，不能歪曲事实真相、任意扩大商品的功效、误导消费者的消费；同时在写作手法上，要服从文稿的写作目的与主题，要注意吸引读者的兴趣。

同步测试

名词解释

产品说明书　商业广告文　经济消息　经济论文

复习思考

1. 经济消息和经济评论的相同点与不同点。
2. 产品说明书在写作中要注意哪些问题？
3. 广告文案有什么特点？
4. 经济消息传播文书在经济活动中起什么作用？
5. 经济论文通常包括哪些部分？

案例分析

阅读下面这则广告文案，思考并回答文后的问题。

瑞士欧米茄手表广告文案

标题：见证历史　把握未来

正文：全新欧米茄碟飞手动上链机械表，备有18K金或不锈钢型号，自瑞士生产，始于1848年。对少数人而言，时间不只是分秒的记录，其亦是个人成就的佐证。全新欧米茄碟飞手表系列，将传统装饰手表的神韵重新展现，具有象征显赫成就的意义。碟飞手表于1967年首度面世，其优美典雅的造型与精密的科技设计尽显贵族气派，迅速成为殿堂级的名表典范。时至今日，全新碟飞系列更是把这份经典魅力一再提升。流行的圆形外壳，同时展现出古典美态；金属表圈设计简洁、高雅大方，在灯光映照下绽放耀目光芒。在转动机件上，碟飞更显工艺精湛：机芯仅2.5毫米，内里镶有17颗宝石，配上比黄金还贵20倍的铑金属，价值非凡、时针经典、浑然天成。全新欧米茄碟飞手表系列，价格由8万元至20余万元不等，不仅为您昭示时间，同时也见证您的杰出风范。碟飞备有纯白金、18K金镶钻石、18K金及上乘不锈钢款式，并具有相配衬的金属或鳄鱼皮表带以供选择。

广告语：欧米茄——卓越的标志

问题：

（1）这则广告文案在写作上有什么特点？

（2）根据广告对产品的介绍，谈一谈你如何理解广告文案写作中的真实性与独创性的特点？

（3）请你为欧米茄手表再设计一份广告语。

问题诊断

下面是一份产品说明书，试简要分析其内容以及写作格式是否有不当之处？

商品名称：保鲜膜。

产品规格：30cm×30cm。该产品使用了先进的PE材料，即聚乙烯，无毒无味，专供食品包装用；产品具有耐高温（最高达100℃）和耐低温（最低-60℃）的性能，对冰箱、微波炉都适用；该产品除了可保持食品原味和起保鲜作用外，还具有很强的吸附力，可使食物的汤汁等不渗漏。

等级：合格品。

产品保质期：三年。

产品使用中需注意的事项：使用微波炉时，不可将PE保鲜膜与高油性食品直接接触。

实训设计

1. 实训目的

熟悉掌握经济信息类文书的写作结构及注意事项，并能够在实际生活中应用。

2. 实训项目

目前，瑜伽正逐渐走进人们的生活，成为工作、学习之余，使心灵静谧、身体舒展的有效途径。某学院拟成立“圣元”瑜伽俱乐部，前期成立以学生瑜伽爱好者组成的筹备小组，拟在全院展开调研，进行宣传、吸纳瑜伽俱乐部会员。

3. 实训思路

（1）让学生通过调查分析提升理解辨析能力、材料选择应用能力等；

（2）让学生提升在调查实践中筛选有价值资料的能力；

（3）让学生在实践中学习应用经济信息类文书。

4. 实训做法

学生 8 人分成一组，设组长 1 人，由组长对本组成员分工，在课下展开资料的搜集、分析和整理，撰写产品说明书、广告文案、经济消息以及经济评论各一份；课上各组之间展开讨论，评析优缺点。

项目三

经济管理类文书

学习目标

知识目标

◎ 了解企业经营管理活动中应知应会文书。

◎ 把握公务文书及常用事务文书的格式和写作要求。

能力目标

◎ 掌握公务文书规范化格式。

◎ 掌握通知、请示、报告、函等常用公务文书的使用以及计划、总结、备忘录等常用事务文书的拟写。

学习情境四　经济公务文书

任务要求

1. 了解经济公务文书的含义、特点、作用和分类。

2. 掌握经济公务文书的格式和行文规则。

3. 学会公告、通告、通知、通报、报告、请示、批复、函和纪要等常用公务文书的写作方法。

情境任务设计

某年初，我国南方某省遭遇近百年罕见的特大雪灾，给工农业生产和人民群众生命财产造成了严重损失。灾情一发生，省委、省政府就召开了紧急会议，及时向上级反映情况，同时动员广大干部群众积极投入抗灾自救。在救灾过程中，涌现出了一大批可歌可泣的好人好事，受到了省委、省政府的表彰。灾难过后，省政府特恳请国家有关部门给予资金和物资上的支持，以帮助灾区恢复生产、重建家园。

分析

从经济公务活动的角度来看，这个情境会涉及哪些公文？这些公文应如何拟写？

上述任务涉及的公文至少有通知、会议纪要、报告、通报、请示、批复等。要召开紧急会议，会前要发通知，会后应有会议纪要；向上级反映灾情，可采取报告的形式；动员广大干群抗灾自救，可用“令”的形式；表彰好人好事，一般用通报；要求有关部门给予资金和物质上的支持，应写一份请示；上级有关部门答复请求，必须使用批复的文种。那么，怎样拟写这些公文呢？

知识导读　经济公务文书概述

一、经济公务文书的含义

公务文书简称公文，可分为广义和狭义两种。

广义的公文是指党政机关、社会团体和企事业单位等合法组织办理各种公务时使用的具有特定效力和规范格式的应用文书。

狭义的公文主要是指党政机关公文。

2012 年 4 月 26 日，中共中央办公厅印发了中办发〔2012〕14 号文件《党政机关公文处理条例》（下文简称《条例》），从 2012 年 7 月 1 日起施行。《条例》规定：党政机关公文是党政机关实施领导、履行职能、处理公务的具有特定效力和规范体式的文书，是传达贯彻党和国家的方针政策，公布法规和规章，指导、布置和商洽工作，请示和答复问题，报告、通报和交流情况等的重要工具。

要理解这个概念，有三个要点。

（1）具有特定效力。党政机关公文具有法定效力。在某一党政机关公文覆盖范围内的任何单位或个人均须遵照执行，不得违抗。

（2）具有规范体式。党政机关公文具有规范的语体与格式。它的语言风格与格式都是严格的，任何机关、单位在撰写公文时必须遵照它的有关语体格式。

（3）具有管理效能。它的性质是党政机关在公务活动中使用的一种特殊的、重要的办公工具，运用此种工具对各级党政机关、对整个社会进行有效的管理。

经济公务文书是指在各种经济活动中所运用的具有法定效力和规范体式的公文，其文种和制发要求以《党政机关公文处理条例》为依据。因此，本学习情境主要介绍的是党政机关公文。

二、经济公务文书的特点

（一）鲜明的政策性

公文传达、贯彻党和国家的路线、方针、政策、法规和规章，实施领导和管理，体现和反映党和国家机关的政治意向、指挥意志和行动意图，维护党和政府的权威以及它所代表的人民群众的根本利益，因而具有鲜明的政治性。

（二）法定的权威性

公文是行政机关发挥行政管理职能的一种手段，具有行政领导和行政指挥的作用，代表着制发机关的意志和权威。公文的权威性是由行政机关的法定职能和权力所决定的，主要表现在：

（1）作者的法定性。公文的作者是指各级党政机关，或依法成立并能以自己的名义行使职权、承担义务的机关或组织及其领导人，其自身性质是行使职权的权力体现。

（2）内容的法定性。公文的内容一经正式发布，就具有法定的权威和行政的约束力，即具有强制性、权威性与约束力，任何受文机关和个人必须严格遵守或执行。

（3）程序的法定性。公文的制发有一套法定的程序，这套程序在《条例》中有明确的规定，不得违反。

（三）体式的规范性

公文必须按照党和国家领导机关批准并发布的规范体式制发，使用有明确规定的文种，遵循标准化的格式、行文规则和约定俗成的语言，不能自行其是、另搞一套。

（四）严格的时效性

公文主要是针对公务活动中的具体情况，为及时解决实际问题而制发的，有严格的时间限制，具有很强的时效性。一份具体的公文，一旦在法定时间内完成了使命，也就自动失去了现实的作用，其效力也就结束了。

三、经济公务文书的种类

《党政机关公文处理条例》中规定，我国现行的党政机关公文有 15 种，即决议、决定、命令（令）、公报、公告、通告、意见、通知、通报、报告、请示、批复、议案、函和纪要。

从不同的角度来看，公文可以有多种分类方法，不同的分类从不同的方面揭示了公文的特征或属性。

（一）按行文方向划分

按行文方向划分，公文可分为上行文、平行文和下行文。行文方向是以公文制发机关为基础，公文向不同层级运行的方向。

（1）上行文。上行文指具有隶属关系（指上、下级机关具有直接管理和被管理的关系）的下级机关报送给上级机关的公文，如请示、报告等。

（2）平行文。平行文指平级机关或不相隶属机关之间来往的公文，如函等。

（3）下行文。下行文指具有隶属关系的上级机关发给下级机关的公文，如命令（令）、决定、公告、通告、通知、通报、批复等。

意见、纪要的行文方向较为灵活。议案是各级人民政府按照法律程序向同级人民代表大会或者人民代表大会常务委员会提请审议事项的例行公文，可视为一种特殊的平行文。

（二）按办理时限划分

按办理时限划分，公文可分为紧急公文和常规公文两类。

紧急公文根据紧急程度，又可分为特急、加急两种。常规公文是指按正常办文时间和程序处理的公文。《条例》未对上述公文的办理时限做具体说明，发文机关可根据工作需要明确提出办理时限。

（三）按是否涉及秘密划分

按是否涉及秘密划分，公文可分为秘密公文和普通公文两类。

秘密公文根据秘密等级，又可分为绝密、机密和秘密三种。绝密是最重要的国家秘密，泄露会使国家的安全和利益遭受特别严重的损害。机密是重要的国家秘密，泄露会使国家的安全和利益遭受严重的损害。秘密是一般的国家秘密，泄露会使国家的安全和利益遭受损害。

普通公文是指不涉及秘密的公文，阅办的要求没有秘密公文严格。

（四）按性质和作用划分

按性质和作用划分，公文可分为指导性公文、公布性公文、报请批复性公文、商洽性公文和记录性公文五类。

（1）指导性公文是由领导机关制成的，用于颁布方针、政策、法规，部署工作，阐明指导原则的公文，如命令（令）、决定等。

（2）公布性公文是指直接向国内外公开发布的公文，如公告、通告等。

（3）报请批复性公文是指用于汇报工作、反映情况、提出建议、请求指示或批准以及答复请求的公文，如请示、报告、批复等。

（4）商洽性公文是指用于探讨协商一般事项的公文，如函等。

（5）记录性公文是指记录基本情况、主要精神和议定事项的公文，如纪要等。

四、公文的格式

党政机关公文格式是在公文制发过程中逐渐形成的，体现了党政机关公文的规范性与严肃性。新中国成立后，我国公文格式经过多次修订与完善，并发布相关国家标准。中办发〔2012〕14 号文件《党政机关公文处理工作条例》，对党政机关公文格式做了新的表述，并明确规定“2000 年 8 月 24 日国务院发布的《国家行政机关公文处理办法》停止执行”。根据《条例》，中国标准化研究院、中国中央办公厅秘书局、国务院办公厅秘书局、中国标准出版社起草修订了原《国家行政机关公文格式》，将标准名改为《党政机关公文格式》（以下简称《格式》），由中华人民共和国国家质量监督检验检疫总局、中国国家标准化管理委员会在 2012 年 6 月 9 日发布，从 2012 年 7 月 1 日起实施。

（一）一般格式（具体细节详见《党政机关公文格式》）

按照《条例》和《格式》两个文件的规定，公文格式各要素划分为版头、主体和版记三部分。公文首页红色分隔线以上的部分称为版头，公文首页红色分隔线（不含）以下、公文末页首条分隔线（不含）以上的部分称为主体，公文末页首条分隔线以下、末条分隔线以上的部分称为版记，页码位于版心外。

1. 版头部分

公文版头部分包含份号、密级以及保密期限、紧急程度、发文机关标志、发文字号、签发人等项。

（1）份号。份号指公文印制份数的顺序号。涉密公文应当标注份号，如需标识份号，一般用六位三号阿拉伯数字，顶格编排在版心左上角第一行。

（2）密级和保密期限。即公文的秘密等级和保密的期限。涉密公文应当根据涉密程度分别标注“绝密”“机密”“秘密”和保密期限，如需标注密级和保密期限，一般用三号黑体字，顶格编排在版心左上角第二行；保密期限中的数字用阿拉伯数字标注；秘密等级和保密期限之间用“★”隔开，如“绝密★5个月”，意味着该公文属于绝密等级，保密的期限为5个月，过期即可解密。

（3）紧急程度。紧急程度指公文送达和办理的时限要求。紧急公文应当分别标注“特急”“加急”等，如需标注紧急程度，一般用三号黑体字，顶格编排在版心左上角；如需同时标注份号、密级以及保密期限和紧急程度，按照份号、密级以及保密期限、紧急程度的顺序自上而下分行排列。

（4）发文机关标志。由发文机关全称或者规范化简称加“文件”二字组成，也可以使用发文机关全称或者规范化简称。联合行文时，发文机关标志可以并用联合发文机关名称，也可以单独用主办机关名称。

发文机关标志居中排布，上边缘至版心上边缘为35毫米，推荐使用小标宋体字，颜色为红色，以醒目、美观、庄重为原则。

联合行文时，如需同时标注联署发文机关名称，一般应当将主办机关名称排列在前，如有“文件”二字，应当置于发文机关名称右侧，以联署发文机关名称为准上下居中排布。

（5）发文字号。由发文机关代字、年份和发文顺序号组成。联合行文时，使用主办机关的发文字号，用三号仿宋体字编排在发文机关标志下空两行位置，居中排布。

发文机关代字，指用1~3个汉字表示发文的机关，年份、发文顺序号用阿拉伯数字标注；年份应标全称，用六角括号“〔〕”括入；发文顺序号不加“第”字，不编虚位（即1不编为01)，在阿拉伯数字后加“号”字。

例如，“国办发〔2015〕7号”这一发文字号中，“国办发”表示此件为国务院办公厅制发；〔2015〕表示文件是2015年制发的；7号表示该文是当年所发的第七份文件。

上行文的发文字号居左空一字编排，与最后一个签发人姓名处在同一行。

（6）签发人。上行文应当标注签发人姓名。由“签发人”三字加全角冒号和签发人姓名组成，居右空一字，编排在发文机关标志下空两行位置。“签发人”三字用三号仿宋体字，签发人姓名用三号楷体字。

如有多个签发人，签发人姓名按照发文机关的排列顺序从左到右、自上而下依次均匀编排，一般每行排两个姓名，回行时与上一行第一个签发人姓名对齐。

（7）版头分隔线。发文字号之下4毫米处居中印一条与版心等宽的红色分隔线。

2. 主体部分

（1）公文标题。一般用二号小标宋体字，编排于红色分隔线下空两行位置，分一行或多行居中排布；回行时，要做到词意完整，排列对称、长短适宜、间距恰当，标题排列应当使用梯形或菱形。

标题结构一般由发文机关名称+文件事由+文种（文件种类）组成，如《国务院关于×××工作的通知》。

（2）主送机关。编排于标题下空一行位置，居左顶格，回行时仍顶格，最后一个机关名称后标全角冒号。如主送机关名称过多导致公文首页不能显示正文时，应当将主送机关名称移至版记。

公文的主要受理机关应当使用机关全称、规范化简称或者同类型机关统称。所谓同类型机关的统称如“各省、自治区、直辖市人民政府”。

（3）公文正文。公文的主体用来表述公文的内容。公文首页必须显示正文，一般用三号仿宋体字，编排于主送机关名称下一行，每个自然段左空两字，回行顶格，数字和年份不能回行。

（4）附件说明。它包括公文附件的顺序号和名称。在正文下空一行左空两字编排“附件”二字，后标全角冒号和附件名称。如有多个附件，使用阿拉伯数字标注附件顺序号（如“附件：1. ×××××”）；附件名称后不加标点符号。附件名称较长需回行时，应当与上一行附件名称的首字对齐。

（5）发文机关署名。署发文机关全称或者规范化简称。

（6）成文日期。署会议通过或者发文机关负责人签发的日期，联合行文时，署最后签发机关负责人签发的日期。用阿拉伯数字将年、月、日标全，年份应标全称，月、日不编虚位（即 1 不编为 01）。

（7）印章。公文中有发文机关署名的，应当加盖发文机关印章，并与署名机关相符；有特定发文机关标志的普发性公文和电报可以不加盖印章。

印章用红色。单一机关行文时，一般在成文日期之上、以成文日期为准居中编排发文机关署名，印章端正、居中下压发文机关署名和成文日期，使发文机关署名和成文日期居印章中心偏下位置，印章顶端应当上距正文（或附件说明）一行之内。

联合行文时，一般将各发文机关署名按照发文机关顺序整齐排列在相应位置，并将印章一一对应端正、居中下压发文机关署名，最后一个印章端正、居中下压发文机关署名和成文日期，印章之间排列整齐、互不相交或相切，每排印章两端不得超出版心，首排印章顶端应当上距正文（或附件说明）一行之内。

（8）附注。如有附注，居左空两字加圆括号编排在成文日期下一行。

附注一般是指公文印发传达范围等需要说明的事项，如“此件发至县团级”“此件可见报”等，不是对公文的内容做出解释或注释。对公文的注释或解释一般在公文正文中采取句内括号或句外括号的方式解决。

（9）附件。公文正文的说明、补充或者参考资料。

附件应当另面编排，并在版记之前，与公文正文一起装订。“附件”二字及附件顺序号用三号黑体字顶格编排在版心左上角第一行，附件标题居中编排在版心第三行，附件顺序号和附件标题应当与附件说明的表述一致，附件格式要求同正文。

如附件与正文不能一起装订，应当在附件左上角第一行顶格编排公文的发文字号，并在其后标注“附件”二字及附件顺序号。

3. 版记部分

（1）抄送机关。对于除主送机关外需要执行或者知晓公文内容的其他机关，应当使用机关全称、规范化简称或者同类型机关统称。

公文如有抄送机关，一般用四号仿宋体字，在印发机关和印发日期之上一行、左右各空一字编排。“抄送”二字后加全角冒号和抄送机关名称，回行时与冒号后的首字对齐，最后一个抄送机关名称后标句号。如需把主送机关移至版记，除将“抄送”二字改为“主送”外，编排方法与抄送机关相同。既有主送机关又有抄送机关时，应当将主送机关置于抄送机关之上一行，之间不加分隔线。

（2）印发机关和印发日期。公文的送印机关和送印日期。

印发机关和印发日期一般用四号仿宋体字，编排在末条分隔线之上，印发机关左空一字，印发日期右空一字，用阿拉伯数字将年、月、日标全，年份应标全称，月、日不编虚位（即 1 不编为 01），后加“印发”二字。

这里的印发机关是指公文的印制主管部门，一般应是各机关的办公厅（室）或文秘部门。有的发文机关没有专门的办公厅（室）或文秘部门，也可标识发文机关。

（3）版记中的分隔线。

版记中的分隔线与版心等宽，首条分隔线和末条分隔线用粗线（推荐高度为 0.35 毫米），中间的分隔线用细线（推荐高度为 0.25 毫米）。首条分隔线位于版记中第一个要素之上，末条分隔线与公文最后一面的版心下边缘重合。

4. 页码

公文页数顺序号。一般用四号半角宋体阿拉伯数字，编排在公文版心下边缘之下，数字左右各放一条一字线。

（二）公文格式示意图

按照《条例》和《格式》的有关新规定，可将党政机关公文的格式示意如下页图。

五、行文规则

《党政机关公文处理工作条例》对公文行文规则有明确规定，任何单位或个人都必须遵照执行。

（一）一般规则

（1）行文应当确有必要，讲求实效，注重针对性和可操作性。

（2）行文关系根据隶属关系和职权范围确定。一般不得越级行文，特殊情况需要越级行文的，应当同时抄送被越过的机关。

（二）上行文规则

（1）原则上主送一个上级机关，根据需要同时抄送相关上级机关和同级机关，不抄送下级机关。

（2）党委、政府的部门向上级主管部门请示、报告重大事项时，应当经本级党委、政府同意或者授权；属于部门职权范围内的事项应当直接报送上级主管部门。

（3）下级机关的请示事项，如需以本机关名义向上级机关请示，应当提出倾向性意见后上报，不得原文转报上级机关。

（4）请示应当一文一事，不得在报告等非请示性公文中夹带请示事项。

（5）除上级机关负责人直接交办事项外，不得以本机关名义向上级机关负责人报送公文，不得以本机关负责人名义向上级机关报送公文。

（6）受双重领导的机关向一个上级机关行文，必要时抄送另一个上级机关。

000001

机密 1年
特急

××省人民政府文件

×政发〔2015〕04号

××关于××××工作的通知

×××：（主送机关名称）

××××××××××××××××××××××××××××××××××（正文）

附件：1. 附件名称
　　　2. 附件名称

××省人民政府（盖章）
2015年8月8日

附注：

抄送：××× ××× ×××

××省人民政府办公厅　　2015年8月1日印发

（三）下行文规则

（1）主送受理机关，根据需要抄送相关机关。重要行文应当同时抄送发文机关的直接上级机关。

（2）党委、政府的办公厅（室）根据本级党委、政府授权，可以向下级党委、政府行文，其他部门和单位不得向下级党委、政府发布指令性公文或者在公文中向下级党委、政府提出指令性要求。需经政府审批的具体事项，经政府同意后可以由政府职能部门行文，文中须注明已经政府同意。

（3）党委、政府的部门在各自职权范围内可以向下级党委、政府的相关部门行文。

（4）涉及多个部门职权范围内的事务，部门之间未协商一致的，不得向下行文；擅自行文的，上级机关应当责令其纠正或者撤销。

（5）上级机关向受双重领导的下级机关行文，必要时同时抄送该下级机关的另一个上级机关。

（四）联合行文、相互行文规则

（1）同级党政机关、党政机关与其他同级机关必要时可以联合行文；属于党委、政府各自职权范围内的工作，不得联合行文。

（2）党委、政府的部门依据职权可以相互行文。

（3）部门内设机构除办公厅（室）外不得对外正式行文。

任务一　知照性公文

一、公告

（一）公告的含义

公告是适用于向国内外宣布重要事项或者法定事项的公文。公告是周知性文件，一般不用红头文件的方式下发，与普通公文有所区别。

公告的发文机关具有很高的权威性，一般是高层行政机关及其职能部门等才有权发布公告。如国家最高权力机关，国家最高行政机关及其所属部门，各省市、自治区、直辖市行政机关，某些法定机关如税务局、海关、人民银行、检察院、法院等。

（二）公告的种类

按适用范围划分，公告可分为两种。

（1）重要事项的公告。适用于国家机关向国内外宣布重要事项，如《中华人民共和国全国人民代表大会公告》。

（2）法定事项的公告。适用于政府的有关职能部门依据有关法令、法规，按照法定程序发布有关规定，如《中国人民银行关于国家货币出入境限额的公告》，又如《中华人民共和国专利法》规定：发明专利申请经实质审查没有发现驳回理由的，专利局应当做出审定，予以公告。

（三）公告的格式与写法

案例点评

南京市人民政府征用土地方案公告

〔2006〕10 号

经江苏省人民政府批准，江苏省国土资源厅以苏国土资地函〔2005〕436 号通知，同意征用白下区光华路街道集体土地 17.332 9 公顷。根据《中华人民共和国土地管理法》第四十六条、《中华人民共和国土地管理法实施条例》第二十五条和省、市土地管理的有关规定，现将有关事项公告如下：

一、建设用地项目名称

高桥门地块经济适用房。

二、征用土地位置及面积

单位：公顷

被征地村组名称	征用土地面积
1. 牌楼村唐家营一组	5.522 8
2. 牌楼村唐家营二组	5.321 8
3. 牌楼村唐家营一、二组共有（各占 1/2）	6.488 3

三、征地补偿标准及农业人员安置

土地补偿、青苗补偿、地上附着物补偿及农业人员安置，按南京市人民政府宁政发〔2004〕93 号文件执行。

征地补偿安置具体费用标准，按南京市物价局宁价房〔2004〕61 号和南京市国土资源局宁国土〔2004〕92 号文件执行。

被征地农业人员基本生活保障，按南京市人民政府宁政发〔2004〕100 号文件执行规定办理。

四、征地补偿安置登记、征地补偿安置方案公告、征地补偿安置实施等有关工作由南京市国土资源局一分局负责组织实施。

五、被征用土地范围内的土地所有权人、使用权人和其他权利人应当在本公告规定的期限内，即 2006 年 2 月 21 日至 2006 年 3 月 7 日，持土地权属证书及其他证明资料，到白下区光华路街道杨庄村、高桥村、牌楼村村委会办理征地补偿登记，请互相转告。

凡从本公告发布之日起，抢建、抢种的地上附着物不予办理补偿登记。

六、土地所有权人、使用权人在规定期限内未如期办理征地补偿安置登记手续的，其补偿安置内容以市、区土地行政主管部门的调查结果为准。

特此公告。

南京市人民政府

二〇〇六年二月二十日

想一想

这篇公告属于何种类别？其标题有何特点？正文对具体事项的安排采用了什么方法？这样安排有什么好处？

评一评

这是一篇征用土地方案的公告，属于法定事项类公告。标题采取了完全式，即发文机关（“南京市人民政府”）、事由（“征用土地方案”）、文种（“公告”）三者齐全。正文开头部分重点介绍发布公告的依据，以突出其合法性；接着，提出所公布的具体事项。在具体事项的安排上，运用的是分条列项的方法，结构顺序符合人们认识事物的思维方式。整篇公告内容相对较多，但写得要言不烦、条厘清晰、顺畅自然、一目了然。

1. 标题

公告的标题有的是发文机关、事由和文种三者齐全，如《国务院办公厅关于夏时制的公告》；有的不写发文机关，如《关于清理规章和规范性文件的公告》；有的省略事由，如《中华人民共和国全国人民代表大会公告》；也有的只写文种，如《公告》。

2. 主送机关

公告为周知性文体，无主送机关。

3. 正文

正文一般由两部分组成，即公告的依据和所公告的事项。结语常用“特此公告”“现予公告”等，也可以不用结语。

4. 落款

在正文右下方写明发布机关名称，如果在标题中已有发布机关，此处可省略。

5. 成文日期

成文日期可写在标题之下用圆括号括上，也可以写在落款即发文机关之下。

（四）公告的写作要求

（1）公告具有权威性，不能随便行文，内容上要经得起检验。

（2）公告的内容较单一，一份公告只公布某一事项。

（3）公告的文字要合乎语法规范，必须严谨缜密。

二、通告

（一）通告的含义

通告是适用于在一定范围内公布应当遵守或者周知的事项的公文。通告经常由发文机关针对实际业务活动而制发，内容具体细致；国家各级各类机关或企事业单位均可根据需要告知相关事项。

（二）通告的种类

按内容和性质划分，通告一般可分为两种。

（1）禁止性通告。这种通告是法规性文件有关规定的具体化，要求受文者遵照执行，制约性较强，如《××市公安局关于城区内禁止机动车鸣喇叭的通告》。

（2）知照性通告。这种通告主要让受文者知晓某事，不具有强制性，用途广泛，带有通知的性质，常见的有更换证件通告、修路通告等。

（三）通告的格式与写法

案例点评

关于加强××市区家禽屠宰管理的通告

为进一步提高上市家禽及其产品的卫生质量，防止家禽疫病传播，保障广大人民群众的身体健康，根据国家有关法律法规的规定和市政府行政办函〔2014〕××号文件精神，××市区自2015年9月10日起对家禽实施集中屠宰管理。现将有关事项通告如下：

一、市区对上市家禽实行“集中屠宰”管理制度。集中屠宰分两种形式：即工厂化家禽屠宰厂（场）屠宰和农贸市场（含家禽连锁直销店，下同）集中封闭式屠宰。

二、××市区首批确定的工厂化家禽屠宰厂（场）为××禽业有限公司（地址：×××路×号，电话：×××××××）和××加进鸭业食品有限公司（地址：××经济技术开发区农业园区，电话、传真：×××××××）。

市区两个工厂化家禽屠宰厂（场）应为家禽及家禽产品经营者提供屠宰、代宰服务。屠宰加工服务费按价格主管部门核定的标准收取。

三、工厂化家禽屠宰厂（场）屠宰的家禽必须经动物防疫监督机构检疫，经厂（场）方品质检验，凭动物检疫证明、检疫验讫标志和检验合格标志出厂（场）。

四、市区各农贸市场已设置集中封闭式屠宰间的，可对本市场销售的活禽进行屠宰，并妥善处理屠宰污水及内脏。

五、家禽批发市场交易的家禽必须凭《××市区家禽交易凭证》出场。

农贸市场上市交易的活禽必须凭检疫证明或《××市区家禽交易凭证》进场。农贸市场应加强对家禽集中封闭式屠宰的管理，建立登记台账。

六、为社会公众提供餐饮服务的单位和个人采购、使用的家禽产品，应由政府批准、证照齐全的工厂化家禽屠宰厂（场）屠宰或市区农贸市场集中封闭式屠宰间屠宰并经检疫检验合格；超市和禽类加工企业采购使用的家禽产品，应由政府批准、证照齐全的工厂化家禽屠宰厂（场）屠宰并经检疫检验合格。

采购工厂化家禽屠宰厂（场）屠宰（代宰）的家禽产品，应随货索取《动物产品检疫合格证明》，家禽胴体必须佩有检疫验讫标志（塑料标牌，大小 1.5cm×2.0cm，注有“××动检，检疫合格”字样）；采购农贸市场家禽产品的，应索取《××市区家禽交易凭证》。

各家禽和家禽产品的经营单位和个人，应当建立进销台账，留存相对应的检疫证明、检疫验讫标志或《××市区家禽交易凭证》，以备产品来源的追溯和有关部门的检查。

七、市区外调入的家禽产品必须经当地动物防疫监督机构检疫，凭《出县境动物产品检疫合格证明》和检疫验讫标志加工、经营和使用。

八、任何单位和个人不得转让、涂改、买卖、仿制、伪造检疫证明和验讫标志。

九、凡在××市区范围内从事鸡、鸭、鹅等家禽产品加工销售等经营活动的，必须遵守本通告的规定。

十、违反本通告规定的，由贸易、农业、工商、卫生、质监等行政主管部门依据有关法律、法规规定予以查处。

监督投诉电话：

××市贸易局：（略）

××市农业局：（略）

××市工商行政管理局：（略）

××市卫生局：（略）

××市质量技术监督局：（略）

××市环境保护局：（略）

××市贸易局　××市农业局

××市工商行政管理局　××市卫生局

××市质量技术监督局　××市环境保护局

二〇一五年八月五日

想一想

这篇通告属于何种类型？其文末为什么不用“特此通告”等专门的结束语？

评一评

这是一篇要求相关单位和人员共同遵守的通告，带有一定的强制性。从落款可知，这篇通告是由六个单位联合行文的。正文主要由两大部分组成，一是发布通告的目的、依据和实施日期；二是通告事项，是采用分条款的方法来写的。因前文有“现将有关事项通告如下”的过渡语，故文末没有“特此通告”的专门结语。整篇通告内容具体、明晰。

小任务

某市将在人民广场举行国庆焰火晚会，为保证安全，决定于9月30日晚部分道路实行交通管制。你认为如果要告知公众，应用何类文种？请根据你所处地方的实际环境，拟写一份公文。

1. 标题

通告的标题格式与公告基本相同，既有完全式的，也有省略式的。

2. 主送机关

通告也属于周知性文体，无主送机关。

3. 正文

通告的正文一般先交代缘起、目的或依据；然后以“现通告如下”等过渡语引起下文，接着公布具体事项，公布具体事项一般采用条款式；如前面没有“现通告如下”的过渡语，最后可以“特此通告”结尾。

4. 落款和成文日期

格式与公告相同。

（四）通告的写作要求

（1）通告不能乱用，诸如单位搬迁、更换电话号码等，不能用通告，应当用启事。

（2）通告的内容要明确具体，对涉及社会面较大的事项，应尽量分条细述。

（3）通告的语言应简朴规范、通俗易懂。

三、通报

（一）通报的含义

通报是适用于表彰先进，批评错误，传达重要精神或者情况的公文，属于下行文。通报具有如下特点。

（1）真实性。通报所涉及的人物、事件、数据等都必须客观真实，不能虚构、编造、夸张或渲染。

（2）典型性。通报所指向的好人好事或错误行为都应该具有一定的代表性和普遍性。

（3）导向性。通报的目的非常明确，无论是表彰先进、批评错误，还是情况通报、传达精神，都具有很强的指导和教育意义。

（二）通报的种类

根据适用的范围，通报可分为表彰通报、批评通报和情况通报三种。

（1）表彰通报。用于表扬先进人物和先进集体的事迹，树立榜样、宣传典型和推行成功经验。

（2）批评通报。用于批评错误、通报事故或反面典型，总结教训以防止类似错误或事故的发生。

（3）情况通报。多用于上级机关向下级单位传达信息、动态和有关精神等，以便更好地开展工作。

（三）通报的格式与写法

案例点评

山东省人民政府关于表彰全省矿业秩序治理整顿工作先进单位的通报

近年来，各级政府认真贯彻实施《矿产资源法》等国土资源法律法规，按照国务院和省政府的部署和要求，依法整顿矿业秩序，取得了显著成效。到2000年底，全省17个市矿业秩序均达到了国家和省规定的根本好转的8条标准，顺利通过了省政府和国土资源部的检查验收。通过治理整顿矿业秩序，广大干部群众的国土资源法制观念和矿产资源国家所有观念大大增强，促进了社会稳定和矿业经济的持续健康发展。为表彰先进、进一步推动工作，省政府决定，对在实现矿业秩序根本好转工作中做出突出贡献的济南等10个市人民政府和章丘等17个县（市、区）人民政府予以通报表扬。

希望受到表彰的市、县（市、区）人民政府珍惜荣誉、再接再厉，进一步维护和巩固矿业秩序治理整顿成果。各级人民政府要深入贯彻实施《矿产资源法》等国土资源法律法规，坚持“在保护中开发，在开发中保护”的总原则，依法严格管理矿产等国土资源，促进其合理开发与有效保护，提高国土资源综合利用水平，为我省经济、社会的持续健康发展做出更大的贡献。

附：全省矿业秩序整顿工作先进单位名单（略）

二〇〇〇年七月九日

想一想

这是一篇什么性质的通报？语言上有何特点？

评一评

这是一篇表彰性通报。由于所表彰的对象为单位，而且是群体，因而开头部分采取总体叙述事实的方法，概括各级政府在依法整顿矿业秩序方面取得的成效。然后在陈述全省17个市治理整顿矿业秩序的基本情况及其效果的基础上，做出表彰决定，并提出明确、具体的希望和要求。全文层次清晰、环环相扣、逻辑缜密，是一篇较有特色的通报。

小任务

某职业院校学生李某在英语应用能力考试中用手机接收信息，被发现后态度恶劣，造成严重舞弊行为，现学院研究决定给予其留校察看处分；同时，学院决定将此事通报全体学生，以儆效尤。请你拟写这份通报。

1. 标题

通报的标题一般由制发机关、事由和文种三个要素构成；也可以省略发文机关，仅有事由和文种两个要素。

2. 主送机关

通报的主送机关一般为发文机关的直属下级机关，或需要了解该内容的不相隶属的单位。

3. 正文

三种不同的通报，其正文的写法不尽相同。

表彰通报首先介绍先进事迹，包括时间、地点、人物（或单位）、事迹、效果、影响等；其次对上述事迹进行分析、评价，指出其典型意义（或主要经验）；最后提出表彰或发出号召。

批评通报首先写明通报缘由，交代事故或错误事实的经过；其次对事故或错误进行分析，重点分析其发生的原因，指出其性质及危害，并提出处分决定；最后写明防止今后发生此类事故或错误的措施，提出警戒，或重申某一方面的纪律。

情况通报的正文主要包括两个方面：一是具体介绍需要通报的有关情况；二是对情况进行分析，并提出指导性意见。

4. 落款和成文日期

在正文后下方标注发文机关和成文日期。如在标题中已出现发文机关，也可不署发文机关；成文日期也可只注于标题之下。

（四）通报的写作要求

（1）事例要典型。无论是表彰通报还是批评通报，所通报的人物和事件都要有一定的代表性、普遍性和典型性。只有这样，才会有通报的意义和价值。

（2）分析要中肯。对情况的分析要客观中肯、入情入理，不能无中生有、虚张声势、乱扣高帽。

（3）通报要及时。通报具有较强的时间性。通报的内容都是当前新发生的事件和情况，与推动当前中心工作密切相关，因此必须做到及时通报、不误时机，否则等到时过境迁，就会失去通报的价值。

四、通知

（一）通知的含义

通知是适用于发布、传达要求下级机关执行和有关单位周知或者执行的事项，批转、转发公文的公文。通知是法定公文中使用频率最高的一个文种，一般为下行文或平行文。

（二）通知的种类

根据其适用范围，通知大致可分为以下几种。

（1）发布性通知。它是指用于发布有关的规章和规定的通知，如《国务院关于发布〈国家行政机关公文处理办法〉的通知》。

（2）指示性通知。它是指用于上级机关对下级机关阐述政策、布置工作、分配任务等的通知，带有一定的原则性和指导性，如《国务院关于进一步精简会议和文件的通知》。

（3）任免性通知。它是指用于任免和聘用、解聘干部的通知，如《××市政府关于×××等职务任免的通知》。

（4）转发、批转性通知。它是指用于转发上级机关的公文、批转下级机关公文的通知。通知的正文一般由所转发（批转）的公文标题和转发（批转）要求两部分构成，如《国务院办公厅转发水利部关于加强嫩江松花江近期防洪建设若干意见的通知》属于转发性的；《国务院批转教育部 2003—2007 年教育振兴行动计划的通知》属于批转性的。

（5）会议通知。它是指组织会议的单位制发的通知，如《××市××局关于召开××××工作会议的通知》。

（三）通知的格式与写法

案例点评

××省教育厅关于召开全省高等职业教育工作会议的通知

各市、州人民政府、教育局，省直有关部门、有关大型企业，各高等职业学校、普通高校职业技术学院（校区）：

为了贯彻落实全国职业教育工作会议精神，进一步明确我省高等职业教育改革与发展的思路，促进高等职业教育的健康发展，经省人民政府同意，拟于 2015 年 10 月在××职业技术学院召开全省高等职业教育工作会议。现将有关事项通知如下：

一、会议的主要内容

1. 学习贯彻全国高等职业教育工作会议精神，研究我省高等职业教育改革与发展的思路、政策和措施。

2. 介绍××职业技术学院等高等职业学校改革与发展的做法和经验。

3. 讨论制定我省高等职业学校办学条件及教学质量的合格评估办法。

二、会议时间和地点

会议定于 2015 年 10 月 10 日报到，11—12 日开会，会议地点为××职业技术学院，报到地点为××宾馆。

三、参加会议人员

举办高等职业学校（含批准筹建）的市州政府分管市长、教育局（委）局长（主任），举办高等职业学校的省直部门、行业和企业的有关负责同志，高等职业学校、普通高校职业技术学院（校区）主要负责人各一人（见附件 1）。

会议邀请省计委、省财政厅、省劳动与社会保障厅等省直部门负责人，并在会上讲话；邀请省委组织部、省编办有关处室负责人参加。

四、其他事项

1. 非会议正式代表的住宿由会议统一安排，费用自理。

2. 大会交流材料请各单位自行打印 150 份，报到时交会务组（需准备经验材料的单位名单及材料样式附后）。

3. 省教育厅联系人：××，联系电话：××××（办），××××（传真）。

××职业技术学院联系人：×××，联系电话：××××（办），××××（传真），手机：×××××。

××省教育厅发展规划处

二〇一五年九月二十五日

附件：

1. 参加全省高等职业教育工作会议单位及人员名单（略）；

2. 需准备交流材料的单位名单（略）。

想一想

这是一篇什么类型的通知？主体部分采取了怎样的结构形式？

评一评

这是一份会议通知。标题由发文机关、事由和文种构成，属于完全式标题。开头部分简明扼要地说明召开会议的依据、理由和会议名称等；主体部分分条列项地交代会议的具体事项，包括会议的主要内容、时间、地点、参加人员和费用、交流材料、联系人及其电话、传真等。这份会议通知条目比较清晰，其写法值得借鉴和参考。

小任务

国务院《关于大力发展现代职业教育的决定》是新时期关于高职教育的纲领性文件。某职业院校为让全体教职工认真学习文件精神，决定将这份通知转发到各处室、系部。请确定转发时应使用什么文种并请拟写该文。

1. 标题

通知的标题一般由制发机关、事由和文种组成，也可视具体情况省略制发机关或事由。

转发、批转性通知标题中的事由是所转发或批转公文的名称，如《国务院批转国家旅游局关于加强旅游行业管理若干问题请示的通知》，这个标题的事由部分是“国家旅游局关于旅游行业管理若干问题（的）请示”，即是所批转公文的名称。如被转发、批转的公文是法规性文件，则须在法规性文件名称上加书名号，其他一般不加。

2. 主送机关

通知的主送机关一般用统称，如“国务院各部委、各直属机构”等，也可一一列出主送机关名称。

3. 正文

通知的正文一般由三部分构成：

（1）通知缘由。写明制发通知的理由、目的、依据等情况，然后常用“现将有关事项通知如下”、“特做如下通知”等过渡语转入下文。

（2）通知主体。即通知事项，就是要求受文机关办理、执行和应予知晓的事项。如通知事项较多，一般可采取分条列项的形式来写。

（3）结尾部分。通知的结尾一般有两种写法：一是自然结尾，不单写结束语；二是以惯用语“特此通知”收束。但开头和主体之间如用了“特做如下通知”等作为过渡语，则不宜在结尾处再用惯用语，或以“请认真贯彻执行”“请遵照执行”“请结合本地区本部门的实际做好落实工作”等惯用语，发出号召，提出希望和要求。

（四）通知的写作要求

（1）语言要平实、准确、简洁，便于受文者知晓。

（2）内容要具体明了，表述要层次清晰、可行性强，便于受文者贯彻实施。

任务二　报请批复性公文

一、请示

（一）请示的含义

请示是适用于向上级机关请求指示、批准的公文。请示为上行文，具有强制回复的性质，主要用于以下几个方面：一是工作中遇到新情况、新问题，或遇到困难、无章可循，没有对策或没有把握，需要上级机关给予指示时；二是工作中处理实际问题，单位无力解决，或是涉及相关政策、规定有疑义，需要上级解决的；三是工作中决定某个重大事项，由于权力限制不能做出决定，或出现意见分歧，需报上级批准裁决时。

（二）请示的种类

根据写作目的和内容，请示可分为两类。

（1）请求指示的请示。这类请示适用于工作中有关政策或规定理解执行难以把握或工作中遇到疑难的问题，如《山东省物价局关于对山东省人民政府1991年发布的两个〈通告〉有关问题的请示》。

（2）请求批准的请示。这类请示主要适用于涉及人事、经费、物资、机构、基建等方面的具体事项，如《××市人民政府关于解决水利建设资金的请示》。

（三）请示的格式与写法

案例点评

××单位关于增拨技术改造资金的请示

××主管局：

正当我单位技术改造处于关键阶段时，资金告罄。前次所拨资金原本缺口较大，加之改造过程中出现了新的技术难题，需增新设备，以致资金使用超出预算。由于该项技术是我局所属大部分企业所用的核心技术，如改造不能按期完成，势必拖延全部技术更新的进程，进而影响各单位实现全年预定生产指标和利润。目前我单位全体技术人员充分认识到市场经济的机遇和挑战，正齐心合力、刻苦攻关，缺口资金如能及时到位，我们保证该项技术改造按期完成。现请求增拨技术改造资金××××万元。

特此报请核批。

××单位

××××年××月××日

想一想

这份请示的请求事项是什么？提出请求的理由充分吗？

评一评

这是一份请求批准的请示。请求事项具体明确，仅一句话，即“现请求增拨技术改造资金××××万元”；文中着重说明提出请求的理由，既充分又清楚。这份请示写得简明扼要，很有条理性和说服力。

小任务

若某省教育厅下属职业院校因扩大规模、满足学院发展需要，需征集办学用地400亩，请问该学院应向谁行文，提出何要求？应使用什么文种？如何拟写该文？

1. 标题

请示的标题有两种写法。

（1）发文机关+事由+文种，如《××省人民政府关于××××的请示》。

（2）事由+文种，如《关于××××的请示》。

拟标题时要注意，不能将“请示”写成“报告”或“请示报告”；标题中尽可能不要出现“申请”“请求”“要求”之类的词语。

2. 主送机关

请示的主送机关只能有一个，就是直接负责受理和答复该文件的上级机关。如属于双重领导，也只能主送一个上级机关，由其负责答复；如需同时送另一上级机关，则应当用抄送的形式。

3. 正文

请示的正文都要包括缘由、事项和结语三部分。

（1）缘由。请示的缘由就是提出请示的理由。一般包括请示的背景、基本情况、请示的原因等；理由要充分，语言要简洁。

（2）事项。即请求上级机关给予指示或批准的具体事项。请求事项要符合相关的政策、法规，切合实际，具有可行性和可操作性。表述应具体明确、直截了当，不能含糊笼统。

（3）结语。一般是习惯用语。须另起一行，如“以上请示，请批复”“以上请示如无不妥，请批复”“以上请示，请予审批”“以上请示如无不妥，请批转各地区、各部门研究执行”等。

（四）写作要求

（1）一文一事。一份请示只能写一件事，如果一文多事，则有可能导致受文机关无法批复。

（2）单头请示。一份请示只能主送一个上级领导机关，以免出现相互推诿、扯皮的现象。

（3）不越级请示。请示不能越级，应逐级行文。如因特殊情况或紧急事项必须越级请示时，要同时抄送越过的直接上级机关。

（4）不抄送下级。请示是上行文，不得同时抄送下级，以免造成工作程序混乱；更不能要求下级机关执行未经上级机关批准的事项。

二、报告

（一）报告的含义

报告是适用于向上级机关汇报工作、反映情况，回复上级机关的询问的一种上行文。报告的使用范围很广，向上级机关或业务主管部门反映情况、汇报工作，报送、报批文件，回答上级查询的问题等，都要用到报告。

其特点如下：

（1）真实性。凡报告都是下级机关向上级机关或业务主管部门汇报工作、反映情况的，必须实事求是、客观真实、如实陈述。

（2）单向性。报告是下级机关向上级机关汇报工作、反映情况时使用的单方向上行文。报告上报后，也就完成了任务，上级机关不做批复。

（3）及时性。向上级的报告必须尽快、及时，不能拖延时间，否则就会贻误时机，造成损失。

（二）报告的种类

1. 根据用途给报告分类

（1）工作报告。向上级机关汇报工作情况的报告。

（2）情况报告。向上级机关反映本单位所发生的突发事件、重大问题或其他重要事情的报告。

（3）答复报告。下级机关对上级机关所询问的问题做出答复的报告。对上级询问的问题，应实事求是地做出答复，要做到有问必答，不能避重就轻或者答非所问。

2. 根据内容不同给报告分类

（1）综合报告。用来向上级汇报本单位、本部门一个时期内全面工作或几个方面工作的综合情况，往往有一文数事的特点。

（2）专题报告。向上级汇报某项工作进展、某些措施贯彻情况的报告。

（三）报告的格式与写法

案例点评

关于棉花质量和市场管理检查情况的报告

（国家计委 二〇〇一年五月十八日）

国发办〔2001〕43 号

按照《国务院办公厅关于开展棉花质量和市场管理检查的紧急通知》（国办发明电〔2001〕6 号，以下简称《通知》）要求，国家计委、国家经贸委、原工商行政管理局、原质量技术监督局、供销总社、农业发展银行组成 5 个检查组，于 3 月 7 日至 17 日，对河北、江苏、安徽、江西、山东、河南、湖北、湖南、新疆 9 个棉花主产省（自治区）的棉花质量和市场管理自查自纠工作情况进行了检查。现将有关情况报告如下：

各有关省（自治区）按《通知》精神，对本地区开展棉花质量和市场管理检查工作都十分重视，立即进行了具体部署，组织省级政府各有关单位和各有关市、县开展自查自纠，一些省（自治区）政府的领导同志亲自带队赴棉花主产县（市）进行督促检查。各地工商管理、质量监督、供销社、农业发展银行等部门密切配合，保证了这次检查工作的顺利进行。（略）经过这次棉花质量和市场管理检查，各地棉花市场秩序混乱的状况开始改观，私商棉贩非法收购、加工的势头得到了有效遏制，棉花质量有所提高，取得了阶段性成果。

从抽查的情况看，尽管 9 省（自治区）在棉花质量和市场管理检查中做了大量工作，取得了成果，但仍存在不少问题，有些方面还比较严重。一是棉包质量标识不规范、标识与内在质量不符等问题相当突出。（略）二是棉花加工质量普遍较差。（略）三是对非法加工设备的处理和监管不力。（略）

这次检查，也暴露出涉及棉花管理体制方面的问题。一是有些地方对加强棉花质量和市场管理的认识不足，甚至对这次检查也是临时应付，使自查自纠工作流于形式。（略）二是棉花行业管理弱化，市场、质量意识淡薄。（略）三是法规不健全，查处难度大。（略）

为进一步加强棉花质量和市场管理，现提出以下建议：

一、提高认识，巩固成果。（略）

二、管住加工，规范收购。（略）

三、深化改革，标本兼治。（略）

想一想

这是一篇什么类型的报告？文末为何不用落款并具成文日期？主体部分采取了怎样的结构模式？

评一评

这是一篇以反映情况为主要内容的报告。开头交代开展棉花质量和市场管理检查的依据、人员组成、时间、地点等，简明扼要；主体部分由“成绩—问题—建议”三大层次构成，先肯定了有关省（自治区）按照国务院办公厅通知要求的精神开展自查自纠工作所取得的成绩，然后说明在取得一定成果的同时还存在不少问题，最后提出三点建议。情况报告的写作可以借鉴这种基本模式。

小任务

某职业院校征地工作结束，向主管机关汇报工作，应选用什么文种？

报告的基本格式是：标题+主送机关+正文+落款+成文日期。

1. 标题

报告的标题有两种常见的形式。

（1）发文机关+事由+文种，如《××省关于××抗灾救灾工作情况的报告》。

（2）事由+文种，如《关于棉花质量和市场管理检查情况的报告》。

2. 主送机关

报告的主送机关应为负责受理报告的上级机关，一般只标注一个主送机关。如需要报送其他机关，则以抄送的形式来处理。

3. 正文

报告正文的结构一般由开头、主体和结语三部分组成。

（1）开头。报告开头主要交代报告的缘由，概括说明报告的依据、目的、意义等基本情况，然后用过渡语“现将有关情况报告如下”转入主体部分。

（2）主体。报告主体是报告的核心部分，用来说明报告事项。不同类型的报告，其报告事项的内容侧重点也不同。

工作报告主要写明工作进程、取得的成绩和经验、存在的问题与不足、应该汲取的教训及下一步的工作安排。报告中所讲的成绩或问题都必须属实，不能弄虚作假、言过其实；要层次井然、重点突出、点面结合，避免把工作报告写成面面俱到的流水账；要有较高层次的理论归纳，并能从中揭示出一定的规律来。

情况报告要讲清所开展工作的基本情况、取得的成绩、存在的困难问题、解决的措施和办法等。如果是突发事件，就要把事件或问题发生的时间、原因、经过、结果、性质、影响、处理意见和建议一一讲明。一般是先陈述基本情况，再分析主客观原因，最后提出解决的办法和措施。

答复报告的内容包括两个部分，即答复依据和答复事项。开头一般先扼要地写明上级机关来文所询问的问题，如《××市人民政府关于治理××河水质污染问题的报告》，开头为“省政府转来×××××委员会提出的关于××河水质污染状况的报告，经市政府调查研究，对报告中提出的有关问题及解决方案报告如下”，这就是答复依据。接着是答复事项，针对上级询问一一回答，要明确具体，不能模棱两可、似是而非。

（3）结语。结语一般采用惯用语，如“特此报告”“专此报告”“以上报告，请审阅”“以上报告，如有不妥，请指正”等，注意不要用“请批复”。

4. 落款与成文日期

落款在正文后右下方标注发文机关。如在标题中已出现发文机关，则无须落款。

成文日期标注在落款之下。

（四）报告的写作要求

（1）要实事求是。写作报告，必须坚持实事求是的原则，如实反映情况，无论成绩还是问题，都不应随意夸大或缩小。只有这样，才能使上级机关了解实情，对发文机关的工作进行正确的指导。

（2）要迅速及时。向上级机关汇报工作或反映情况要迅速及时，以便上级机关和有关领导尽快掌握有关情况。

（3）要详略得当。在报告中汇报工作或反映情况，都要做到重点突出。特别是综合报告，要做到点面结合、详略得当。

三、批复

（一）批复的含义

批复是用于答复下级机关的请示事项的公文，属于下行文。批复具有三个明显特点。

（1）针对性。批复具有很强的针对性，一般是一请示一批复，不涉及请示以外的其他事项。

（2）被动性。批复是被动行文，它是依赖请示而存在的，先有请示，然后才能批复。任何一份批复都是对应请示做出的。

（3）权威性。上级机关所做的批复意见，准许怎样做、不准许怎样做，下级机关必须遵照执行。

（二）批复的种类

（1）按照答复的态度，批复可分为肯定性批复和否定性批复两种。

（2）按照内容的不同，批复一般可分为指示性批复和批准性批复两种。

① 指示性批复。它是上级机关针对下级机关在理解和执行有关文件精神与政策时存在某种不确定性或疑问而做出的答复，明确地做出解释，以指导下级机关对文件精神和政策更好地贯彻执行。

② 批准性批复。它是上级机关对下级机关提出的具体事项给予明确的答复。上级机关对下级机关的请批事项具有审批权，只有得到上级的批准，下级才能实施；若上级不批准，所请示的事项就不能执行。

（三）批复的格式与写法

案例点评

关于企业出租不动产取得的固定收入征收营业税问题的批复

四川省地方税务局：

你局《四川省地方税务局关于企业以承包形式将不动产出租所取得的固定收入征收营业税的请示》（川地税发〔2000〕35号）收悉。经研究，现批复如下：

根据《中华人民共和国营业税暂行条例实施细则》第十一条规定，负有营业税纳税义务的单位为发生应税行为并收取货币、货物或其他经济利益的单位，包括独立核算和非独立核算的单位。因此，企业以承包或承租形式将资产提供给内部职工和其他人员经营，企业不提供产品、资金，只提供门面、货柜及其他资产。收取固定的管理费、利润或其他名目价款的，如承包者或承租者向工商部门领取了分支机构营业执照或个体工商户营业执照，则属于企业向分支机构或个体工商业户出租不动产和其他资产，企业向分支机构和个体工商业户收取的全部价款，不论其名称如何，均属于从事租赁业务取得的收入，均应根据《中华人民共和国营业税暂行条例实施细则》第十一条的规定，按“服务业——租赁”征收营业税；如承包者或承租者未领取任何类型的营业执照，则企业向承包者或承租者提供各种资产所收取的各种名目价款，均属于企业内部的分配行为，不征收营业税。

国家税务总局

二○○一年一月二十日

想一想

这份公文属于批准性批复还是指示性批复？有没有专门的结语？语言上有何特点？

评一评

这是一份指示性批复。标题由事由和文种构成。开头引述来文标题和发文字号；接着以“经研究，现批复如下”引出批复事项，批复事项部分根据有关条例的规定，对来文请示的问题做了明确的解释和说明；此批复省略了结语。全文语言准确、态度明朗。

小任务

前述某教育厅下属的职业院校的征地要求获得了同意，请你拟写这份教育厅下达给该学院的公文。

1. 标题

批复的标题与其他公文文种标题的格式基本相同，既可以由制发机关、事由和文种三部分组成，也可以由事由和文种组成，但不能仅用文种做标题。

2. 主送机关

批复的主送机关一般只有一个，即提出请示的下级机关。

3. 正文

批复正文一般由三部分组成。

（1）依据。在批复的开头部分引述下级机关请示的标题和发文字号，如“你局××××年××月××日《关于×××××问题的请示》（×发〔2015〕×号）收悉”；也可以只引述来文字号，如“你局〔2015〕×号请示收悉。”

一般在写完依据后，用“经研究，现批复如下”或“经××××会议研究，做如下批复”或“现批复如下”等过渡到下文。

（2）事项。对请示中提出的问题，做出明确具体的答复。如同意，则写上肯定性意见；如不同意，则应在否定性意见后面写明理由。

（3）结语。批复的结语一般为“此复”“特此批复”“专此批复”等，也可省略不写。

4. 落款与成文日期

在正文之后的右下方标注发文机关名称。成文日期写在落款之下。

（四）批复的写作要求

（1）态度要鲜明。对请示事项的批复意见，应态度鲜明、毫不含糊，不要出现“可以研究研究”之类的词语。

（2）批复要及时。对下级机关呈报的请示，应及时做出明确的答复，以免耽误工作，甚或造成无法挽回的损失。

任务三　商洽性公文

一、函

（一）函的含义

函是不相隶属机关相互商洽工作、询问和答复问题以及请求批准和答复审批事项的公文，是平行文。其特点如下。

（1）灵活性。函适用范围广，使用灵活方便。它既可用于不相隶属机关之间商洽工作、询问和答复问题，又可用于向无隶属关系的主管部门请求批准事项、主管部门审批答复有关事项。

（2）多向性。函的行文方向具有多向性，既可平行，又可上行或下行，不像其他文种那样在行文关系上有严格的限制。

（3）非强制性。函的功能是商洽、询问某一事项，相互之间不带强制性；语言礼貌简明。

（二）函的类别

1. 按行文方向分

（1）发函。指发文机关需要商洽或解决有关事项而向受文单位发出的函，也叫“去函”。

（2）复函。指针对来函提出的问题或商洽的事项做出答复的函。

2. 按内容和用途分

（1）商洽函。主要用于平行机关之间或不相隶属机关之间商洽工作、联系有关事宜，如商调干部、洽谈业务等。

（2）请批函。主要用于不相隶属机关之间相互请求批准有关事项。

（3）答询函。主要用于平行机关之间或不相隶属机关之间相互答复问题。

（三）函的格式与写法

案例点评

关于商借课室的函

××中学：

我市为贯彻国家公务员制度，拟对全市事业单位在职干部进行不脱产培训。因培训人员较多，场地不够，所以想向你校借用课室。时间是今年9月、10月的所有双休日，每天上午8时至下午6时；课室数目是8间。每次上完课，我局会派人打扫卫生；消耗水电等的费用，我局将如数支付。这次培训，关系到提高我市在职干部的素质，希望能得到你们的支持。

是否同意，请研究后及时答复我们。

××市人事局

二〇一五年××月××日

想一想

这是一则去函还是复函？符合函的写作要求吗？

评一评

这是一则商洽函。开头交代商洽的依据、原由，然后引出拟商洽的事项，接着把需要商洽的具体事宜进行详细的说明，最后提出希望支持的意愿。全文既有说理又有具体的陈述，内容简明、语言精练。

小任务

请你替××中学写一份书面答复。

1. 标题

公函的标题一般有两种形式。一种是由发文机关名称、事由和文种构成；一种是由事由和文种构成。函的标题要表明行文方向，即写明“函”或“复函”。

2. 主送机关

去函或复函的主送机关都是一个，复函的主送机关即是来函的发文机关。

3. 正文

函件正文一般由开头、主体和结语组成，但去函与复函的写法略有不同。

去函正文的开头，一般要简明扼要地交代商洽、请求、询问或告知事项的依据、缘由和目的，然后提出要求和希望。如需对方回复，结语可用“请函复”、“请复”、“特此函商，请复”等。

复函正文的开头类似于批复，首先引述来函的标题、发文字号等，如“你办××月××日《关于××××的函》（××函〔2015〕×号）收悉”；然后用“现复函如下”“经研究函复如下”等过渡到答复事项部分，答复事项时态度要明朗，应针对来函给予明确具体的回答；复函的结语一般用“此复”“特此函复”等。

4. 落款和成文日期

与一般公文格式相同。

（四）写作要求

（1）一函一事。函的内容较为单一，一般是一函一事，不可一函多事。

（2）措辞得当。无论是去函还是复函，都要以平和商洽的语气来写。对上不刻意逢迎，对下不盛气凌人，对平行单位、不相隶属单位要以礼相待。措辞要得当，一般不用“应该”“必须”等指令性的语言。

二、纪要

（一）纪要的含义

纪要是适用于记载会议主要情况和议定事项的公文。一般是在会议之后，对会议的基本情况、讨论与研究的重要事项、主要精神等进行整理记载而形成的文件。可以由有关部门传达，作为开展某类工作的依据与指导。其特点如下。

（1）纪实性。纪要是会议成果的真实记录和集中反映，如实地反映会议的主要内容和议定事项。纪实性是会议纪要的基本特点，也是撰写会议纪要的基本原则。

（2）纪要性。纪要应围绕会议主旨及主要成果，对会议繁杂的情况和内容进行综合、提炼和概括性的整理。其重点在于介绍会议成果，归纳主要事项，概括会议精神。

（3）指导性。纪要是传达会议精神的重要文件，是开展工作的依据，对会后的各项相关工作具有重要的指导和约束作用。

（二）纪要的种类

根据会议的内容和类型，纪要可以分为两类。

（1）办公会议纪要。记录机关单位召开的办公会议所形成的纪要。

（2）专题会议纪要。记录传达各种专题会议形成的纪要。

（三）纪要的格式与写法

案例点评

会展经济工作座谈会会议纪要

（2008 年 11 月 28 日）

2008 年 11 月 26 日，省委常委、副省长×××召集省经贸委、工商局、贸促会及部分会展企业的负责同志，听取我省会展业情况汇报，就进一步加快会展业发展问题进行了座谈研究。纪要如下：

会议认为，会展业作为现代服务业的重要组成部分，对于拉动消费、带动相关产业发展、提高城市形象、推进工贸结合以及扩大产品销售具有重要的作用。近年来，我省相继出台了一批促进会展业发展的政策措施，改善会展业发展环境，提升和改进展馆功能，使得有一定影响力的会展活动逐年增多，国际化程度逐步提高，会展经济得到较快发展。但与发达省份相比，我省会展业在管理、扶持政策、展馆设施、会展规模和影响力等方面还存在很大差距，需要进一步改善和提升。

会议研究确定：

一、各级政府及有关部门要充分认识会展业对经济社会发展的重要作用。特别在当前世界金融危机带来不利影响的情况下，要更加重视会展经济发展，通过发展会展经济，促进工贸结合，扩大内需，拉动经济平稳较快增长。要发挥我省名牌会展和产业优势，选准主题，创造良好环境，促进会展经济健康发展。

二、进一步规范和繁荣会展市场。工商、经贸等部门要依法依规加强管理，规范会展秩序。贸促会、行业协会等要引导会展企业加强行业自律，促进会展业健康发展。要提高会展业质量，打造一批名牌展会、名牌展馆、名牌展览企业和名牌展览服务公司。

三、要充分发挥企业的主体作用。会展企业要遵循会展经济的发展规律，解放思想、改革创新，加强对外合作、努力做大做强。要走专业化办展的路子，对一些展览主题突出的专业展会，政府及有关部门要组织竞标办展，避免重复办展、浪费资源。

四、加强政企合作。展览企业要在充分发挥产业和行业优势的同时，招展招商并举，以商促展，提高展会效果。各级政府及有关部门要利用我省产业优势，发动工商企业参展参观，促进工贸联手，合力开拓市场。

五、由省经贸委会牵头，提出加快我省会展业发展的意见，以省政府名义下发；省贸促会要抓紧提出我省明年计划举办的展会名单，加强对外宣传推介；省节能办要积极配合山东新丞华展览有限公司办好新能源和太阳能两个专业展会。

六、国家商务部12月4日在我省举办会展论坛，青岛市和省经贸委要组织好会务，通过论坛学习先进理念和外地经验，贯彻国家商务部指导意见，把我省会展经济搞得更好。

参加会议的有：（略）

附：与会者姓名和单位（略）

想一想

这篇会议纪要有发文机关吗？主体部分运用了何种写法？最后列出与会者的姓名和单位有何作用？

评一评

这是一篇关于会展经济工作的专题会议纪要。开头简要介绍会议的基本情况，包括时间、召集人、与会者、主要议题等。主体部分着重是写通过会议所达成的共识和形成的决议，主要有两大内容：一是说明会展业的作用、发展、差距等；二是分条列出六个方面的决议。全文采取综合概述的方法，对会议内容进行了归纳、整理，分别用“会议认为”、“会议研究决定”引领具体内容。最后详细写出与会者的姓名和单位，主要起补充说明的作用。这篇会议纪要重点突出、清楚明白，对会后的工作有很强的指导意义。

小任务

请根据本班近期召开的一次主题班会，分别写一份会议记录和会议纪要。

1. 标题

会议纪要标题的两种形式。

（1）单标题。

① 由“会议名称+文种”构成，如“××××会议纪要”。

② 由“事由+文种”构成，如“关于研究××××问题的会议纪要”。

③ 由“发文机关+事由+文种”构成，如“××部关于××工作会议纪要”。

（2）双标题。由“正标题+副标题”构成。正标题揭示会议主旨，反映会议的主要精神和内容；副标题标示会议名称和文种，如“回顾过去成绩显著 展望未来任重道远——××县政法委××××年第一次会议纪要”。

2. 成文日期

会议纪要的成文日期有两种写法：一种是写于标题下，用圆括号括起；一种是写于正文右下方。

3. 正文

会议纪要的正文由导语、主体和结语三部分组成。

（1）导语。导语即会议纪要的开头部分，一般是概括会议的基本情况，包括会议的名称、目的、内容、时间、地点、规模、参加人员、主要议题和会议成果等。导语不能写得过长，要简明扼要，让人们读后对会议有个总体的了解。

（2）主体。主体是会议纪要的核心部分。它根据会议的中心议题，按主次、有重点地写出会议的情况和成果，包括对工作的评价、对问题的分析、会议议定的事项、提出的要求等。主体的写法一般有三种。

一是条项式，就是把主体内容包括讨论的问题和议定的事项，按主次一条条列出来，使其条理化、一目了然。办公会议纪要、工作会议纪要多用这种写法。

二是概述式，就是把会议的内容或议定事项进行综合概括，分成若干部分。每个部分谈一个方面的内容。这是一种比较普遍的写法，它有利于突出主要内容、分清主次。一般把主要的、重要的放在前面，而且尽量写得详细、具体一些；次要的和一般性的内容放在后面，可简略一些，较复杂的工作会议或经验交流会议多用这种写法。

三是发言式，就是把与会者的具有典型性、代表性的发言要点摘录出来，按发言顺序或按内容性质先后写出。这种写法的好处是，可尽量保留发言人谈话的风格，比较客观、具体。一些重要的座谈会纪要常用这种写法。

（3）结语。会议纪要的结语一般是提出希望、发出号召，要求与会者或有关单位认真贯彻会议精神。有的会议纪要是顺着主体内容的展开而自然结束，不再另写结语。

（四）纪要的写作要求

（1）全面了解会议情况，重点把握会议精神。写作会议纪要应全面了解会议的目的、任务、内容和形式，熟悉会议的所有文件材料（包括领导同志的发言），重点把握会议的主要精神。

（2）层次结构井然有序，语言表达准确简明。写作会议纪要应围绕会议主题和内容来安排层次结构，抓住要点、善于归纳，做到条理分明、井然有序。在语言表达上，应以叙述为主，力求准确简明、通俗易懂。

任务小结

公务文书的规范化特征以及公文构成要素的标准化要求为学习和从事公务文书写作的人员提供了直接模仿的可行性，因此，认真阅读和分析随文介绍的例文，对于领会和掌握各种常用公文的写作要领、尽快提高写作能力，具有一定的借鉴意义。

同步训练

名词解释

公务文书　请示　报告　通知　通告　公告

复习思考

1. 公文主要有哪些特点和类型？
2. 公文的行文规则什么？
3. 撰写公告应注意哪些问题？
4. 通告主要有哪些写作要求？
5. 表彰性通报与批评性通报在写法上有何不同？

6. 哪些情况需要用请示行文？
7. 去函与复函在写法上有何不同？
8. 会议纪要主要有哪些写作要求？

案例分析

关于召开经济工作会议的通知

各镇（乡）局（行）厂矿：

为了总结经验，加速振兴我县经济的步伐，县政府决定在本月中旬召开经济工作会议，现将有关情况通知如下：

1. 参会人员为各单位主管经济工作的主要负责人。
2. 参会人员应认真准备有关经济情况及今后的工作打算的材料，以便在会议上汇报或交流。
3. 参会人员应带齐日常生活用品及伙食费，并于5月15日5时到县政府报到。
4. 会议结束后，将布置今年下半年的工作安排，请及时转达。

以上通知，希遵照执行。

××县人民政府办公室

2015年5月6日

这是一份什么通知？该类型在写法上有什么要求？本通知是否符合要求？

问题诊断

请根据公文写作要求，分条指出下面公文稿的五处错误，并简要说明理由。

关于请求拨款的报告

市教育局、市财政局：

为满足教学要求，我校计算机实验中心需添置100台计算机，共需经费70万元。根据现有条件，我校可自筹资金20万元，另50万元，请求市教育局、市财政局帮助解决。

特此报告。

××中学

2015年9月

实训设计

1. 实训目的

了解并熟悉通知、函、会议纪要格式与注意事项，掌握三种公务文书的写法。

2. 实训项目

深圳市××区宏大百货股份有限公司为应对中国进入世界贸易组织（WTO）以后所带来的严峻挑战，于20××年7月20日至21日在深圳中国大酒店商务中心会议室举行了第三次董事会议。会议由董事长蔡先生主持，副董事长唐先生与董事许先生、张先生、王女士出席了会议。会议首先听取了总经理李先生的述职报告。李总重点报告了本公司在经营上对外开拓的近况。他说，随着改革的深入，公司经营向国际化方向发展，为此成立了外引内联的专门机构，目前取得显著成果：先后与日本日新株式会社成立博文美食有限公司；与匈牙利成立天德尔儿童制衣有限公司，并在匈牙利占有一定市场，形成长期供货基地。但是，公司没有小额贸易出口权，无法直接从事出口创汇。为改变状况，公司已向所属××区人民政府申请小额贸易出口经营权，并得到区人民政府的批准，但还得经深圳市经贸委准允。因此，深圳市××区人民政府已于20××年7月12日向深圳市经贸委去函申报。

董事会对李总的业绩感到满意。会议着重讨论了中国入世后对国内百货业的冲击，提出应对挑战的策略。李总提出要引进国外新技术，建立现代化的物流中心，以降低经营成本；副董事长唐先生认为公司应采取灵活多样的经营方式，举办展销会、技术交流会等适于引进技术与信息的方式开展业务，还应举办不同类型的培训班，造就人才；蔡先生之见，是要重视运用现代化管理手段“信息+人才+管理=效益”。公司要通过各种途径聘请中高级管理人才，引进国外先进的管理方法，并要筹建信息部，以便及时掌握国际商贸最新信息。以上意见均得到了与会者的认同，并要求有关职能部门具体实施。

（1）根据案例内容，写一份宏大百货有限公司关于召开第三次董事会议的通知。

（2）根据案例内容，以深圳市××区人民政府的名义写一份给深圳市经贸委关于宏大百货有限公司申请小额贸易出口权的函。

（3）根据案例内容，写一份宏大百货股份有限公司第三次董事会议的会议纪要。

3. 实训思路

（1）让学生能厘清整个思路；

（2）让学生学会拟制公务文书。

4. 实训做法

学生利用一节课时间在计算机上拟制、打印文书，用电子邮箱发送到教师处。

学习情境五　经济事务文书

学习要求

1. 了解并掌握经济事务文书中计划、总结、简报、述职报告、规章制度及一些日常工作事务文书的概念、写作方法及格式要求。

2. 体会例文，通过模拟写作训练，能运用正确的格式撰写计划、总结、简报、述职报告、条据等事务文书。

情境任务设计

2013 年 1 月的某个星期一早上，××公司项目部丁经理开始了一天的工作。他先掏出备忘录查看今天的工作安排，发现上午没什么重要事项，于是就开始撰写项目部过去一年来的工作总结。这时丁经理的下属小王走进来了，小王即将去杭州出差，进来询问丁经理有何交代，并让丁经理给他写份证明，他好去公司办公室开一封介绍信。丁经理正在给小王写证明信的时候，公司总经理打来电话，告诉他所制订的项目部 2013 年度计划在目前全球经济不景气的大背景下，某些具体条款值得商榷，让他着手予以修改，以更好地指导今年的工作。假设你是丁经理，你会写作这些文书吗？

分析

从上述情境看出，作为一名职业经理人，丁经理每天都需要通过各种日常事务文书来开展工作：借助备忘录使自己的工作井然有序，以工作总结的形式概括经验和得失，以证明信的方式处理工作事务，并借助工作计划指导全年的工作安排。这些是经济工作中不可缺少的环节，也是科学的工作方法。现代社会发展速度越来越快，竞争越来越激烈，要想避免工作的盲目性、提高工作效率，就必须前有计划、中有规约、后有总结。那么，我们如何能正确地拟写相关事务文书呢？

知识导读　经济事务文书概述

一、经济事务文书的含义

经济事务文书是指人们在处理日常事务时，用来沟通信息、部署安排、总结经验、分析研究及约束纪律的实用性文书。经济事务文书是在日常工作中使用得最为普遍和广泛的文书。

经济事务文书同经济公务文书的区别在于可以不用写明主送机关，没有严格的格式。但由于长期的使用，也形成了一些比较固定的惯用格式和阅文对象。

二、经济事务文书的种类

（一）日常工作类文书

日常工作类文书是指在日常事务工作中为了沟通信息、协调工作经常会使用到的一些文书。这类文书包括启事、声明、备忘录、留言条、便条、介绍信、证明信、委托书等。

（二）计划类文书

计划类文书是单位或个人为了对一定时期内的工作或任务有目的、有条理地做出安排和打算而撰写的文书。这类文书包括计划、方案、规划、设想、安排等。

（三）报告类文书

报告类文书是对某一阶段的工作或某项工作的完成情况进行回顾和检查，对工作中存在的问题及得到的经验教训进行分析研究的文书。这类文书包括总结、述职报告等。

（四）简报类文书

简报类文书是对一定时期内的工作情况进行收集整理，起到交流沟通的作用，属于记录性文书。这类文书包括简报、大事记等。

（五）规章类文书

规章类文书是社会各级组织为了建立正常的工作、劳动、学习和生活秩序，在一定的范围内要求有关人员共同遵守的规范性文书。这类文书包括规程、章程、制度、守则、条例、办法等。

三、经济事务文书的写作要求

（一）语言准确

要求用语准确、表述清楚，尤其是规章类文书，更要讲究遣词造句，不能出现歧义，表述不能模糊。

（二）格式规范

经济事务文书的格式虽然不像经济公务文书那样程式化，但许多文种的格式也有约定俗成的共同特点，因此经济事务文书的所用格式要统一标准，不能随意行文。

（三）切实可行

经济事务文书，或拟订计划，或进行总结，或制定规章，都是为了解决工作中的实际问题，起到务实的作用，因此经济事务文书必须能指导操作，切实可行。

任务一　日常工作事务文书

一、启事、声明、大事记

（一）启事

1. 启事的含义

启事是机关、企事业单位、团体或个人需要向公众说明某事、征求意见或提请公众注意，希望公众协助办理某事时使用的一种事务文书，通常张贴在公共场所或刊登在报章杂志上。

2. 启事的写作格式和方法

案例点评

寻人启事

王××，男，78岁，身高1.68米，长脸，秃头，驼背，耳聋，讲普通话，穿一身蓝色服装，黑色运动鞋。××××年××月××日外出，至今未归。有知其下落者，请速与××市××区××路××号×××联系，必有重谢。

联系电话：××××××××（家）

×××××××××××（手机）

×××

××××年××月××日

寻物启事

本人不慎于××月××日乘×路公共汽车时，将内装身份证、驾驶证和单位业务发票数张的一黑色公文包遗失。有拾到者请与××机械局×××联系（电话：×××××××××××），必有重谢。

×××

××××年××月××日

想一想

寻人启事和寻物启事在写作的注意事项上是否一样？

评一评

以上两则启事要素齐备、结构完整，能够有效地发挥作用。

小任务

某公司办公室秘书小王在公司停车场拾到一棕色钱包，内装银行卡数张、现金5000元，小王要在公司办公平台上发布启事，寻找失主，你能帮他起草一份吗？

（1）标题。标题的写法可以有这样几种：第一种，只写“启事”；第二种，标题里标明启事事项，如“招领启事”、“开业启事”等；第三种，启事重要和紧迫，还可标明“重要启事”或“紧急启事”等。

（2）正文。不同类型的启事正文内容有所不同，一般包括：

① 寻找类启事。寻找类启事有寻人、寻物、招领等启事。

寻人启事要准确详细地写明被寻人的姓名、性别、年龄、身高以及外貌、衣着、口音等方面的特征和走失的时间、地点及原因，最好有照片附上，便于辨认。

寻物启事要写明物品丢失时间、地点、名称、数量、特征等。

寻人、寻物启事要特别写清联系单位或个人的名字、地址、电话号码等，最后要写上感谢的话语、拟给酬谢的话，还可写“必当酬谢”“必有重谢”之类的字样。

招领启事的文字语言有特殊的要求，既要说明招领品的主要特征，又不能说得太具体，以免冒领。

征集设计启事

我商场是××市较早经营旅游产品的专卖商场，已有24年的历史，为了树立名牌，维护店方和消费者的权益，特向各界征集标志设计。具体要求如下：

一、要有旅游纪念品专卖商场的特征，有较浓厚的文化概念，具有地方特色；

二、主题形象突出，构图简洁明快、美观大方；

三、征集时间自××××年××月××日至××××年××月××日；

四、征集稿件请寄××市××区××街××号；

五、作品一经采用，即付酬金×××元。

总经理及全体员工竭诚欢迎大家赐稿。

××市××旅游纪念品专卖商场

××××年××月××日

想一想

征集设计启事在写作时应注意哪些方面?

评一评

这则启事说明了征集的目的、设计要求、奖励办法和截止时间及联系方式，能使应征者根据其要求顺利进行操作。

② 征招类启事。征招类启事有征稿、征订、征集设计启事以及招生、招聘启事等。

征稿启事指报纸、杂志有针对性地征集稿件的启事，这类启事要明确写出征集目的、相关背景、内容要求、体裁限定、字数、截止日期、投寄地址、奖励办法、注意事项等。

征集设计启事要说明征集的目的、有关背景、设计要求、奖励办法和投寄地址、截止日期等。尤其是设计要求一项要交代明确、具体，使应征者能设计出符合征集者意图的设计稿。

因工作和业务发展的需要，向社会公开招聘各种专业人员和招收一般员工，可写招聘启事或招工启事。这类启事要写明招聘人员的职别或工种、应具备的条件、考核和录用办法及报名事项等，有的还需说明录用后的待遇。

更名启事

经上级有关部门批准，我单位将“××旅游服中心”更名为“××旅游开发公司”。自××××年××月××日起启用新名称，原中心的各种印章即予作废销毁，原来的银行账号不变，原来的一切业务关及未尽事宜均由“××旅游开发公司”办理。

××旅游开发公司

××××年××月××日

开业启事

××厨具公司系专门经营饭店、宾馆厨房用品的公司。备有中西餐所用的现代化产品，产品种类齐全，全部经国家质量检测部门验证。本公司总经理×××携同全体员工竭诚欢迎新老顾客惠顾。

地址：××××××××

电话：××××××××

××××年××月××日

想一想

更名启事和开业启事属于启事分类中的哪一种？

评一评

以上两则启事将需要公开的事项清楚地做了交代，使公众能够了解和知晓相关内容。

③ 周知类启事。企事业单位更改名称要写更名启事，这类启事要写清楚原来的名称和更改后的新名称。同时在启事中还要注明一些相关事项，如公章、合同、财务往来的处理等，以避免日后产生不必要的麻烦。

（3）结尾。即署名和日期，在右下角写启事单位名称或个人姓名。视具体情况，有的还要写上地址和启事时间，如果需要，另起一行分别写到右下角。在标题和正文中已写明启事者，结尾中可省略，只写日期。报刊上刊登的启事也可以不写日期。

（二）声明

1. 声明的含义

声明指团体或个人公开表明对某些问题或事件的看法，或是遗失了重要的票据、证件，为了避免被拾到后有人利用其行骗，在报章杂志上刊登声明，宣告作废。

声明有两类，即口头声明和书面声明。口头声明形式不拘一格，书面声明则郑重其事。

2. 声明的结构与写法

案例点评

声　明

我单位于××××年××月××日取得了××机关颁发的许可证书，证书单位名称为：____________，证书编号为：____________，有效期至××××年××月××日。

现声明该证书作废。

××局

××××年××月××日

遗失声明

××市××区××公司遗失 0017253 号工商营业执照副本及 0071200—0071299 号零售发票。特此声明作废。

××市××区××公司

××××年××月××日

想一想

声明与启事有哪些异同？声明在写作时应注意哪些方面？

评一评

以上两则声明清楚地交代了要予以说明的具体内容和事项，简洁而有效力。

小任务

某公司因业务需要，与某英国公司签订合作意向，并向工商管理局申请变更了公司名称，请问该公司要向社会告知这一变更应选用何种文种？请拟写。

声明一般包括标题、正文、尾语和落款四部分。

（1）标题。一般写“声明”二字即可，有时也加上事由，如“遗失声明”。

（2）正文。即本次声明的具体内容和事项。正文开头可简洁明了地交代本次声明的原因，末尾以“声明如下”引起下文。正文内容较多者，应分清条目，每一条目单独列行。遗失声明要写明失物的名称、数量、号码等。

（3）尾语。遗失声明结尾最后一定要写“声明作废”字样，或标示出“本声明自××××年××月××日起生效”。

（4）落款。单位名称要另起一行写在右下方，加盖公章，其下写出××××年××月××日。

3. 声明的写作要求

（1）声明须事出有因，事态严重者，应加上“郑重”字样。

（2）声明语言要求情感色彩鲜明、准确无误。一经成文，不能随意涂改。

如有涂改处，须加盖公章，以负其责。

（3）声明内容要写得简明扼要。

（4）落款日期与声明生效日期常不一致，须特别注意。

（三）大事记

1. 大事记的含义

大事记，是按照时间顺序记载一个地区、一个部门、一个单位在一定时间、一定范围内发生的重大事件或重要活动的公务文书。

2. 大事记的分类

（1）按性质分：有国家或地区大事记、单位大事记、专题大事记等。

（2）按内容分：有综合性大事记、专门性大事记等。

（3）按体裁分：有条目式大事记、表格式大事记等。

3. 大事记的内容和结构

案例点评

菜篮子工程建设大事记

1988年7月，国务院委托国家计委批复同意农业部提出的《关于发展副食品生产保障城市供应（简称“菜篮子工程”）的建议》。同年9月，“菜篮子工程”首先在北京、天津和上海三大直辖市开始实施，继而在全国各大、中城市全面推开。

1990年7月，国务院召开全国大、中城市副食品工作会议，江泽民总书记、李鹏总理接见了会议代表。李鹏总理在会上做了题为《市长负责，进一步丰富“菜篮子”》的重要讲话。

1990年8月，国务院发出《关于进一步做好城市副食品工作的通知》。《通知》明确了“八五”期间副食品工作的方针和任务，要求进一步加强“菜篮子工程”建设。

1991年7月，国务院在哈尔滨市召开全国十大城市蔬菜体制改革经验交流会，会议认为今后“菜篮子工程”面临的主要任务将是在继续保持总量平衡的前提下，重点提高蔬菜质量，满足消费者求新、求净、求品种、求方便的新需求。

1993年6月，国务院在北京召开全国“菜篮子工程”工作会议。会议总结分析了“菜篮子工程”面临的主要问题，对新形势下搞好“菜篮子工程”建设进行了研究部署。朱镕基副总理到会做了重要讲话。

1994年1月，国务院在北京召开全国粮棉油及“菜篮子”工作会议。会议对“菜篮子”产品市场体系建设、宏观调控、落实市长负责制等各项工作进行了安排和部署。李鹏总理、朱镕基副总理到会做了重要讲话。

1994年4月，国务院发出《关于加强“菜篮子”和粮棉油工作的通知》。《通知》强调要全面落实“八五”期间扶持“菜篮子”发展的各项政策措施，加强市场建设和管理，建立、完善宏观调控制度和手段。

1995年2月，《中共中央、国务院关于做好1995年农业和农村工作的意见》中明确提出，要根据城镇建设的发展和居民消费需要的变化，抓紧组织实施新一轮“菜篮子工程”。

1996年1月，《中共中央、国务院关于“九五”期间和今年农村工作的主要任务和政策措施》中强调指出，要坚持“菜篮子”市长负责制，组织实施好新一轮“菜篮子工程”。

1997年6月，国务院发出《关于进一步加强“菜篮子”工作的通知》。同年7月，国务院召开了全国大、中城市“菜篮子”工作会议，贯彻国务院文件精神，部署工作。

想一想

上则大事记属于大事记分类中的哪一种？

评一评

此则大事记行文高屋建瓴，记事清晰有序，内容言简意赅，对重大事件很好地进行了记录。

小任务

请记录本班近一月的事情。

大事记的格式单一、固定，一般由标题和正文组成。

（1）标题。主要有几种形式：一是由单位名称、事由和文种（大事记）构成，如《××单位党务工作大事记》；二是由单位名称和文种构成，如《××人民政府大事记》；三是由事由和文种构成，如《企业改革大事记》，还有的是由制文单位、时间和文种构成，如《××公司三月份大事记》。

（2）正文。正文内容一般由时间和事件两部分组成。

时间必须按照先后顺序记明年、月、日，有的重要事件还要记明上午、下午或晚上的具体时间；有的工作不是一天完成的，则要记明起止日期；时间延续较长的工作，则可以分成几个阶段分别记载。

事件是指重要工作活动和须记录的大事、要事，通常是每事一条、一事一记。如果一天之内发生几件大事，一般按一件一条一个自然段分别记录；如果一件大事是持续几天发展的，一般是放在事情的最后一天记录。

4. 大事记的写作要求

（1）准确无误。是指时间准确、事件准确。编写大事记必须依据客观事实，反映事情的本来面目，既不要渲染夸大，也不要大事化小，对所记事情，一般不加评论。对于具体的时间、地点、人物、数字等，一定要核对准确。

（2）突出重点。大事记并不是事事都记，它所记载的应该是大事，有则记，无大事就不记。大事记记载的是大事，要防止凡事皆记，使大事记变成了流水账。编写大事记时必须突出重点，记事要力求言简意赅，摘要记载，不要详叙其情。

（3）专人负责。大事记的记载应该由专门部门的专人负责，编写人员要了解相关的方针政策，具备专业知识，随时记载、定期整理。年终时请领导审定、签字，装订成册存档。

二、条据文书

条据文书是人们在日常工作中用作凭据或起说明作用的篇幅短小、格式固定的应用文书。当告知事情或托人办事时，对方不在或不便当面说明，写个非正式的文字东西，这就是“条”；如果收到、领到、借到钱物，写个字条，这就是“据”。

条据文书可分为：一是说明性条据，如便条、留言条、备忘录等；二是凭证性条据，如借条、欠条、收条等。

（一）留言条

1. 留言条的含义

留言条大多在联系工作、交代任务或访问不遇时使用。在没有时间等候的情况下，留给对方一个简短而明了的条据；有时也可以用于电话留言，如：

电话留言条

来电者：________________________________

电话号码：________________________________

□ 请立即回电　　　　□ 将会再来电

留言内容：________________________________

备注：________________________________

接电话人：________________________________

时间：　　　　　　年　　月　　日　　时　　分

2. 留言条的结构与写法

案例点评

××同学：

原定星期日的春游改在星期六了，原因是气象台预报星期日有中雨。星期六上午在校门口集合，请你准时参加。

同学：××

××××年×月×日

想一想

此则留言存在什么问题？

评一评

此则留言比较清楚地交代了留言的意图，但星期六上午集合的具体时间未予以说明，是一个错误。

小任务

某职业学院管理系团委请某大学知名教授张某到校进行讲学活动，此事由小李负责，原定于4月28日下午2点在学术报告厅举行，1点钟由小李去接李教授。但小李临时有事要在4月27日出差，改由小吴负责。请你为小李拟写一份留言条。

留言条一般不需要写标题，它由称呼、正文和落款三部分组成。

（1）称呼。称呼是自己对收留言条的人口头上的称谓。

（2）正文。它就是写这张留言条的主要目的，交代清楚自己的意图和要求。

（3）落款。它包括署名和写留言条的时间。在正文下面写清楚谁留的条子，并在署名的下一行写清年、月、日。

3. 写作要求

（1）留言条的正文力求简单明了，只需要把你要跟对方说明的事情写清楚即可。

（2）留言条的署名和时间比较随便，熟悉的人写个姓加上“即日”即可，不大熟悉的要写出全名和具体日期为好。

（二）便条

1. 便条的含义

便条是一种以传递信息、介绍情况、表达意愿为主的简明事务文书。便条的内容一般很简单，通常都是一条一事，而且事情也多半不太复杂，常常是三言两语就能说清。

2. 便条的结构与写法

案例点评

×××：

我因参加职称考试，急需一本《实用护理操作规程》（人民卫生出版社），烦请您代为从医学院图书馆借一本，并让××带回交给我。

谢谢！

×××

××××年××月××日

想一想

这一则便条严格说来有什么交代得不够明确的地方？

评一评

此则便条将所托事情的具体内容做了比较清楚的交代，但代借的那本书不光要说明是由哪家出版社出版的，还应将具体版次（即是哪一年的版本）说明清楚。

小任务

李同学因发烧要去医院打针，不能上《应用写作》课程，请问他应该写一份什么类型的便条？假如你是李同学，应如何写作？

便条一般不需要写标题，它由称呼、正文、尾语和落款四部分组成。

（1）称呼。称呼是自己对收便条人口头上的称谓。

（2）正文。它就是写这张便条的主要目的，将事情的具体内容写得清楚、明白。

（3）尾语。它即便条正文写完之后的惯用语。由于内容不同、人物身份不同，便条所使用的尾语也不尽相同，如此托、为感、为盼、此致—敬礼等，以示谦恭、期盼、谢忱、尊敬等心情。

（4）落款。它包括署名和写便条的时间。

（三）备忘录

1. 备忘录的含义

备忘录顾名思义是一种录以备忘的事务文书，是为了防范遗忘、提醒注意，起到帮助或唤起记忆的作用。

2. 备忘录的内容和结构

案例点评

备　忘　录

送达：×××先生

发送人：×××

主题：中层干部培训计划

时间：××月××日×时

根据您的要求，我草拟了一份《中层干部培训计划》，请您审批。

此次有关我公司本年度中层干部培训的会议将于本周五下午召开。此前，我必须完成所有会议议程、文件资料的准备工作，所以请您在周四下午下班之前对此份培训计划做出批示，以便我做进一步的调整和修改。

附：《2015 年度企业中层干部培训计划》（一份）。

想一想

这一则备忘录包括了哪几个部分？

评一评

备忘录的写法相对比较简单，内容清晰、要素齐备即可。

通常备忘录包括五个部分：接受人姓名、发送人姓名、标题、日期和主体。有时备忘录还包括一些发送人的联系方式，如办公地点、传真号码、电话号码和电子邮件地址等。

（四）凭证性条据

1. 凭证性条据的含义

凭证性条据是作为证据、凭证而写的字条，具有法律效力。包括：

（1）收条。收到单位、个人钱物时，写给对方的、作为收到钱物的字据。

（2）领条。从某处领取钱物时，写给负责发放的人员的、证明已领到的字据。

（3）借条。向部门单位或个人借钱物时，写给对方的字据。

（4）欠条。借钱物后补写的条据。

凭证式条据涉及钱物，具有凭证作用。表达要明确，数字要大写，避免发生歧义。

2. 凭据性条据的格式与写法

案例点评

借　　条

今借到××学院财务处购教材款人民币陆千肆佰元整，下学期开学后一周内归还。

借款人：××

2015 年 6 月 20 日

想一想

上述条据的写作结构是怎样的？

评一评

这则借条格式规范，数字写法正确，内容具体。标题直接居中写明条据名称；正文内容简洁清楚，包括钱物名称、数量、归还日期等；落款写明当事人姓名、日期等。

小任务

李某因周转不灵，一年前向朋友小王借款十万元，已还五万，现差五万，请你代李某写份条据给小王。

（1）标题。在条据正上方，写明条据名称。

（2）正文。标题下第一行空两格直接写明条据的性质、关系，如“今收到”“现领到”“原借到”之类。接下来写明钱物名称、数量及归还日期等。

（3）尾语。可在正文下一行写明“此据”二字，亦可不写。

（4）落款与日期。写明当事人的姓名、日期。

三、介绍信、证明信、委托书

（一）介绍信

1. 介绍信的含义

介绍信是介绍本单位人员前往有关单位参观学习、了解情况、联系工作、商洽事宜、参加会议、办理事务时使用的书信。按照格式划分，介绍信有普通介绍信和专用介绍信两种。

2. 介绍信的内容和结构

案例点评

介　绍　信

×××：

兹介绍我公司______同志等____人（系我公司____），前往贵处联系____，请接洽。

此致

敬礼！

××公司（盖章）

××××年××月××日

想一想

这一则介绍信属于普通介绍信还是专用介绍信？

评一评

此则介绍信格式明确清楚，可视为普通介绍信的范本。

介绍信可分为普通介绍信和专用介绍信两种。

（1）普通介绍信。普通介绍信一般不带存根，由标题、称谓、正文、结语、印章与日期五部分构成。

① 标题。居中写“介绍信”三个字。

② 称谓。顶格写对方名称或负责人姓名及尊称。

③ 正文。用“兹”、“今”、“现”等起首；然后依次简要介绍持信人的姓名、随行人数、联系事宜等，有必要时也可在姓名前或后介绍持信人的职务或职称，介绍随行人数时数字一般要大写；最后用“请接洽为盼”、“请接洽为荷”等礼貌语得体地提出请求。

④ 结语。另起一行空两个汉字位置写“此致”，再起一行顶格写“敬礼”。

⑤ 署名与日期。签署单位名称，另起一行写出具日期，并在名称和日期上加盖出具单位印章。

（2）专用介绍信。专用介绍信共有两联，一联是存根，另一联是介绍信的本文；两联正中有间缝，同时编有号码。一般是在统一印制的介绍信表格上填写相关内容，由本文、存根和间缝组成。

① 本文。内容和普通介绍信相似，但一般在标题下一行要填写介绍信的字号，如“××介字第××号”，在日期下一行要填写有效期。

② 存根。内容和本文一致，但针对的对象不同：本文是对外介绍，存根是对内留底备查，所以表述的角度不同。

③ 间缝。本文和存根之间有虚线分开，在虚线中间纵向填写字号，并在字号上加盖骑缝章。

（二）证明信

1. 证明信的含义

证明信通常也称证明，是单位或个人证明有关人员的身份、经历、职务或某件事情真实情况的书信。证明信具有法定凭证的作用；按照出具者划分，证明信有以单位名义出具的证明信和以个人名义出具的证明信两种。

2. 证明信的内容和结构

案例点评

证　　明

兹证明×××为我公司武汉分公司负责人，于××××年××月××日起代表我公司处理武汉分公司一切事宜。特此证明。

××有限公司

××××年××月××日

想一想

这一则证明信有法律效力吗？

评一评

此则证明信所证明的内容清楚、明确，但未盖有公章，也就不具备法律效力。

证明信的结构一般由标题、称谓、正文、结语、署名与日期五部分构成。

（1）标题。有两种形式：一种是只写“证明信”或“证明”；一种是被证明人的姓名（或被证明的事情）和证明内容加“证明信”或“证明”字样构成，如“关于×××同志××情况（或问题）的证明”。

（2）称谓。顶格写上接收证明信的单位名称或个人的姓名称呼。有些供有关人员外出活动证明身份的证明信因没有特定的接收单位，开头可以不写称谓，而是在正文前用引导词“兹”引起正文内容。

（3）正文。根据被证明人的用途和接收证明信单位的需要叙述有关事实，正文一定要针对需要重点证明，不写与需要事实无关的话。如证明的是某人的历史问题，则应写清人名、何时、何地及所经历的事情；若要证明某一事件，则要写清参与者的姓名、身份及其在此事件的地位、作用和事件本身的前因后果。以个人名义出具的证明信，根据需要可再由出具人所在单位签署意见。

（4）结语。一般以“特此证明”作结，也可再加上“此致敬礼”等。

（5）署名与日期。签署出具单位名称或个人姓名、出具日期等，并在出具单位名称和日期上加盖公章。

（三）授权委托书

1. 授权委托书的含义

授权委托书是指委托人与受托人就委托事务达成的一种证明性事务文书。它是委托人实施授权行为的标志，是产生代理权的直接根据。

授权委托书根据其适用的范围，可分为诉讼授权委托书和民事代理授权委托书；依据授权范围，分为特别委托书和概括委托书。

2. 授权委托书的内容和结构

案例点评

授权委托书

委托人：×××，身份证号码：××××××××××××××××××

受委托人：×××，身份证号码：××××××××××××××××××

委托事项：委托人×××因有事务在身，自愿授权受托人×××前往贵处办理收款手续，请予以配合。

委托权限：受托人携带其身份证和委托人的身份证，且仅能办理收款手续，不具有其他权限。

该委托书有效期限为十日，自签署之日起生效。

委托人：（签字）联系电话：××××××××

受托人：（签字）联系电话：××××××××

签署日期：××××年××月××日

想一想

这一则授权委托书格式是否规范？

评一评

这份授权委托书对委托事项及时限等写得明确、具体，语言表达清晰明了，是一份格式较完整的委托书。

委托书一般由标题、首部、正文和落款四部分组成。

（1）标题。写明委托书的性质，可直接以“委托书”或“授权委托书”作为标题。

（2）首部。写明委托人和受托人的基本情况，包括姓名、性别、年龄、民族、籍贯、职业、住址、联系电话、身份证号码等。委托人是企事业单位和社会团体的，则应写明单位名称、所在地址、法人代表姓名及其担任职务等情况。

（3）正文。正文包括具体事项、范围、权限、时限等情况，即写明委托人委托办理事务的具体内容和受托人的权限范围。委托人所委托代理的事项和权限根据委托人的授权而有所不同，应在委托书中交代清楚委托事项和权限的具体内容。

（4）尾部。由委托人及受托人签名盖章，并注明委托书订立的时间。

3. 写作要求

（1）条理清楚。在具体说明委托事项和权限时，如果委托事项较多的话，应以条款形式清楚地表述，使受托人能准确地参照委托书去处理相关委托事项。

（2）用语准确。委托书用语的含义应十分明确，不能笼统和含糊其辞，含义不清、容易产生歧义的词语应当忌用；委托书的条款要尽可能地详尽准确，明确受托人的责任，以免发生争议。

委托书格式 1：

委　托　书

委托单位：×××，地址：××××××

法人代表：×××，身份证号码：××××××××××××××××××

受托单位：×××，地址：××××××

法人代表：×××，身份证号码：××××××××××××××××××

一、委托事项：

……

二、委托权限：

1. ……

2. ……

三、委托时限：

××××年××月××日——××××年××月××日

特此委托。

委托单位：×××（公章）

××××年××月××日

委托书格式 2：

授权委托书

委托人姓名：　　性别：　　身份证号码：

住址：　　联系电话：

受托人姓名：　　性别：　　身份证号码：

住址：　　联系电话：

现委托上列受委托人在我的××××××事项中，作为我的代理人。

代理人的代理权限如下：

……

委托人（签名）：　　　　　　受委托人（签名）：

××××年××月××日　　　　　　××××年××月××日

任务二　计划和总结

一、计划

（一）计划的含义

计划是计划类文书的统称，是对今后一段时间内要完成的任务或要做的工作预先做出安排或打算的事务文书。由于计划涉及内容和期限不同，计划类文书还有不同的叫法，如常见的安排、设想、规划、部署、打算、方案、纲要、思路、要点、意见等，都是人们对今后工作或活动做出的部署与安排，因而也都属于计划这个范畴。其特点：

（1）预见性。计划着眼于未来，是先于要进行的实践活动而制订的，因此，计划必须对未来工作中可能发生的情况及出现的问题有充分的预测和估计，提出科学的方案。

（2）可行性。为了实现预期的目标，在制订计划时，就必须进行全面、周密的分析，切合实际情况，制定相应的措施和方法，保证目标的实现。

（3）指导性。计划一经制订，就要对未来的实践操作起到指导作用和约束作用，能指导人们有目标、有步骤地开展工作。

（二）计划的格式与写法

案例点评

××市粮食局二〇一五年工作计划

2015年是贯彻落实科学发展观、巩固宏观调控成果、保持经济社会良好发展态势的关键之年，是全面实现“十二五”计划目标、衔接第十三个五年计划的重要之年，更是我们加快全市粮食行业发展、出形象、出成果的提升之年。新的一年，我们既面临着难得的发展机遇，更面临着严峻的挑战，对我们的工作思路、工作能力、工作水平都提出了更高的要求，任务艰巨、责任重大。

一、我市2015年粮食工作的指导思想

坚持以邓小平理论和“三个代表”重要思想为指导，认真贯彻落实党的十八届四中全会精神，以科学发展观统揽粮食工作全过程，以深化改革为动力，以掌握粮源为基础，以保障供应为核心，以行业发展为主线，与时俱进，服务“三农”和全市经济，全力打造文明健康、清廉高效的服务型机关，为我市提供粮食安全保障。

二、目标和任务

（1）加强粮食宏观调控，实现产销两旺。

（2）完成全市地方粮食储备任务，完善储备粮运作机制和粮食应急保供机制。

（3）推进放心粮油工程建设。

（4）推进粮食产业化经营，做大做强龙头企业。

（5）加强行业自身建设，促进三个文明协调发展。

（6）确保全市存粮安全及全年安全生产无事故。

三、具体工作措施：加快“三个转变”，实现“三个突破”

（1）加快转变粮食部门工作职能，在思想观念、工作方法上求突破。要严格按照法定程序，重点做好粮食收购资格的准入，加强对全社会粮食的监管和统计，确保全市粮食市场有序竞争。

（2）加快粮食购销经营方式的转变，在拓展市场、搞活流通上求突破。大力推进粮食订单收购，以市场为导向，以价格为杠杆，以诚信为保证，积极引导、鼓励农民种植优质粮油品种，不断提高种粮效益；创新收购方式，采取集中收购和上门收购并举，为农户提供“零距离”服务；要开拓经营，扩大市场份额，做大外购外销；同时，进一步加强粮食销售工作力度，树立市场意识和品牌意识。

（3）加快粮食安全重点环节的转变，在构建和完善粮食市场保供体系上求突破。

一是建立和健全粮食储备体系。对2015年度的市级地方储备粮要按照“政策性储备、市场化运作、现代化管理”的要求，实行定点储存、定期轮换，进一步提高我市粮食市场抗风险能力。

二是建立有关数据档案。把库存、质量、安全管理落到实处，使地方储备粮发挥出社会和经济两个方面的最大效益。

三是继续加快中心粮库的建设步伐。加大投入力度，在年内完成三个中心粮库的烘干、自动化装卸、环流熏蒸、质量检测等配套设施，并确保投入使用；发挥已建粮食基地的作用，确保吸储地方储备粮有可靠粮源。

同志们，今年粮食工作的要求将高于去年，发展的困难将大于去年，越是困难的时候，越是需要我们保持一个良好的精神状态，要把已取得的成绩视为新的起点，把责任化为积极的行动，把希望当作前进的动力，以全力争先的姿态，以全面提升的目标，为开创粮食工作的新局面而努力奋斗。

想一想

这一则计划在制订的具体目标任务上是否做到了灵活和留有余地？

评一评

这份计划将制订此份计划的依据、指导思想、目标和任务都做了清楚的揭示，并对如何完成所制订的目标和任务设置了具体的工作措施安排。

小任务

某职业学院学生自办创业公司，下有学生创意活动工作室，请你替该创意活动工作室拟定本学期工作计划。

计划的形式比较灵活，写法多种多样，最常见的有表格式和条文式两种。

1. 表格式计划

表格式计划即将计划的各项内容划分成若干栏目，用表格逐项列出，再将具体内容分门别类地填写进各个栏目的表格中即可。这种格式适用于时间较短、内容较单一的具体计划。

2. 条文式计划

条文式计划一般由标题、正文和落款三部分组成。

（1）标题。可分为完全式标题和非完全式标题两种。

完全式标题由制订计划单位、适用时限、内容、种类四要素构成，如“××公司××××年财务工作计划”。

非完全式标题即省略了前面完全式标题四要素中的某些要素，或者省略单位名称，如“2016 年销售计划”；或者省略适用时限，如“××公司工作计划”等。

（2）正文。正文是计划的主体和核心，即计划的具体内容，一般由前言、目标和任务以及措施和步骤三部分组成。

① 前言。前言也叫导语，简要说明制订计划的依据、指导思想、目的及意义；也可分析前阶段工作的基本情况和存在问题，为制订计划提供可靠的依据。

② 目标和任务。这部分是计划的核心内容，必须写明要达到的目标和完成的任务，目标和任务最好量化，即具体列出将来要达到的有关数量的指标。在行文上一般采用分条列项的方式，用小标题或序号标明层次，然后逐项写出具体的任务和目标。

③ 措施和步骤。措施和步骤是计划的重点，也是完成任务的保证。在这一部分里，要详细说明完成任务的具体措施、方法步骤、时间分配以及人力财物的安排等。时间安排应当具体，即在什么时间内完成哪些任务，要一一列出。

（3）结尾和落款。计划的结尾一般写明应注意的事项和需要说明的问题，或是提出希望和号召；也可以不写结语，在主体部分明确交代后就结束正文。落款包括制订计划的单位名称或个人姓名、计划的定稿日期等。如果是上报或下达的计划，要在落款处加盖公章。

（三）计划的写作要求

（1）要有一定的灵活性。计划是事前制订的，由于各种主客观原因，难免对未来的预测有不周到的地方，所采取的措施也不可能做到完全准确，而且在计划的实施中，常常会有一些不可预见的因素出现。因此，订计划时要在任务的提出和时间的规定等方面留有余地，在执行计划的过程中，也要随着客观情况的变化进行必要的调整。

（2）内容要明白、具体。计划的内容切忌抽象和烦琐，使人难以把握，而应该写得明白、具体。把要做的事情写得实实在在，使人一目了然，能够依照计划进行实践操作，以更好地执行计划，也便于人们对照计划检查实际工作。

二、总结

（一）总结的含义

总结是事后对过去一段时间的工作或活动的完成情况，包括取得的成绩、存在的问题等进行回顾检查、分析研究，从中找出经验教训和引出规律性的认识，以为今后的工作提供帮助和借鉴的一种事务文书。总结具有如下特点。

（1）理论性。总结的过程，就是从感性认识上升为理性认识的过程，因此写总结不能简单地罗列事件、记流水账、就事论事，而要在分析事实材料的基础上，将零散的材料加以归纳、整理，找出普遍性的规律，提炼出正确的观点，更好地指导今后的实践活动。

（2）概括性。总结作为对过去的回顾，可写的内容很多，但无论陈述事实，还是总结经验教训，都应用简明扼要的语言概括表述，叙事不必具体描写，议论也无须旁征博引。

（二）总结的格式与写法

案例点评

××局××公司年度工作总结

[前言] 今年，我公司在市局、县委、县政府的正确领导下，在各有关部门的大力支持配合下，始终遵循“以规范促发展，以服务增效益”的企业理念，以规范经营为工作重心，狠抓结构调整，使企业效益持续、稳定地提升，较好地完成了今年的工作任务，现将具体情况总结如下。

[基本情况] 今年我公司几项主要经济指标完成情况如下：

1. 产品销售增长（略）

2. 实现毛利增加（略）

[成绩和经验] 回顾一年来的工作，我们主要是从以下几个方面努力的：

一、注重学习，加强培训，强化监督，全力创建学习型企业，保障持续、健康、稳定发展

1. 以人为本抓党员、干部、职工思想教育。（略）

2. 持续加强对员工的业务技能和培训。（略）

3. 不断完善内部管理制度，强化监督考核。（略）

4. 注重人力资源的梯级培养。（略）

二、以规范经营为工作重点，保持销售平稳、结构优化、效益增长的良好发展态势

1. 提高认识，规范经营，严格自查自纠。（略）

2. 整合营销，优化结构，实现三个转变。（略）

三、严格监控，强化管理，创造良好的经营环境

1. 增强服务意识，加强法律宣传，优化执法环境。（略）

2. 认真开展专项治理工作，切实规范经营行为。（略）

3. 加强素质教育，执法水平不断提高。（略）

四、严格整顿，安保工作警钟长鸣

1. 领导高度重视，时刻强化安全意识。（略）

2. 认真开展落实专项整顿工作。（略）

3. 加大检查监督力度，防止各类事故发生。（略）

五、后勤保障有条不紊，围绕中心工作紧密展开

1. 完善报账制度，加强费用管理。（略）

2. 热忱服务，为职工解除后顾之忧。（略）

［**问题**］六、仍需努力的方面

1. 员工综合素质相对滞后，有待提高。

2. 对员工所投入的教育和培训力度不够。

3. 内部绩效管理机制不够健全。

［**今后展望**］总之，今年通过全体员工的艰苦努力，我们基本上完成了既定的目标，但仍要针对不足之处继续努力、着力改进，使今后的效益更上一层楼。

××局××公司

××××年××月××日

想一想

这篇总结有哪些写得不规范的地方？

评一评

这篇总结的前言部分内容结构规范完整，能给人一个总体的印象，具有期待效应，从而关注下文。“主体”的“基本情况”部分，对一年内总的经济效益的成绩有一个概括介绍，有说服力；“主体”的“成绩与经验”部分，层次清楚、结构严谨；“主体”的“问题与教训”部分，能够辩证地判断并指出工作中存在的一些问题，但是没有对产生这些问题的原因进行分析，从而产生出“教训”来，这是这篇总结的不足之处。另外，“主体”部分没有根据经验与问题找出未来工作的“措施与决策”，是这篇总结的另一个不足之处。最后的“结尾”部分简洁明了，比较可取。

小任务

请你写一份学习总结。

总结一般由标题、正文和落款三部分组成。

1. 标题。

总结的标题一般有以下三种写法。

（1）文件式标题。由单位名称、时限、总结种类构成，如《××商场 2015 年销售工作总结》。

（2）文章式标题。这种标题的写法类似于一般文章标题，用简洁的语言概括出总结的主要内容或基本观点，如《在调整中继续前进的一年》。

（3）双标题。即由正标题、副标题构成，正标题概括主要内容或揭示主题，可以视为前文所述的文章式标题；副标题补充说明单位名称、时限和总结种类，可以视为前文所述的文件式标题，如《抓管理增效益——××厂 2015 年工作总结》。

2. 正文。

一般由开头、主体和结尾三个部分组成。

（1）开头。也叫前言部分，采用叙述的方式，简要交代总结所涉及的时间、背景和事件的大致过程，概述主要的成绩和取得的经验，为后面的具体阐述做铺垫，然后用一句“现将具体情况总结如下”展开下文。

（2）主体部分。这是总结的重点部分，主要介绍成绩和经验，同时也要指出存在的问题与教训。通过分析概括，找出规律性的东西，以便为今后的工作提供帮助和借鉴。总结的主体可以分为基本情况、成绩和经验、问题及今后展望三个部分。

① 基本情况。概括说明有关工作和任务的完成情况。

② 成绩和经验。这是总结的主要部分，内容包括做法和成绩、经验和体会等方面。可以具体写出工作成绩有多少，是通过什么方法取得的，并从成绩中分析出可供今后工作参考的经验。这部分通常可以采用分条列款的方法安排结构，或者按工作类型的不同，将总结内容分成几个大的部分来安排结构。

③ 问题及今后展望。这是总结的结尾部分，应客观分析已做过的工作，辩证地看待问题，在肯定成绩的同时，找出工作中的不足和问题。因此这一部分应略写存在的问题，以吸取教训，最后提出对工作的建议及今后努力的方向，表明决心、展望前景。

3. 落款。

在正文之后写明单位名称或个人名称以及定稿日期。

（三）总结的写作要求

（1）内容要全面。事物总是一分为二的，总结成绩的同时，也要找出存在的问题，这样才更有利于今后工作的顺利开展。

（2）态度要实事求是。写总结要从实际出发，实事求是地反映事物的本来面目，即总结中涉及的人物、事件、时间、数据、成果等，一定要真实可靠，不夸大、不缩小。

（3）找出规律。总结不能仅仅停留在对工作过程的记录上，因为写总结的目的在于从过去的经验中找出规律性的东西，从而不断把工作推向前进，如果只写过程和做法，就失去了总结的意义。

任务三　经济简报和述职报告

一、经济简报

（一）经济简报的含义

经济简报是单位内部用来反映情况、汇报工作、交流经验及传递信息的一种事务文书。它不同于汇报工作的简要书面报告，而是一种专业性强的简短的内部小报。因此，其特点如下。

（1）快。经济社会信息沟通越快，就越易掌握制胜先机。

（2）简。要及时传递信息，简报内容集中单一，语言简明扼要，篇幅短小精悍。

（3）实。简报的价值在“实”。有关的事实、数据、事件的时间、地点等要准确真实，评价要客观恰当。

（4）新。简报要反映新动向、新情况、新经验，阐明新观点。

（二）经济简报的种类

常见的经济简报主要有三种。

（1）会议简报，主要报送会议的概况和进程，交流会议讨论情况。

（2）动态简报，即反映各部门、各领域的新动态的简报。

（3）工作简报，也称情况简报，即反映各方面工作情况的简报。

（三）经济简报的内容和结构

案例点评

<u>经济简报</u>

第 14 期

（总第 14 期）

××市经济普查领导小组办公室编　　　　××××年××月××日

本期目录

市办讯息

＊ 市经普领导小组成员下乡镇指导登记工作

＊“三位一体”联系制度有力推进乡镇经普工作

乡镇（街道）动态

＊ ××镇开展清查试点确保清查工作质量

＊ 市经普领导小组成员下乡镇指导登记工作

××月××日，由市经普领导小组各成员与市统计局、经普办工作人员组成的经济普查单位清查检查指导组分别到各自联系的乡镇（街道）检查指导单位清查工作。

各检查组采用“一查、二问、三看”的办法，深入到普查区检查指导单位清查现场登记工作。检查内容主要包括组织领导、宣传动员、清查业务和统计总体工作四个方面。通过检查，有力地促进了乡镇（街道）清查工作规范化进行。同时，由于各经普领导小组成员带队下乡镇（街道）检查，更加引起了各乡镇（街道）领导对经普工作的重视。当晚，市经普办即召集各检查组将检查情况进行集中汇报，对共性问题及时进行梳理研究，形成书面业务解答及时下发，对全市面上的登记工作起到了较好的指导作用。

＊“三位一体”联系制度有力推进乡镇经普工作

为更好地发挥我市第二次经济普查领导小组成员单位职能作用，指导和促进乡镇（街道）经济普查工作，我市制订下发了经普领导小组成员单位和局办工作人员联系乡镇（街道）经普工作制度。该制度进一步明确了市经普领导小组成员单位联系乡镇（街道）的主要职责，落实了各成员单位、具体责任领导和统计局、经普办业务人员具体联系乡镇工作制度。

自单位清查工作开始以来，市经普领导小组各成员和相关部门单位都非常重视，按照联系制度要求，分赴各乡镇（街道）开展指导督查工作，对督查中发现的各类问题及时指正，对疑难问题汇总后由市普查办指定人员答疑，避免出现系统性错误。由成员单位、责任领导和统计局、经普办业务人员形成“三位一体”的经济普查工作联系制度，有力地推动了我市经普工作的顺利开展。

乡镇（街道）动态

＊ ××镇开展清查试点确保清查工作质量

××镇经普办为了确保清查工作的顺利进行，确保普查的工作质量，在及时做好普查员业务培训基础上，于××月××日在该镇的中心村——××村开展清查试点工作。通过实地试点、讲解，使普查员切实掌握单位清查相关工作技能，磨刀不误砍柴工，保证了工作质量。

该镇的全体普查员在镇经普办人员的带领下，来到××村委会普查区01普查小区开展入户清查的试点工作，通过对几个不同类型的法人单位、产业活动单位和个体经营户的现场登记询问及清查表的填写，使每个普查员都进一步掌握了询问技巧、清查表的正确填写法，为面上清查工作的高质量完成奠定了基础。

发：各乡镇政府、街道办事处。　　　　　　　　　　　　　共印：××份

想一想

这份经济简报在前后的格式安排上是否合理？

评一评

这份经济简报因为文章篇数较多，所以在报头的下方设置了目录，以提示下文。主体文章写得简洁明了，报头和报尾要素齐备、格式规范。

小任务

某职院举行“五四”表彰大会，对在前一年中表现优秀的团员及团干部进行了表彰和奖励。请问应如何拟写这份简报？

经济简报一般由报头、正文和报尾三部分组成。

1. 报头

报头部分位于经济简报首页上端，约占首页三分之一版面，一般包括五项内容。

（1）名称。居中排印，一般用套红印刷的大号字体，如“工作简报”“会议简报”等。

（2）期号。标注于简报名称正下方，一般先写“第×期”，下方再写“总第×期”，用圆括号括起。

（3）编印单位。在期号之下，红色间隔线的上端左侧，顶格写出编印单位的名称。

（4）制发日期。在期号之下，红色间隔线的上端右侧，与编印单位平行，写出制发日期，要求年、月、日齐全。

（5）密级与编号。如本期简报需要注明秘密等级和编号，应分别标注在报头的左上方和右上方。

报头下面用一道红色横线将报头与正文隔开。

2. 正文

正文是经济简报的主体部分，即经济简报所刊的具体内容，一般包括以下内容。

（1）按语。经济简报的按语在间隔线的下方，目录的上方，注明按、按语或编者按等字样。按语是经济简报的编者对简报的某些内容所写的介绍性或评论性的文字，它不是经济简报必备的组成要素，有些简报可以不写按语。内容重要的经济简报或是转发性的经济简报一般要加上按语，按语的作者一般是编印单位指定的有关人员。

（2）目录。如果正文的文章篇数较多，一般会设置目录，起到提示下文的作用。目录标注在按语下方，文章上方居中标“目录”字样。若正文的文章篇数较少，则不必标注“目录”。

（3）标题。正文的每篇文章都必须有标题，标题一般要求简明概括正文内容，类似于新闻消息的标题，要揭示主题、简短醒目。

（4）主体。正文文章主体的写法类似于新闻消息，先在开头（导语）部分对主要内容进行概括（包括时间、地点、人物、事件等）；然后具体叙述文章所反映的情况内容；结尾或指明事情将来的发展趋势，或提出希望及今后的打算。如果主体部分已经把事情说清楚，那就不必再加结尾。

3. 报尾

在简报最后一页下端，用一横线与正文隔开，要写明发送范围和印刷份数。横线下左边写明发送范围，在平行的右侧写明印刷份数。

二、述职报告

（一）述职报告的含义

述职报告是各级干部及其他岗位责任人在人事考评活动中，向主管领导部门、人事部门或本单位的职工群众，陈述自己在一定时期内的任职情况和工作实绩时，根据职务或职责考核标准进行自我总结和评估的书面汇报材料。

述职报告是对任职者进行实际考核的一种重要形式，能促进和监督干部忠于职守，有利于提高述职者的思想水平和工作能力。根据时间上的区分，述职报告可分为任职期述职报告和年度述职报告。

（二）述职报告的特点

（1）真实性。述职报告是干部考核、评价、晋升的重要依据，述职者应实事求是、真实客观地陈述。

（2）述评性。述职者不仅要客观完整地叙述和说明自己一段时间的工作事实，还要客观全面地评价自己的工作情况。也即是说既要说明做了什么，更要说明做得如何。

（3）实践性。述职报告应该从德、能、勤、绩四个方面进行阐述，有成绩，也有缺点。

（三）述职报告的格式与写法

案例点评

述职报告

20××年的工作即将告一段落，回顾这一年来的工作，本人在公司领导及各位同事的支持与帮助下，严格要求自己，按照公司的要求，较好地完成了自己的本职工作。通过这一年来的工作与学习，本人在工作模式上有了新的突破，工作方式上有了较大的改变，现将这一年来的工作情况总结如下：

一、办公室日常管理工作

办公室对本人来说是一个全新的工作领域。作为办公室负责人，本人清醒地认识到：办公室是总经理室直接领导下的综合管理机构，是承上启下、沟通内外、协调左右、联系四面八方的枢纽，是推动各项工作朝着既定目标前进的中心。办公室的工作千头万绪，平时工作有文书处理、档案管理、文件批转、会议安排、迎来送往及用车管理等，并在文件起草、提供调研资料等方面为决策提供一些帮助。面对繁杂琐碎的大量事务性工作，本人强化工作意识，注意加快工作节奏，提高工作效率，冷静办理各项事务，力求周全、准确、适度，避免疏漏和差错，至今基本做到了事事有着落。

1. 理顺关系，办理公司有关证件。公司成立伊始，各项工作几乎都是从头开始，需要办理相关的手续及证件。本人利用自己在××部门工作多年，部门熟、人际关系较融洽的优势，积极为公司办理各类证件。通过多方努力，本人只用了月余时间，办好了×××证书、项目立项手续、××××产权证等，充分发挥了综合部门的协调作用。

2. 及时了解××情况，为领导决策提供依据。作为××企业，土地交付是重中之重。由于×××的拆迁和我公司开发进度有密切关联，为了早日取得土地，公司成立了土地交付工作小组。本人作为小组成员之一，利用一切有利资源，采取有效措施，到××、××拆迁办等单位，积极和有关人员交流、沟通，及时将所了解的拆迁信息、工作进度及问题反馈到总经理室，公司领导在最短时间内掌握了××情况及拆迁工作的进展，并在此基础上进一步安排了下一步的交付工作。

3. 积极响应公司号召，深入开展市场调研工作。根据公司××号办公会议精神要求，本人针对目前××房地产的发展情况及房屋租售价格、市场需求、发展趋势等做了详细的市场调查。先后到土地、建设、房管部门详细了解近年房地产开发各项数据指标，走访了一些商业部门如××、××，又到××花园、××小区调查这些物业的租售情况。就×号地块区位优势提出了"商业为主、住宅为辅、凸显区位、统筹兼顾"开发的个人设想。

4. 认真做好公司的文字工作。包括草拟综合性文件和报告等文字工作，负责办公会议的记录、整理和会议纪要提炼，并负责对会议有关决议落实实施；认真做好公司有关文件的收发、登记、分递、文印和督办工作；公司所有的文件、审批表、协议书整理归档入册，做好资料归档工作；配合领导在已有的各项规章制度的基础上进一步补充、完善各项规章制度；及时传达贯彻公司有关会议、文件及批示精神。

5. 落实公司人事、劳资管理工作。组织落实公司的劳动、人事、工资管理和员工的考勤控制监督工作，根据人事管理制度与聘用员工签订了劳动合同，按照有关规定，到劳动管理部门办好缴纳社保（养老保险、失业保险、医疗保险）的各项手续。体现公司的规范性，解决员工的后顾之忧。

6. 切实抓好公司的福利、企业管理的日常工作。按照预算审批制度，组织落实公司办公设施、宿舍用品、劳保福利等商品的采购、调配和实物管理工作。办公室装修完毕后，在×月份按照审批权限完成了购置办公用品、通讯、复印机、电脑等设备的配置工作。切实做好公司通讯费、招待费、水电费、车辆使用及馈赠品登记手续，严格按照程序核定使用标准。

7. 做好公司董事会及其他各种会议的后勤服务工作。董事会在××××召开期间，认真做好会场布置、食宿安排工作；落实好各种会议的会前安排、会议资料准备等工作。

二、加强自身学习，提高业务水平

由于感到自己身上的担子很重，而自己的学识、能力和阅历与职位要求都有一定的距离，所以不敢掉以轻心，总在学习。向书本学习、向周围的领导学习、向同事学习，这样下来感觉自己这一年来还是有了一定的进步。

经过不断学习、不断积累，本人已具备了办公室工作经验，能够比较从容地处理日常工作中出现的各类问题；经过半年的锻炼，在组织管理能力、综合分析能力、协调办事能力和文字表达能力等方面有了很大的提高，保证了本岗位各项工作的正常运行；能够以正确的态度对待各项工作任务，热爱本职工作，认真努力贯彻到实际工作中去；积极提高自身各项业务素质，争取工作的主动性，具备较强的专业心、责任心，努力提高工作效率和工作质量。

三、存在的问题和今后努力方向

一年来，本人敬业爱岗、创造性地开展工作，取得了一些成绩，但也存在一些问题和不足，主要表现在：

第一，办公室主任对本人而言是一个新的岗位，许多工作我都是边干边摸索，以致工作起来不能游刃有余，工作效率有待进一步提高；

第二，有些工作还不够细，一些工作协调得不是十分到位；

第三，自己的理论水平还不太适应公司工作的要求。

在新的一年里，本人决心认真提高业务、工作水平，为公司经济跨越式发展贡献自己的力量。本人应在以下方面努力改进：

第一，加强学习，拓宽知识面。努力学习房产专业知识和相关法律常识，加强对房地产发展脉络、走向的了解，加强周围环境、同行业发展的了解、学习，要对公司的统筹规划、当前情况做到心中有数。

第二，本着实事求是的原则，做到上情下达、下情上报，真正做好领导的助手。

第三，注重本部门的工作作风建设，加强管理，团结一致、勤奋工作，形成良好的部门工作氛围。不断提升办公室对其他部门的支持力度、服务水平；遵守公司内部规章制度，维护公司利益，积极为公司创造更高价值，力争取得更大的工作成绩。

×××

20××年××月××日

想一想

述职报告和工作总结有何区别？

评一评

这份述职报告的前言比较简单，主体部分以条目式逐一回顾了相关工作情况，并对存在的问题和今后努力的方向做了详细的揭示，能很好地指导以后的工作。

述职报告没有固定的写作模式，根据不同类型和主旨要求，可灵活安排结构。一般由标题、正文和落款三部分组成。

1. 标题

述职报告的标题，常见的写法有以下三种。

（1）文种式标题：只写《述职报告》。

（2）公文式标题：由姓名、时限、事由+文种名称组成，如《×××2014 至 2015 年任职期述职报告》；或省掉姓名，如《2014 年至 2015 年任××局长的述职报告》。

（3）文章式标题：用正标题，或正、副标题结合，如《2015 年述职报告》《搞好经济工作的同时也不能放松思想政治工作——××制药厂厂长刘××的述职报告》。

2. 正文

述职报告的正文，由前言、主体和结尾三部分组成。

（1）前言。前言又叫引语，一般简要交代任职的大概情况，包括何时任何职、任职变动情况及相关背景、现任职位的岗位职责是什么、现任职位考核期内的目标任务情况、个人履职过程中的主要成绩、自己对所承担工作的总体评价等，以确定本次述职的范围和基调。

（2）主体。主体部分是述职报告的中心内容，主要阐明工作实绩、处理方法、经验体会或教训以及其他问题等。可根据所任职位的岗位责任目标，结合上级对本次述职的要求，从德、能、勤、绩、廉几个方面出发，分项叙明任职期间对党和国家的路线方针政策、法纪和指示的贯彻执行情况，对上级交办的任务和分管工作任务的完成情况；做了哪些实际工作，采取了哪些措施，做出了哪些决策，解决了哪些问题，取得了哪些成效，获得了哪些经验；个人的思想品德、工作作风等情况；工作中的薄弱环节、不足之处及今后改进的意见和措施。

这部分写作时要写得具体充实、条理清楚，并要突出重点。由于这部分内容涉及范围广、内容比较多，所以宜分条列项写出，结构可采用下列几种形式：

① 并列式。即按德、能、勤、绩、廉等方面的情况以及成绩、收获、问题和今后的打算等安排成文。

② 时间式。即将任职的整个过程按时间顺序分为几个阶段，再分别对每个阶段的工作进行分析、归纳，总结出每一阶段的经验和存在的问题。

③ 主次顺序式。即按照述职内容的主次轻重，将成绩、收获与存在的问题等融为一体，归纳成若干条目，标明层次。

（3）结尾。结尾一般写对今后工作的设想，也可对全文做概括性的总结，或表达自己的决心愿望。结束语可用“以上述职，请予审查”“以上报告，请予审阅”“以上报告，请领导及同志们批评指正”等作结。

3. 落款

写上述职人的姓名和述职日期或成文日期。署名可以放于文尾，也可以放在标题之下。

（四）述职报告的写作要求

（1）成绩和缺点一分为二。撰写述职报告时，要真实反映述职者履行职责的实际情况、取得的成绩和存在问题。既不能避重就轻，也不能文过饰非。

（2）事例和数据实事求是。述职报告中要有典型的具体事例和翔实的数据说明，做到尊重事实、客观分析。

（3）文风朴实平和。语言表达要恰如其分，措辞有分寸。

任务四　规章制度

一、规章制度的含义及种类

（一）规章制度的含义

规章制度是国家机关、社会团体和企事业单位为了维护正常的工作、劳动、学习及生活秩序，保障各项工作的正常开展，依照法律、法规、政策而制订的，具有指导性、规范性和约束力的文书。

规章制度中的法规和规章是遵循相关法律和政策制定的，成为必须共同遵守的行为准则和道德规范，形成一种约束力；对某一事务或问题提出解决措施和标准，使之办理规范化，具有一定管理功能；对所规定的事项或活动有明确的规定，能对违规行为进行有效监督。

二、规章制度的种类

规章制度是一个总称，它包括章程、条例、办法、规则、规定、细则、制度、守则、公约等；另外，规程、须知、标准、准则、规范等也属于规章制度。各种不同的规章制度反映不同的需要，适用于不同的范围，起着不同的作用，其制发者也不一样。

（1）章程是指党政机关、社会团体制订的用以说明该组织的宗旨、性质、组织原则、机构设置、成员组成、职责范围和活动规则等的纲领性文书，具有准则性与约束性的作用；章程应由该组织代表大会讨论通过后公布实行。如《中国共产党章程》《中国语言学会章程》等。

（2）条例是由国家机关制订或批准，对某机关、组织的机构设置以及组织办法、人员配备、任务职权、工作原则、工作秩序和法律责任做出规定，或对某类专门人员的任务、职责、权利义务、奖惩做出系统性规定的带有法规性质的文书。如《失业保险条例》《企业职工奖惩条例》等。

（3）办法是针对某项工作、有关事项或某一方面的活动做出比较具体规定的文书。如《国家行政机关公文处理办法》《广东省普及九年制义务教育实施办法》等。

（4）规则是国家机关、团体、企事业单位为维护劳动纪律和公众利益，对某一事项制订的要求大家遵守的关于工作原则、方法和手续等的原则性规定。如《全国安全生产委员会专家组工作规则》《城市交通规则》等。

（5）规定是对有关工作或某一事项制订的法规性文书，比规则更为具体。主要用于明确提出对国家或某一地区的政治经济和社会发展的某一方面，或某些重大事故的管理或限制。如《关于制止低价倾销工业品的不正当价格行为的规定》《关于提高知识分子待遇的若干规定》等。

（6）细则是为了贯彻执行“条例”、“规定”及“办法”中某一条款或某几项条款的实施而制订的具体、详细的规则，对贯彻方针、政策起到具体说明和指导的作用。如《对外汉语教师资格审定办法实施细则》《审批个人外汇申请施行细则》等。

（7）制度是有关单位和部门制订的要求所属人员共同遵守的准则，是机关单位对某项具体工作、具体事项制订的必须遵守的行为规范。如《安全生产制度》《××地区环保局廉政制度》等。

（8）守则是机关团体、企事业单位要求其成员共同遵守的道德和行为规范的文书。如《员工守则》《学生守则》等。

（9）公约是人民群众或社会团体在自觉自愿的基础上经协商决议而制订出的对某一事项的具体要求；是人们为了维护公共秩序，经集体讨论，把约定要做到的事情或不应做的事情明确写成条文，作为共同遵守的准则。如《卫生公约》《居民文明公约》等。

三、规章制度的格式与写法

案例点评

用电管理制度

（××厂××××年××月××日发布）

第一条 制定本制度，是为了合理利用国家电力资源，充分发挥用电设备潜力，达到安全、经济、合理、节约用电的目的。

第二条 加强用电管理、严格遵守用电制度。实行内部经济合同制，每月根据生产、工作任务把用电指标下达到车间、部门，做到日清、旬结、月考核，实行节奖超罚，充分调动各用电部门的积极性。

第三条 所有用电部门应切实做到“五有”：

1. 用电有计划

各用电部门不得随意更换生产设备、照明设备，以搞好计划用电；特殊情况需要更换时，需经动力科批准，否则动力科有权停止供电。

2. 消耗有定额

工艺科根据产品数量、加工性质、工艺流程等，制定当日用电定额，下达到车间和所有用电部门，同时交能源办公室一份备考。

3. 考核有计量

所有用电部门的电度表不许任意更动，以免损坏，影响考核；不属于同一电度表的线路不准自行接线使用，违者罚款10~15元。

4. 使用有制度

各用电部门要认真执行动力部门许可的用电时间，否则动力部门有权停止供电。如劝阻不改者，每千瓦容电罚款八元。

5. 节约有措施

所有用电部门的生产、照明设备均应有专人负责，做到人走灯灭机床停。

第四条 变电所（室）人员要严格按规定做好用电记录，发现问题立即报管电人员，并按规定时间将用电记录呈报有关部门，登记考核。

第五条 所有办公室、集体宿舍、家属点的照明设施不得超过60W（有特殊需要者需经厂长批准），违者罚款十元。如不经批准擅自接线使用电熨斗、电炉者，根据不同情节，处以20~100元罚款。由此造成损失者，要负经济责任。

第六条 对常年坚持节约用电有贡献的集体或个人，根据贡献大小，分别在不同范围内予以表扬，或作为评先条件之一；对提出用电合理化建议和改革措施，并且有节电经济效果的集体或个人，要给予物质奖励。

第七条 各部门要经常开展用电安全和合理节约用电教育，普及用电常识，使有限的电力资源在我厂发挥应有的作用。

想一想

请指出以上这份《用电管理制度》的错误之处。

评一评

这份《用电管理制度》的主要毛病如下：

（1）条款中存在写法不当和残缺现象。第一条改为“为了……特制定本制度”更好，文末应增加生效日期。

（2）存在语言表达不顺畅、不准确之处。

如：“各用电部门不得随意更换生产班次、轮休日，以搞好计划用电”应改为“为搞好计划用电，各用电部门的生产班次、轮休日不得随意更换”；

再如：“所有用电部门的电度表不许任意更动，以准确地进行考核”应改为“为了准确地进行考核，所有用电部门的电度表不许任意更改”；

另如：“并按规定时间将用电记录呈报有关部门”应改为“并按规定时间将报表呈报有关部门”。

如：第六条中的两处“集体或个人”，应将“或”改为“和”。

（3）存在数字写法不统一现象。

如：文中的“八元”、“10~15元”、“十元”“20~100元”等，均应统一为阿拉伯数字或统一为汉字。

（4）有些条款的语言不够精练、不够准确。

如：第三条“考核有计量”，应改为“用电有查核”。

小任务

请你重新拟写一份正确的《用电管理制度》。

（一）标题

规章制度的标题一般由单位名称、事由、文种组成，如《××市房地产市场管理细则》等。单位名称是指制定、颁布规章制度的单位名称，或是指规章制度所适用的单位或范围。

（二）正文

规章制度的正文结构一般有两种形式。

（1）分章列条式（又称章条式）。即将规章制度的内容分成若干章，每章又分成若干条。第一章是总则，中间各章叫分则，最后一章叫附则。

总则一般写原则性、普遍性、共同性的内容，包括的主要内容有：制定依据、制定目的和宗旨、适用范围、有关定义和主管部门（该项有时也可视具体情况置于分则或附则中）。总则只设一章，下分若干条。

分则指接在总则之后的具体内容，通常按事物间的逻辑顺序，或按各部分内容的联系，或按工作活动程序等分条列项、依次编排。分则下可设若干章、条、款等。

附则包括的主要内容有：施行程序与方式、有关说明、施行日期等。附则只设一章，下分若干条。

（2）条款式。这种规章制度只分条目不分章节，适用于内容相对比较简单的规章制度。一般开头说明缘由、目的、要求等，主体部分则分条列出规章制度的具体内容。其第一条相当于分章列条式写法的总则，最后一条相当于分章列条式写法的附则。

四、规章制度的写作要求

（1）制作严肃。制定规章制度必须依照相关的法律、政策，做到有法可依、有章可循，不能与国家的法律、政策相抵触。

（2）格式规范。规章制度在一定范围内具有法定效力，因此在格式上较其他事务文书更具规范性。不论是章条式，还是条款式，本质上都是采用逐章分条的写法，条款层次由大到小依次可分为七级：编、章、节、条、款、目、项，最为常见的是以章、条、款三级组成。

（3）行文周到。规章制度是人们的准则，它所涉及的方方面面都必须做出规定细致和要求全面，不能有遗漏和疏忽，不能有歧义，不能含糊不清、似是而非或自相矛盾；内容要清晰明确，不能有遗漏，具有逻辑的严谨性，做到无懈可击。

任务小结

经济事务类文书是处理日常事务，用来沟通信息、部署安排、总结经验、研究问题、指导工作以及规范行为的实用性文书，是在日常工作中使用得最为普遍和广泛的文书。通过学习经济管理过程中常见的公私事务文书，应能根据要求撰写符合规范的计划、总结、简报、述职报告等文书。

同步测试

名词解释

委托书　经济简报　述职报告　大事记　备忘录

复习思考

1. 计划的种类有哪些？条文式计划如何撰写？

2. 委托书一般包括哪几个部分，该如何写作？

3. 依据下述材料编写一份授权委托书。

××化工厂厂长高××委托本厂××科科长王××和省××律师事务所律师刘××全权处理本单位与××建筑工程公司第一工程队承包××化工厂分厂厂房合同纠纷一案。

4. 前湾公司为提高职工素质，想举办一些讲座，拟聘请海南大学的教授主讲。经电话联系，取得了海南大学的同意。12 月 10 日，前湾公司工会干部曹金带介绍信到海南大学校办与许主任面商具体事宜，不巧许主任外出，曹金写下留言条约定改日再来。请你根据以上情况，分别写出介绍信和留言条。

5. ××厂为了调动职工的积极性，保证完成和超额完成生产任务，决定在全厂内推行××岗位责任制先进经验：要求开好三个会（动员会、经验交流会和总结表彰会），搞好试点工作，组织职工讨论，充分发扬民主，各方面配合，从 7 月上旬开始，利用一个半月至两个月的时间完成这项任务。请根据以上情况，为××厂制订一份工作方案。

6. 以后勤中心的名义声明 780082 号 IC 卡作废。

7. 以××公司的名义写一份征寻合作伙伴的启事。

案例分析

以下是一篇会议记录，该如何把它改写为会议简报？

××××矿区行政办公会议记录

时间：××××年××月××日

地点：矿区办公楼会议室

主持人：程光全主任

参加人：矿区副主任刘克先、劳资科科长赵列、财务科科长刘洪军、安全科科长熊彬、人事科科长范树森、办公室主任张平

会议议题：

1. 二季度奖金发放办法；
2. 自然减员招工方案；
3. 有关人员的调动问题；
4. 对违反劳动纪律人员的处理。

会议决定事项：

1. 矿区二季度奖金按照××总公司××××年××月制订的《奖金发放办法》第六条、第七条办理。
2. 这次自然减员招工，招收××××年以前参加工作的职工子女，并实行文化统考、择优录取的办法（详细规定由劳资科负责制订）。
3. 同意刘详同志因父母身边无人照顾调往××容器厂工作。
4. 同意陈新同志与硫铁矿吴才明同志对调，解决陈新同志夫妻长期两地分居的问题。
5. 对矿工盛乔无故旷工三天的行为，责成劳资料在全矿区给予通报批评，并扣发旷工日工资及当月奖金。

×××矿区办公室（盖章）

××××年××月××日

问题诊断

下面是一份规定，它在格式和内容上是否符合要求？请加以修改。

××市人民政府关于加强自行车交通管理的规定

为进一步贯彻《××市道路交通管理暂行规则》和《××市道路交通管理暂行处罚规则》，加强自行车交通管理，将重申并补充以下规定：

一、凡骑自行车者，必须遵守以下规定：

1. 沿路靠右行驶，禁止逆行。在划有车辆分道线的道路上，不准在机动车或便道上骑行。

2. 转弯要提前减速，照顾前后左右的情况，并伸手示意。在划有上下四条以上机动车道的路段上左转弯时，必须推车从人行横道内通过。不准突然猛拐、争道抢行。

3. 在三环路以内，郊区城镇或公路上，不准骑车带人，不准与骑车同行者扶身并行；不准双手离把、持物或攀扶其他车辆；不准骑车拖带车辆；不准追逐竞驶或曲折竞驶。

4. 自行车在道路上停车、载物、停放等均应按《××市道路交通管理暂行规则》的规定执行。

二、对违反规定的，要批评教育，处罚款××元至×××元。

三、因骑车人违反规定，造成交通事故由骑车人承担全部责任。

四、本规定由市公安局负责实施。

××××年××月××日

实训设计

1. 实训目的

了解并熟悉章程、个人履历、申请书及计划的格式与注意事项，掌握几种常用事务文书的写法。

2. 实训项目

禹诚营销策划公司是由某职业院校管理系创办的学生自主经营公司。现公司刚刚成立，依据公司实际需要，需完成公司申请注册所需书面材料的写作。首先是起草规范的公司章程，在注册申请时，依据规定及要求，需要提供发起人个人履历。其次公司希望学院能帮助解决公司用房，由于经济能力有限，还希望向学校借款 1 万元，用于公司的登记注册。学院为指导学生经营该公司，希望学生做好该公司年度经营计划。

（1）根据案例内容，拟写一份公司章程和年度经营计划。

（2）根据案例内容，拟写发起人个人履历。

（3）根据案例内容，写出借房和借款的相关文书。

3. 实训思路

（1）让学生能理清整个思路；

（2）让学生学会上网查询相关案例；

（3）让学生学会拟制公务文书。

4. 实训做法

学生以 4 人为一组完成该组实训，用电子邮箱发送到教师处。

项目四

经济契约类文书

学习目标

知识目标

◎ 掌握经济契约类文书的性质、特点及写作格式。

◎领会经济契约类文书的使用情境。

能力目标

◎ 能正确拟写合同、意向书、招投标文书及诉讼文书。

学习情境六　经济合同类文书

学习要求

1. 了解并把握经济合同类文书意向书、合同、协议书、招标书、投标书等文体的写作方法及格式要求，掌握必备的写作理论知识。

2. 学会区别写作情境，使用不同种类的经济合同类文书。

情景任务设计

新天宇公司拟订购200台电脑，对外公开进行采购。新天宇公司对电脑规格及质量要求提出书面材料，该项目于2014年10月20日至2014年11月20日公开采购；2014年11月18日在新天宇公司六楼会议室公开招标。招标当天，即与中标单位办理相关手续，2014年12月10日交货，货到安装完成，一月后付款。如果你是新天宇公司采购部经理助理负责该项目，在这次项目活动过程中你应准备哪些相关书面材料？这些书面材料应如何拟写？

分析

从上述情境看出，这是经济交往过程中常见的活动。要完成该项活动，首先必须使用招标书，通过公开招标，选择符合条件的中标公司；其次，为使该项目能顺利完成，还必须与中标公司签订一份合作意向书；最后，为确保该项目中双方的权利与义务，签订一份经济买卖合同。作为一名采购部经理助理，在准备该项目时，必须能正确地写作并使用相关合同类文书。要在市场经济条件下保障企业的合法权益，维护良好的协作关系，保证经济活动正常有序进行，我们必然会使用相关的契约类文书约束和规范行为。那么，在这项经济活动中我们应如何准备相关应用文并正确地拟写呢？

知识导读　经济合同类文书概述

一、经济合同类文书的含义

经济合同类文书是指人们在管理经济运行状况、规范和约定相关经济事务时所写作的应用文。经济合同类文书是协作关系的具体反映，是管理经济的有效手段。实践证明，这是用经济手段解决问题的一种比较有效的措施。它有助于保障企业的经济利益，维护企业的合法权益，树立良好的企业形象。

经济合同类文书包括意向书、协议书、经济合同、招标书、投标书等。

二、经济合同类文书的特点

（一）鲜明的政策性和准确性

作为反映和规约经济活动的应用文书，一定要以科学理论为指导，体现国家的方针政策，客观符合经济发展规律。

（二）情况的真实性和准确性

运用的材料要求绝对真实，不允许有丝毫的虚构和夸张，涉及的情况必须绝对准确。尤其是数字，一定要准确、可靠。

（三）行文的明确性和时效性

经济合同类文书规约协作双方的权利与义务，要理清双方的关系和保障各方的利益，在写作时必须有着鲜明而具体的写作目的，表述内容要明确而有针对性。同时，该类文书是针对一定的经济活动而写的，有很强的时效要求。

（四）体式的法定性和约定性

经济合同类文书起着管理经济活动的作用，其格式是人们长期以来约定俗成的惯用格式或国家、部门制订的法规性文件规定的格式，具有程式性，写作时应共同遵守。

（五）语言的严密性和简明性

经济合同类文书规定经济活动中的行为，要求严密和简明。即语言要贴切、如实反映事物的特征和本质，概念准确，判断恰当，推理符合逻辑，能简洁明了地表达作者的意图。

三、经济合同类文书的写作要求

（一）准确简明

要求写作内容要准确，所做出的结论要准确，所说明的事理要明确。同时，为使内容更清楚、明白、晓畅，所选用的材料要准确简洁，所运用的语言要简明扼要。

（二）平易规范

要求用语要晓畅易懂、庄重大方、一言一事，用语要直白。所用格式要标准、规范、统一，应依法行文或依俗行文，不能自行其是。

任务一　招标投标文书

一、关于招标与投标

招投标是一种必须依照《中华人民共和国招标投标法》的规定而进行的竞争性经济活动。招人承包或承买叫招标。投标人或购销者按投标公告的标准和条件，向招标人提交承办申请、企业情况介绍、总预算表等，填据标单，投函给招标人，叫投标。

二、招标文书

（一）招标文书的含义

招标文书是招标方在招标过程中使用的各种文书，包括招标申请书、招标公告、招标邀请书、招标书（招标说明书）、标底书、招标章程、中标通知书、中标合同等。上述文书根据不同的招标情况可以相应合并或分开。

在此所介绍的主要是招标书，又称招标说明书，指单位或个人在兴建工程、合作经营某项业务或进行大宗商品交易时，先把有关标准、价格、条件等事项以公告形式对外公布，这种文字材料就是招标书。

（二）招标书的种类

（1）按形式不同，招标书分为三类。公开招标，即在媒体上发布招标广告；书面通知招标，即采用书面形式邀请有承担能力的单位参加投标；议标，即对于一些项目，选择少数有承担能力的单位以协商等的形式确定工期、造价。

（2）按内容不同，招标书分为招标公告、科技项目招标书、工程项目招标书、技术引进或转让招标书等。

（三）招标文书的格式与写法

案例点评

××大学修建计算机大楼招标公告

经上级主管部门同意，我校将修建一栋教学大楼，由××市城市建设委员会批准，建筑工程实行公开招标，现将招标有关事项公告如下：

一、工程名称：××大学计算机大楼

二、施工地点：××市××区××路×号

三、建筑面积：××××m^2

四、设计及要求：见附件

五、承包方式：实行全部包工包料

六、投标条件：凡有投标意向的具备法人资格且具有一、二级施工执照的企业，只要有其主管部门和开户银行的认可，均可投标。

七、招标要求：投标人请于201×年××月××日前来人或来函索取招标文书，收取成本费30元，逾期不予办理。

投标人请将投标文书及上级主管部门的有关签证等密封投寄或派员直接送至我校基建处，收件至××××年××月××日截止。开标日期定于××××年××月××日，在××市公证处公证下启封开标，地点在我校第一会议室。

招标单位地址：××市××路××号

电报挂号：××××

电话：×××××××

联系人：×××

××大学招标办公室

××××年××月××日

招标邀请书

××××××（被邀请单位全称）：

××××××工程，是我省××××年重点计划安排的项目。经请示××××同意采取招标办法进行发包。

你单位多年来从事××××工程建设，施工任务完成得很好。对此，我们表示赞赏。

随函邮寄“××××××工程施工招标书”一份。如同意，望于××××年××月××日光临××招待所×楼××号房间，领取“投标文件”，并请按规定日期参加工程投标。

招标单位：××省××厅××处招标办

地　　址：××省××市××路××号

联 系 人：×××

电　　话：××××××

邮政编码：××××××

××省××厅××处招标办

××××年××月××日

想一想

上述两份招标文书有何异同？

评一评

首先从形式上看，第一份属于公开发布的招标公告，第二份属于是招标单位有选择地对具有资质的单位邀请招标，二者都属于招标文书。内容上前者详细写明招标内容、要求、事项等；而后者如果已有招标公告，则不需详细说明招标事项。

小任务

招标公告、招标邀请书与招标书是否是一种文书？

1. 招标公告

招标公告又称招标通告、招标启事或招标广告，一般由标题、正文和文尾三部分构成。

（1）标题。常见的写法有三种：

① 由招标单位名称、招标事由和文种组成，如《××职业技术学院南区学生公寓物业管理招标公告》。

② 由招标单位名称和文种两部分组成，如《济南机电设备公司招标通告》。

③ 只写文种名称，如《招标公告》或《招标通告》。

（2）正文。一般由引言和主体两部分组成。

① 引言。应写明目的、依据及招标项目的名称。

② 主体。这是招标公告的核心，要详细写明招标内容、要求及有关事项。

（3）结尾。

主要包括单位名称、地址、联系电话、传真、邮编、网址等。

2. 招标邀请书

招标单位若采取邀请招标的方式邀请有关对象参加投标，则需写招标邀请书。招标邀请书是书信体文书，由标题、称谓、正文和署名四部分组成。

（1）标题。只需写明文种名称，如《招标邀请书》、《招标邀请函》。

（2）称谓。抬头项格写邀请单位的名称。

（3）正文。写明招标的目的、依据及招标的事项。如另有招标公告，则不需就招标事项进行详细说明，只需说明随函邮寄即可。

（4）署名。写明招标单位全称、地址、联系人、电话等。

3. 招标书

招标书即招标说明书，是对招标公告或招标邀请书内容的扩展，用来对有关招标事项做出具体的说明，一般由标题、正文和文尾三部分组成。

（1）标题。由招标单位名称、招标事由和文种构成，如《××钢铁公司外购大型设备招标说明书》。

（2）正文。包括开头和主体两部分。

开头简要写明招标的目的依据（一般写招标单位主管部门的审批文号）、项目名称及招标单位的基本情况等。

主体详细说明招标的有关内容和要求事项。一般应载明以下事项：

① 招标项目的性质、数量、技术规格或技术要求；② 投标价格的要求及其计算方式；③ 评标的标准和方法；④ 交货、竣工或提供服务的时间；⑤ 投标人应当提供的有关资格和资信证明文件；⑥ 投标保证金的数额或其他形式的担保；⑦ 投标文件的编制要求；⑧ 提供投标文件的方式、地点和截止日期；⑨ 开标、评标和定标的日程安排；⑩ 合同格式及主要

合同条款。

（3）文尾。包括落款、日期和印章。

（四）撰写招标书的要求

（1）做好调查研究，制定预算、评估款项要科学合理。

（2）遵循招标公告的写作要求，语言简洁、用词精确，文字、数据、图表精确无误，没有歧义。

（3）合法合理，切实可行。招标文书和应知事项要符合法律法规等，所提各项要求应从实际出发，互惠互利。

（4）标准明确，内容完整。招标文件规定的技术规格应当采用国际或国内公认、法定标准，各种要求应完整明确。

三、投标书

（一）投标书的含义

投标书也称标函，指投标者为了中标而按照招标人提出的条件、要求，向招标者提交的承办申请、企业情况介绍、总预算表、书面咨询等文字资料。投标书必须针对招标书的条件要求，做出切合实际、真实可信的回答；投标者要中标，投标书就要有极强的竞争性，要表明自己的实力，列举自己的优越条件，以充分显示自己的竞争能力，战胜众多竞争对手。

（二）投标书的分类

（1）生产经营性投标书，如工程投标书、承包投标书、劳务投标书等。

（2）技术投标书，如科研课题投标书、重大关键技术投标书、技术引进或转让投标书等。

（三）投标书的格式与写法

案例点评

投　标　书

致：______________________

根据贵方为______________项目招标采购货物及服务的投标邀请____________（招标编号），签字代表____________（全名、职务）经正式授权并代表投标人____________（投标方名称、地址）提交下述文件正本一份和副本一式________份。

（1）开标一览表；

（2）投标价格表；

（3）货物简要说明一览表；

（4）按投标须知第十四、十五条要求提供的全部文件；

（5）资格证明文件；

（6）投标保证金，金额为人民币________元。

据此函，签字代表宣布同意如下：

1. 所附投标报价表中规定的应提供和交付的货物投标总价为人民币______________元。

2. 投标人将按招标文件的规定履行合同责任和义务。

3. 投标人已详细审查全部招标文件，包括修改文件（如需要修改）以及全部参考资料和有关附件。我们完全理解并同意放弃对这方面有不明及误解的权利。

4. 其投标自开标日期起有效期为____________________个日历日。

5. 如果在规定的开标日期后，投标人在投标有效期内撤回投标，其投标保证金将被贵方没收。

6. 投标人同意提供按照贵方可能要求的与其投标有关的一切数据或资料，完全理解不一定要接受最低价格的投标或可能接受的任何投标。

7. 与本投标有关的一切正式往来通讯请寄：

地址：____________________　　邮编：____________________

电话：____________________　　传真______________________

投标人代表姓名、职务：______________________________________

投标人名称（公章）：____

日期：________年____月____日

全权代表签字：______________________

想一想

这份投标书结构分为几部分？内容是否完整？投标书是否需要制作封面？这份投标书是否有其他附件？

评一评

投标书是投标单位对承包招标项目的价格、保证和条件的承诺，因此格式要完备。这是一份较好的投标书的格式，内容完整、语言简洁，从中可看出投标书的结构分为标题+主送单位+正文+落款四个部分。作为送交招标单位的正式文件，为表示郑重，应有封面；同时与招标相关的数据、图表、报告等应作为附件附在标书后。

小任务

请你给这份标书加上封面。

1. 投标书封面

投标书封面格式如下：

投 标 书

建设项目名称：
投标单位：
投标单位全权代表：
投标单位：（公章）
年　　月　　日（送出时间）

2. 标题

其一，公文式标题。由投标方名称、投标项目和文种构成，如“××承租××印染厂投标书”。

其二，简略式标题。由投标方名称或投标项目与文书名称构成，如“××公司投标书”或“××工程投标书”。

其三，只写文种名称，如“投标书”“标函”“标书”等。

3. 主送单位

即对招标单位的称呼，在标题下隔行顶格写，多是写给评标机构的，如“××招标办公室”等。

4. 正文

（1）开头。介绍投标依据、目的、主导思想并表明投标的意愿。如“在研究了丽泽大厦建筑安装工程的招标条件和勘查、设计、施工的图纸并参观了建筑安装工地以后，经我们认真研究核算，愿意承担上述工程的施工任务。我们的标书内容如下”。

（2）主体。主体是投标书正文的核心，也是决定投标者能否中标的关键部分。主要包括三个方面的内容：一是具体写明投标项目的价格及保证条件，二是投标单位的自我介绍，三是投标态度。一般说明对交纳银行担保书和履约保证金的承诺，申明对招标单位不一定将接受最低价和可能接受任何投标书表示理解。

5. 落款

写清投标者的部门名称（加盖印章）、地址、电话、邮编、日期等。

6. 附件

一般包括投标人情况简介、投标报价表、计算过程以及图表、资格审查文件、开户银行出具的投标保证金保函、开户银行开具的履约保证金保函等。

（四）写作要求

（1）实事求是，正确决策。认真调研市场，分析条件，客观估计自己的技术、经济等能力，把握有利条件和优势，做出正确的投标方案决策。

（2）内容明确具体，措施切实可行。

（3）熟知投标程序，注意投标实效。

任务二　意向书和协议书

一、意向书

（一）意向书的含义

意向书是经济活动中，双方或多方就合作项目在进入实质性谈判之前，根据初步洽商所形成的带有原则性、意愿性和趋向性意见的文书。

它是协议书或合同的先导，虽不具法律效力，但对双方有一定约束力，为进一步正式签订协议奠定了基础。在经济活动中，一般情况是先签意向书，达成意向后，由一方向上级部门请求批准，提出项目建议书，然后签署协议书，最后才正式签订合同书。

（二）意向书的特点

（1）目标的导向性。意向书只是各方对合作事项意愿的表示，是导向性文书，合作目标只求总体轮廓清楚，不求描述过于具体、面面俱到。

（2）条款的原则性。意向书的条款只就一些重大问题做出原则性的确定，不具体表述细节，以利于求同存异，为进一步合作创造氛围。

（3）行文的灵活性。在协商过程中，当事各方均可按各自的意图和目的提出意见，在正式签订协议、合同时，各方可随时变更或补充，最终达成协议。

（三）意向书的格式与书法

案例点评

合资兴建××意向书

××××年××月××日至×日在×地，××公司（以下简称甲方）副总经理×××先生，与×××公司（以下简称乙方）总经理助理×××先生，根据《中华人民共和国××法》和其他法规的规定，本着平等互利的原则，就建立合资企业事宜进行了友好协商，现达成意向如下：

一、甲、乙两方愿以合资或合作的形式建立合资企业，暂定名为××有限公司。建设期为××年，即从××××年至××××年全部建成。双方意向书签订后，即向各方有关上级申请批准，批准的时限为×个月，即××××年××月××日至××××年××月××日完成。然后由×××厂办理合资企业开业申请。

二、总投资×××万（人民币），折×××万（美元）。其中××部分投资×××万（折×××万），××部分投资×××万（折×××万）。

甲方投资×××万（以工厂现有厂房、水电设施现有设备等折款投入），乙方投资×××万

（以折美元投入，购买设备）。

三、利润分配：各方按投资比例或协商比例分配。

四、合资企业生产能力：……

五、合资企业自营出口或委托有关进出口公司代理出口，价格由合资企业定。

六、合资年限为××××年，即××××年××月至××××年××月。

七、合资企业其他事宜按《中外合资法》有关规定执行。

八、双方将在各方上级批准后，再行具体协商有关合资事宜。

本意向书一式两份，从即日起生效。作为备忘录，各执一份备查。

××公司（甲方）　　　　　　×××公司（乙方）

代表（签字）　　　　　　　　代表（签字）

××××年××月××日

想一想

这篇例文分为几个部分？标题怎样构成？语言有何特点？

评一评

这是一份结构完整、写作规范的意向书。全文由标题、正文、落款和日期构成，标题由合作项目加文种组成；引言部分言简意赅地写明达成意向的时间及遵循的原则；主体阐述具体内容，表明“合作形式、规模、项目名称”、“双方投资金额比例”、“双方责任分担、利润分配”等事项；结尾部分主要写清说明；最后写落款和日期。全文内容具体、层次分明、条分缕析，语言简洁明了、注意分寸。

小任务

新天宇公司现经过招标后，初步与天成公司达成购买200台电脑的意向，作为采购部经理助理，要拟写一份合作意向书，应该如何完成呢？

1. 标题

标题一般由事由、文种组成，如《关于合作办学的意向书》。

2. 正文

正文由如下几部分组成。

（1）引言（导语）。内容包括：一是签订意向书的单位；二是明确指导思想和政策依据；三是规定总体目标，最好用承上启下的惯用语结束引言，导出正文。

（2）主体。主体是意向书所要实现的总体目标的具体化，一般都以分项排列条款的形式来表述。各条款之间界限要清楚，内容相对完整，不要交叉重叠，不要过于琐碎，不要有疏漏。

后部一般以“未尽事宜，在正式签订合同或协议书时予以补充”作为结语，以便留有余地。

（3）结尾。书写有关事项的说明，如意向书份数、生效日期等。

3. 落款

合作各方法定名称、代表人，并加盖公章、私章。

4. 日期

签订意向书的时间。

二、协议书

（一）协议书的含义

协议书是指双方（或三方以上）当事人之间就某一事情、问题，经过协商后订立的一种具有经济关系或其他关系的书面契约。

协议书与合同同属一大类的经济文书，都具有法律效力，联系也很密切。协议书是经过协商所取得的一致意见，把这些意见用书面形式表现出来，就成为协议书。它是有关企事业单位、团体或个人共同协商订立的一种具有经济或其他关系的契约。

（二）协议书的特点

（1）广泛性。协议书的合作范围和涉及的领域相当广泛，凡不宜签订合同的合作形式，以及社会政治、文化生活中不宜使用合同来明确当事人权利义务关系的事宜，都可用协议的形式。

（2）灵活性。协议书一般没有固定统一的写作格式，其内容安排、条款形式等都由当事人协商决定，没有法律规定的文本格式。

（三）协议书的格式与写法

案例点评

协　议　书

甲方：××经济技术合作公司

乙方：××金属有限公司

经甲、乙双方友好协商，在平等互利的原则下，就合作投资创办出租汽车公司事宜达成如下协议：

一、合营企业定名为北方出租汽车公司，经营大、小车 100 辆。其中：德国奔驰 280-S 轿车 7 辆（为二手车，行车里程不超过 17 000 公里，外表尚新）、日产丰田轿车 83 辆（其中：50 辆含里程、金额记数表、空调、步话机等）和面包车 10 辆。

二、合营企业为有限公司。双方投资比例为 3∶7，即甲方占 70%，乙方占 30%。总投资 140 万美元，其中：甲方投资 98 万美元（含库房等公用设施），乙方投资 42 万美元；合作期限定为 5 年。

三、公司设董事会，人数为 5 人，其中甲方 3 人、乙方 2 人。董事长 1 人由甲方担任，副董事长 1 人由乙方担任；正、副总经理由甲、乙双方分别担任。

四、合营企业所得毛利润，按国家税法照章纳税，并扣除各项基金和职工福利等，净利润根据双方投资比例进行分配。

五、乙方所得纯利润可以以人民币计收。合作期内，乙方纯利润所得达到乙方投资额后，企业资产即归甲方所有。

六、双方共同遵守我国政府制定的外汇、税收、合资经营以及劳动等法规。

七、双方商定，在适当的时间就有关事项进一步洽商，提出具体实施方案。

甲方代表	乙方代表
×××	×××
××××年××月××日	××××年××月××日

想一想

这篇协议书的条款是否齐全？是否有瑕疵？

评一评

本文作为一份达成一致意见的契约书，结构较为完整，立约单位明确，合作事项清晰，双方责任与义务表述清楚，投资范围与期限一目了然。作为协议书。在内容上欠缺是尾部说明和落款不够完整。

小任务

如果是你来起草这份文书，应该如何改正呢？

协议书结构由标题、立约单位、正文和落款四部分组成。

1. 标题

可以写“协议书”三个字，也可以写明协议书的具体名称“××××协议书”。

2. 约首

订协议的单位名称。在标题下、正文之前，写明订协议的单位名称，并在双方单位名称之后注明一方是甲方，一方是乙方，便于在正文中称呼。

3. 正文

正文由缘由和主体组成。缘由写明签订协议书的目的、依据等内容，紧接着可用程式化语言转入主体，如“现对有关事项达成协议如下”。

主体分条列项写出协议的事项。具体有：

（1）协议要实现的共同任务和标的。

（2）当事人应尽的义务和享有的权利。

（3）违约责任。

（4）有效期限。

（5）协议分数和保存。

（6）仲裁办法。

4. 落款

应写明订协议双方单位全称和代表签名，加盖公章；必要时还得写上鉴证单位和公证单位的名称，并加盖公章；最后写上签订协议的日期。

任务三　经济合同

一、经济合同的含义

根据《中华人民共和国合同法》（以下简称《合同法》）的规定，合同是平等主体的自然人、法人、其他组织之间设立、变更、终止民事权利义务关系的协议。合同多用于经济活动，又称为经济合同，所以，订立合同不仅是经济活动，更是法律行为。它是实现商品交换、合作成功的法律保证，有利于经济秩序的稳定、促进交易安全；同时也是促进企业加强经济核算、提高管理的有效手段。

经济合同的种类，按照形式可分为条款式合同、表格式合同和表格条款式合同。按内容性质分，各个经济领域都有不同内容的合同，如买卖合同、赠与合同、借款合同、租赁合同、工程合同、保险合同、购销合同、技术协作合同等。按合同是否立即交付标的分，有诺成合同和实践合同。诺成合同即订立合同后不马上交付标的的合同，如建筑工程合同；实践合同即订立后立即交付标的的合同，如借款合同。

二、经济合同的特征

（一）合法性

经济合同一旦成立，即具有法律效力。主要指：一是合同各方当事人应具有合法资格，应当具有相应民事权利能力和行为能力；二是合同的内容、订立必须遵守法律法规，经依法成立的合同，受法律保护；反之不但无效，还将视其后果，追究责任。

（二）规范性

经济合同是商品交换关系在法律中的体现，内容和形式须规范化。合同内容由当事人约定，可以参照使用国家规定的示范文本订立合同。内容力求完备，避免不必要的纠纷和麻烦；语言表述要准确严密，不能模棱两可、引起歧义。

（三）制约性

各方当事人应当遵循合法、自愿、平等、公平、协商、诚实原则订立合同。双方的权利和义务是对等的，又是互相制约的。合同依法成立，即具有法律约束力，当事人必须全面履行。如遇特殊情况，需要变更或解除合同，则须按法律规定的条件和程序，经各方协商达成协议，否则将承担违约责任。

三、经济合同的格式与写法

案例点评

某市汽车厂要向某市柴油机厂购进一批柴油机，双方经过平等协商，对各自权利和义务达成了一致，签订了如下合同：

买卖合同

供方：××市××柴油机厂　　　　　　签订地点：×××

需方：××市××汽车厂　　　　　　签订时间：×××

经双方充分协商，签订本合同，以资共同信守：

一、品名、规格、数量、金额、分期交货要求。

商标	品名	型号规格	单位	数量	单价（万元）	金额（万元）	分期交（提）货数量			
							一季度	二季度	三季度	四季度
东风	柴油机	6135Q	台	500	1.25	625		200	200	100
总计金额（大写）		陆佰贰拾伍万元整								

二、质量标准：按最新颁布的质量标准。

三、产品原材料来源：由供方解决。

四、产品验收方法：由需方按质量标准验收。

五、产品包装要求：用木箱包装。

六、交（提）货方法、地点及运费：由供方托运到需方厂，运费由需方负责。

七、货款结算方法：通过工商银行托收。

八、经济责任：按《合同法》规定的原则执行。如供方因产品规格、质量不符合合同规定，需方可要求退货。

九、合同规定：因产品质量问题，供方应负责包修、包换及包退，并承担因此支付的费用；因产品数量短少，不符合合同规定，供方除应及时补齐剩余产品外，还应偿付需方补送产品货款总值5%的罚金；因包装不符合要求造成货物损失的，应由供方负责赔偿；因交货日期不符合合同规定，比照人民银行延期付款的规定，多延期一天，供方按延期交货部分货款总值的3‰来偿付需方延期交货的罚金。如需方中途无故退货，由需方偿付供方退货部分货款总值5%的罚金；需方未按合同规定日期付款，比照人民银行延期付款规定偿付供方罚金。

十、供需双方由于人力不可抗拒和确非企业本身造成的原因而不能履行合同的，经双方协商和合同鉴证机关查实证明，可免于承担经济责任。

十一、本合同自签订之日起生效，任何一方不得擅自修改或终止。需要修改或终止时，应经双方协商同意，签具修订或撤销合同的协议书，并报合同双方业务主管部门和鉴证机关备案。

十二、本合同正本两份，供需双方各执一份；副本四份，送供需双方业务主管部门、鉴证机关、工商银行各一份。

十三、本合同有效期到××××年××月××日截止。

供方：××市××柴油机厂（章）	需方：××市××汽车厂（章）
地址：×××	地址：×××
法定代表人：×××	法定代表人：×××
电话：×××	电话：×××
电挂：×××	电挂：×××
开户银行：×××	开户银行：×××
账号：×××	账号：×××
邮编：××××××	邮编：××××××

鉴证意见：

××××××××××××。

鉴证机关（章）

经办人：

××××年××月××日

想一想

本合同属于什么类型的合同？条款内容是否齐全？可以分为几个部分？

评一评

这是一份条款表格式的买卖合同，是买卖合同中常用的一种格式，约定条款较为明确完备。合同共分为四个部分：标题提示合同种类，约首开头简明扼要。正文部分条款清晰，商品品名、规格、数量、金额及交货要求采用表格式，一目了然；金额要求大写；产品质量标准、材料来源、验收方法、包装要求、交提货要求及货款结算方法交代得清楚明白；合同责任划分明确具体，便于操作；因人力不可抗拒因素不能履行合同的，须专项说明；生效期、有效期具体到日。约尾完整无误。

小任务

假设你在淘宝上开小饰品店，在线下找到了供货商，请拟写一份供货合同。

经济合同的结构有其特定的格式，如条款式、表格式、条款和表格式等。这里主要讲条款式的结构：标题+约首+正文+约尾。

（一）标题

标题，一般包括具体标的名称、合同性质和范围。标题有以下两种写法：

（1）合同的性质+文种，如《保管合同》《购销合同》等。

（2）合同标的+合同性质+文种，如《汽车租赁合同》《工矿产品买卖合同》等。

（二）约首

约首包括合同当事人的全称或姓名。为了便于正文行文简便，当事人名称或姓名代称为“甲方、乙方”“供方、需方”“买方、卖方”等，其写法有以下几种。

（1）开头空两格写“订立双方（或各方）”，然后分上下行排列写明各方单位名称。例如：

纺织品买卖合同

供货单位：××厂（以下简称乙方）

购货单位：××商场（以下简称甲方）

（2）开头空两格分上下行排列写供方、需方。例如：

承包租赁合同

发包方：××化工厂（甲方）

承包厂：××市××公司（乙方）

如果是表格式合同，直接在相应的位置填写单位名称和法定代表人姓名，或自然人姓名。

（三）正文

正文部分是合同的主要内容，一般有以下几个方面。

1. 引言

简明阐述签订合同的依据和目的。如：“为了……”或“根据……”。

2. 主体

主体包括合同的法定条款和合同的约定条款。每项都应尽可能写得具体、明确，将各方的责任和义务规定得一清二楚，具体包含以下几个方面：

① 标的。它是合同当事人双方权利和义务共同指向的对象，一般指货物、劳务、工程项目等。任何合同都必须有标的，标的的名称要使用公认的名称，要协商一致、明确具体。

② 数量和质量要求。这是对标的进行精确定量，决定当事人所承担的权利义务大小的范围。数量，要明确规定标的的计量单位和计量方法，有些产品必要时应当在合同上写明交货数量的正负尾差、自然减量或增量的单位以及计算方法。质量，明确标的的质量标准（国家标准、行业标准）、等级及检测依据等。

③ 价款与酬金。这是当事人根据法律法规等议定的标的的价格，是指合同一方当事人向交付标的的另一方当事人以货币形式所支付的货币数量。以实物为标的的叫“价款”；以劳务为标的的叫“酬金”，也叫“报酬”。合同要明确标的总价、单价、货币计算标准、币种，以及付款方法、付款程序、结算方式等。

④ 履行的期限、地点和方式。这是指合同履行期限和有效期限必须明确规定年、月、

日，不能用“以后”“尽可能”等模糊词语；约定交接标的的地点；约定交接标的的形式（自提还是送货，一次交清还是分期分批）；约定运输工具及运输方式（航空、铁路、公路；现金或支票、转账）等。

⑤ 违约责任。指因合同当事人有过错而造成合同不能履行或者不能完全履行时所要承担的经济责任或法律责任，包括违约金、赔偿金和其他承担责任的法律形式。

⑥ 不可抗力条款。合同期间，发生当事人不能预见的或人力不可抗拒的事故（如地震、风暴、洪水等），导致履行合同困难时，可根据这一条款，根据《合同法》规定，部分或全部免予承担责任。

⑦ 解决争议的方法。所签合同发生纠纷，自行协商不成时，就用在合同中约定的解决纠纷的方式解决，或通过仲裁解决，或去法院诉讼等。

3. 结尾

写明合同的有效期限、合同份数及保存期限，如“本合同一式两份，具有同等效力，双方各执一份，有效期为三年。”

有的合同还需注明合同的附件（图纸、表格、担保书、有关协议、实物样品等）。附件是合同的组成部分，与合同具有同等的法律效力。

（四）约尾

约尾是合同的签署。

（1）署名。正文后另起一行写明合同当事人单位的全称（加盖公章）、法人代表姓名（签名盖章）及委托代理人姓名（签名盖章）；有鉴（公）证机关的，鉴（公）证的机关要签署意见并盖章；一般还要写明地址、电话、电挂、开户银行、账号、邮政编码等。

（2）日期。它是指签订合同的具体日期，写在署名下面，年、月、日要写全。

四、经济合同的写作要求

（1）符合法律。合同的订立到签署的程序、方法都要符合国家的有关法律法规要求，不能违反；否则，不仅会受到经济损失，还要追究法律责任。

（2）合理合格。合同签署要遵循平等互利、协商一致、等价有偿的原则；要参照国家合同示范文本规范，内容完整准确。

（3）具体准确。合同条款须具体、明确、周密，文字表达要准确、简洁，以防止合同履行时出现文字理解上的歧义现象。一旦成文就不得随意涂改，如有修改或有添加条款的必要，须征得对方同意，并在修改处加盖双方印章。擅自涂改过的合同是无效的，不受法律保护。

任务小结

随着我国市场经济发展及对外贸易的扩大，为规范经济活动，必须使用相应的契约类文书，而经济合同类文书使用得最为广泛。在经济活动中必须了解并掌握意向书、协议书、经济合同、招标书、投标书等格式与写法，能在实际情境中写出符合规范的文书。

同步训练

名词解释

意向书　经济合同　协议书　招标公告

复习思考

1. 用表格说明意向书、协议书、合同的异同。
2. 经济合同有哪些基本条款？
3. 招标投标文书各有何特点？
4. 招标投标有哪些程序？

案例分析

经济合同

××公司生产车间（甲方）

××建筑公司业务部（乙方）

为建筑××公司生产部第一厂房，经甲方要求，特订立本合同：

一、甲方委托乙方建造一座第一厂房，由乙方全面负责建造，全部建筑费用（包括材料、人工）壹拾五万元。

二、××公司生产车间在订立合同后先交付部分建造费，其余在第一厂房建成后抓紧归还所欠部分。

三、工期待乙方筹备就绪后立即开始，力争在三月中旬开工，争取十一月左右交付。

四、建筑材料由乙方全面负责筹备。

五、本合同一式二份，双方各执一份。

立合同人：××公司生产车间（盖章）　　××主任（签字）

×× 建筑公司业务部（盖章）　　××经理（签字）

××××年××月××日

想一想

这是一份什么类型合同？这份合同从订立人来看是否合法？格式和内容上有什么遗漏之处？

问题诊断

对照正确的格式，找出错误习作中的毛病并改正。

××大学修建图书馆楼的招标通告

××大学经上级主管部门批准，拟修建一座图书馆楼，从××××年××月××日起开始建筑招标。现将具体事宜告知如下：

一、工程名称：××大学图书馆楼。

二、建筑面积：图书馆楼一栋。

三、施工地址：××市××路××号。

四、设计及要求：符合一般设计要求。

五、材料中钢材、木材及水泥由招标单位供应，其余由投标人自行解决。

六、交工日期：××××年××月××日以后。

七、凡愿投标的国营、集体建筑企业，只要有主管部门和开户行认可，具有相应建筑施工能力者均可投标。

八、投标人可来函或来人索取招标文件。

九、投标人请将报价单、施工能力说明书、原材料来源说明书以及上级主管部门的有关签证等密封投寄或派人直送至我校基建处招标办公室。

十、招标截至××××年××月××日止（寄信以邮戳为准）。××××年××月××日，在我校办公楼会议室，在××市公证处公证下启封开标。

××大学基建处（印章）

实训设计

1. 实训目的

了解招标投标的程序，熟悉招标书、投标书、合同的格式与注意事项，掌握三种文书的写法。

2. 实训项目

××职业技术学院拟新建机房，需购买 120 台电脑。现要对外公开招标购买，请你代表学校买进这批电脑，并请完整演示该过程。

3. 实训思路

（1）让学生能理清整个思路。

（2）让学生学会拟制招标投标文书。

（3）让学生学会经济谈判，练习写作经济合同。

4. 实训做法

（1）学生 8 人分为一组，再分为院方代表和厂方代表。学生需分工合作，每组准备招标书、投标书和购销合同各一份。

（2）课下做好资料搜集准备：

① 校方代表做谈判前的准备。

A. 收集三家电脑厂家的资料，包括型号、款式、价位、市场运作等。

B. 准备好本校财会、发展前景等外围资料。

C. 熟练掌握商务谈判的策略。

② 厂方代表做谈判前的资料准备。

A. 本品牌电脑的相关资料，包括型号、款式、价位、市场运作等。

B. 同行业其他品牌电脑的相关资料，包括型号、款式、价位、市场运作等。

C. 找出自己品牌电脑的优势，以己之长与他人之短相比较，最好是制作成表格。

（3）所签经济合同为购销合同。学生课下拟好文书，用计算机打印，用一节课时间模拟谈判，修改合同。

学习情境七　经济诉讼文书

学习要求

1. 了解经济诉讼文书的含义、特点、作用和写作要求。
2. 重点掌握起诉状、答辩状、上诉状等诉状的结构写法。
3. 通过评析例文和模拟写作，培养运用经济诉讼文书的能力。

情境任务设计

××××年××月，×市××旅游公司在《××日报》上刊登了新春南岳衡山四日游的广告，并在其所办的旅游刊物上称，此种旅游参观的主要景点有八个：南岳大庙、磨镜台、福严寺、忠烈祠、藏经殿、南天门、祝融峰和回雁峰。同月，李某9人利用春节休假时间，各自交付旅游服务费人民币××元，参加了××旅游公司南岳衡山赏雪四日游旅游团，并于同月20日乘火车从广州出发赴衡山，21日凌晨4时许到达衡山××宾馆。到达后，导游陈某（无导游证书）将男女9人混合安排在该宾馆同一房间休息。在22日、23日的游览活动中，因下大雪，被告只安排游览了南岳大庙、福严寺和忠烈祠三个景点，其余未安排，且未在游览出发前告诉原告9人。旅游团游览活动结束后，导游未随团同行返回，由9人自行返回。李某等9人返回后，认为××旅游公司违反旅游合同，造成其经济、精神损失，曾两次要求赔偿和赔礼道歉。但××旅游公司除表示赔礼道歉外，不同意赔偿原告9人所要求的赔偿数额。据此，李某等9人以上述理由起诉到××市××区人民法院，要求××旅游公司无偿重新安排游览未游的五个景点，否则，应退回全程旅游费；登报向原告赔礼道歉，并赔偿精神损失费共200元；赔偿重游五个景点的误工费共800元（不明确的事项以“××”表示）。请问如果你是李某等人的代理律师，在起诉时，应拟写何种文书？如何拟写？

分析

在经济交往过程中，经常会出现类似的经济纠纷。上述纠纷很明显是一起合同纠纷，即将进入到法律程序中，而一旦整个纠纷进入法律过程，必然会涉及经济诉讼文书的写作。因此，作为从事经济活动的人士而言，了解并掌握经济诉讼文书写作是必需的。

知识导读　经济诉讼文书概述

一、市场经济活动中的经济纠纷与调节

在市场经济活动中，难免会出现一些诸如合同纠纷、债权纠纷、专利纠纷等经济纠纷。这些纠纷会给社会经济秩序、企业的经营活动和一般公民的经济利益带来一定的负面影响。在我国，解决经济纠纷的途径和方式主要有协商、调解、仲裁和诉讼四种，其中最具权威性的一种途径和方式就是诉讼。

根据《中华人民共和国合同法》的规定，当事人可以通过和解或者调解解决合同争议。当事人不愿和解、调解或者和解、调解不成的，可以根据仲裁协议向仲裁机构申请仲裁。当事人没有订立仲裁协议或者仲裁无效的，可以向法院起诉。

二、经济诉讼文书的含义

指用来处理经济事务、解决经济纠纷的诉状。所谓诉状，是指诉讼当事人为保护和实现自身的合法权益，在依法行使其诉讼权利时书写的法律文书。这种法律文书在社会生活中起着重要作用，而且与实际经济工作、司法工作紧密结合在一起。

三、经济诉讼文书的种类

根据不同的内容，经济诉讼文书可分为起诉状、上诉状、答辩状和申诉状四大类型。

起诉状用于第一审诉讼程序；上诉状用于第二审诉讼程序；答辩状则是第一审、第二审诉讼程序都可使用，主要用于对一审起诉和二审上诉的反驳；申诉状是申诉人对人民法院已经发生法律效力的判决、裁定不服，向人民法院要求重新调查或重新审理所提出的书面请求，主要用于再审程序。

本项目主要介绍起诉状、上诉状和答辩状这三种诉讼文书。

仲裁书和公证书属于非诉讼文书，对于避免经济纠纷的发生或解决已经发生的经济纠纷都有着十分重要的作用。因此，本项目特把这两种文书放在这里一并加以介绍。

任务一　经济纠纷起诉状、上诉状和答辩状

一、经济纠纷起诉状

（一）经济纠纷起诉状的含义

起诉状俗称“状子”，是指当事人为维护自身合法权益，依法向有管辖权的法院提起诉

讼，请求人民法院审理、裁决所制作的法律文书。

我国法律规定，任何公民、法人或其他组织，认为自身受法律保护的权益受到侵犯和损害，都依法享有起诉权，请求法院予以保护。在诉讼过程中，提出诉讼者为原告，被诉讼者为被告。

没有起诉状，一审诉讼程序就无从开始。原告诉讼时应向法院提交诉状，叙述事实、理由和法律依据，包括正本和副本，以便法院受理案件，并按规定对案件进行审理。因此，必须通过起诉状，把案件的事实叙述清楚，把起诉的理由和法律依据表达明白，让法院了解原告对案件的看法、意见和要求，以便法院受理案件，并按规定对案件进行审理。

（二）起诉状的格式与写法

案例点评

民事起诉状

原告：××市工商行政管理局

地址：××××××××

法定代表人：齐××　　职务：局长

被告：马××，男，××××年××月生，汉族，××市人民商场负责人，住本市旅游购物城院内。

诉讼请求

1. 令被告清偿拖欠租金26万元，支付租金利息17 199.20元，清偿欠交1997—1998年度取暖费16 274元。
2. 令被告支付逾期付款违约金××万元。
3. 终止合同。
4. 本案诉讼费用由被告承担。

事实与理由

1994年7月24日，原告与王金成签订财产租赁合同，将旅游购物城一栋二层营业大厅（建筑面积为1588.43平方米）及门前场地出租给王金成使用，合同租期为6年。自1994年9月1日起至2000年8月30日，年租金18万元，每年8月30日前付清上年9月1日至当年8月30日的租金。如一方违约，则向对方支付违约金100万元，在保证完全遵守、全面履行上述合同条款约定的权利和义务的条件下，经原告同意，被告马××于同年12月3日从王金成手中转包了该营业大厅。

合同履行期间，被告马××已交清了1994年9月1日—1995年8月30日的租金18万元，

1995 年 9 月 1 日—1996 年 8 月 30 日和 1996 年 9 月 1 日—1997 年 8 月 30 日两年度累计交纳了租金 10 万元，至今被告尚欠原告租金 26 万元。原告曾多次向被告要求支付租金，被告故意寻找种种借口拒不支付。

原告认为：被告的上述行为已经违背了双方订立合同的约定，且给原告造成了严重的经济损失，属于违约行为。《合同法》规定：由于当事人一方的过错，造成合同不能履行或者不能完全履行，有过错的一方承担违约责任。据此，特向你院提起诉讼，请依法公正裁决。

此致

××市人民法院

起诉人：××市工商行政管理局（印章）

××××年××月××日

附：1. 本诉状副本一份。

2. 证据材料二份。

想一想

这是一份什么性质的起诉状？缺少了哪项内容？其格式规范吗？

评一评

这是一份要求清偿拖欠租金及利息的起诉状。本状分条列项地提出了四点诉讼请求，明确具体；案情的来龙去脉交代得比较清楚，并能根据事实，引用有关法律条文的规定简明扼要地陈述自己的理由。这份起诉状如果在正文列出“证据及其来源”，那就更加规范了。

小任务

根据本案例的格式，请试着给本章开头的情景写一份文书。

起诉状一般由首部、正文和尾部三部分组成。

1. 首部

（1）标题。经济纠纷属于民事案件，其标题可写为“民事起诉状”或“起诉状”，也可写为“经济纠纷起诉状”。

（2）当事人基本情况。当事人包括原告、被告和他们的代理人。按照先原告后被告的顺序，依次写明各方当事人的姓名、性别、年龄、民族、职业、工作单位和住所等情况。如果系法人或其他组织，应写明法人或其他组织的名称、地址，并写明该单位的法定代表人或主要负责人的姓名、职务、电话、企业性质、工商登记核准号、经营范围和方式、开户银行及账号等。

2. 正文

正文部分包括案由和诉讼请求、事实和理由、证据及其来源等内容。

（1）案由和诉讼请求。案由，即控告的罪名，诉讼请求是说明被告犯有何罪，请求法院依法追究其法律责任。原告的诉讼目的和要求，应在诉讼请求中向法院明确具体地提出来。

（2）事实和理由。事实和理由部分是起诉状的核心部分。事实是指权益纠纷的事实和原因、发生、发展的过程以及结果等。起诉状的理由是被告侵权行为或违法行为的性质和应承担的责任的阐述。

（3）证据及其来源。证据要求真实、具体、可信。在诉讼中常用的证据有：书证、物证、视听资料、证人证言、当事人的陈述、鉴定结论、勘验笔录等。一般采用清单式列举的方法，即只需依照一定顺序列举证据和证据来源、证人姓名和住址，而不需要写出证据的具体内容，也不需要对证据进行分析。

3. 尾部

起诉状的尾部应依次写明以下内容：

（1）致送人民法院的名称。正文写完后，另起一行，空两格写“此致”，再另起一行顶格写要送达的人民法院名称。

（2）起诉人的姓名或盖章。起诉人在法院名称右下方署名或盖章；如果起诉人是法人或其他组织，不仅要写明全称、加盖公章，还须有法定代表人的签名或盖章。

（3）起诉的时间。在署名的下面书写具状的年、月、日。

（4）起诉状如由他人代书，应写明代书人的姓名、工作单位和职务。

（5）附件。在诉状的左下角，详细列明提交法院的材料的名称和份数。如“① 本诉状副本×份。② 物证×份。③ 书证×份”。

民事起诉状

原告：[姓名、性别、年龄（出生年、月、日）、民族、籍贯、职业或工作单位和职务、住址等。]

被告：[姓名、性别、年龄（出生年、月、日，确实不知的只写年龄）、民族、籍贯、职业或工作单位和职务、住址等。被告是法人、其他组织的，应写明其名称和所在地址。]

第三人：[姓名、性别、年龄（出生年、月、日，确实不知的只写年龄）、民族、籍贯、职业或工作单位和职务、住址等。第三人是法人、其他组织的，应写明其名称和所在地址，并根据需要，写明第三人与原告、被告的关系。]

诉讼请求

____

____

事实与理由

____

____

证据及其来源

____

____

此致

××××人民法院

起诉人：×××

××××年××月××日

附：本诉状副本×份

二、经济纠纷上诉状

（一）经济纠纷上诉状的含义

上诉状是诉讼当事人或其法定代理人因不服人民法院第一审判决或裁定，在法定期限内，依法向上一级人民法院提出请求撤销、变更原判或重新审理的诉讼文书。

我国法律规定，案件审理实行二审终审制。当事人对第一审判决不服，有权提出上诉，任何人不得以任何借口剥夺其上诉权。

经济纠纷上诉状是引起二审的法律文书，其内容具有针对性和辩驳性，对推动二审法院依法改正或维持正确判决，维护司法公正和当事人的合法权益具有重要意义。

（二）上诉状的格式与写法

案例点评

民事上诉状

上诉人：××县××农村信用合作社。住所地：××县××乡××村。

法定代表人：李××，主任。

被上诉人：薛××，男，195×年6月2日出生，汉族，住××县××乡×××村。

被上诉人：薛××，男，194×年7月26日出生，汉族，住××县××乡×××村。

被上诉人：××县××乡×××村村民委员会。

法定代表人路××，该村党支部书记兼村委会主任。

上诉请求

1. 依法撤销（2004）×民初字第165号民事判决书；
2. 依法改判或者发回××县人民法院重新审理；
3. 本案一切诉讼费用由二被上诉人承担。

事实与理由

上诉人不服××县人民法院（2004）×民初字第165号民事判决书，现提起上诉，具体事实和理由如下：

一、一审法院认定事实错误

该案审理中，二被上诉人薛××和薛××辩称所诉贷款属实，但款项用于被上诉人×××村委会，一审法院遂追加村委会为被告参加诉讼。村委会提供的证据系单独的一页账页复印件，该复印件不符合证据规则关于提供原件的要求，且一页单独账页而不是整个账本这样非常容易伪造。此外，该账页仅能够证明村委会为被上诉人偿还了部分利息，并不能证明被上诉人辩称的事实。众所周知，农村税费改革后，村委会没有可供执行的财产，本案三被上诉人之间明显属于互相串通恶意逃废农村信用社金融债务。

二、一审法院判决理由不符合法律规定、合同法理论和逻辑推理

本案中，与信用社签订借款合同的是二薛，而非村委会，根据合同法理论中的合同相对性原则，与信用社存在法律关系的也只能是借款人，而非借款合同当事人之外的任何第三人！即使二薛款项借出后真的用于村委会，也与上诉人无关，这只能证实二薛违反借款合同约定擅自改变借款用途，应当按挤占挪用利率承担违约责任。信用社作为善意的合同当事人，对借款人款项借出后的去向没有审查负责的权利，也无此义务，更不应当对此承担不利的法律后果。二薛的这一行为，在其与村委会之间形成了借款关系，在这一借款关系中，上诉人不是当事人，不享有权利也不应承担义务！举一个不恰当的例子，假如某借款人在款项借出后用于嫖娼，那么按照一审法院主审法官的判决逻辑，信用社是不是要向妓女去追要款项？向上诉人承担还本付息义务的只能是二薛，而不可能是其他单位或者个人！

三、一审法院适用法律错误

根据村民委员会组织法的规定，村委会系公法规定的村民自治性组织，并非作为私法的民法中规定的企业法人。我国《民法通则》第四十三条针对的是企业法人对其工作人员承担民事责任的规定，在本案中并无适用之余地！根据法律适用规则，在有明确法律规定的情况下，必须适用该规定，诚实信用等基本原则只有在无具体和明确法律规定情况下始有适用之余地，本案中两次引用（即我国《合同法》第六条和第六十条）诚实信用原则实属不当！《合同法》对借款合同设有专章进行规定，法院审理借款合同案件应当按照合同法的具体规定进行判决，引用《民法通则》第八十四条关于债的定义的原则性规定，也属法律适用不当！

综上所述，一审法院判决认定事实错误，判决理由违反法律规定、合同法理论和逻辑推理，适用法律错误，依法应当予以撤销！

此致

××市中级人民法院

上诉人：××县××农村信用合作社

××××年××月××日

想一想

这份上诉状有何特点？是否符合上诉状的写作要求？

评一评

这是一份经济纠纷上诉状，符合上诉状的写作要求。本上诉状上诉请求有三项，采取了分条陈述的方法。在上诉理由部分，针对一审法院判决，分别从“认定事实错误”、“判决理由违反法律规定、合同法理论和逻辑推理”、“适用法律错误”等方面逐一进行了反驳。

最后，又用一句话综述全文，既强调了一审判决的错误，又再次申明了自己的请求。这份上诉状可供经济纠纷上诉状制作者借鉴。

小任务

根据这篇案例，你能拟订上诉状的基本格式吗？

上诉状一般包括首部、正文和尾部三部分内容。

1. 首部

上诉状的首部应写明以下内容：

（1）标题。标题应根据案件性质写明“××上诉状”，如“民事上诉状”等。

（2）当事人基本情况。当事人基本情况应按照先上诉人后被上诉人的顺序分别列写，写法与起诉状相同。在“上诉人”和“被上诉人”之后，要用圆括弧注明他们各自在原审中的诉讼地位，如“一审原告”“一审被告”。

2. 正文

正文是上诉状的中心部分，包括上诉案由、上诉请求和上诉理由三个方面的内容。

（1）上诉案由。这一部分主要写一审人民法院名称、处理时间、案件编号、案由和对第一审判决或裁定不服。通常的写法是：“上诉人因××（案由）一案不服××法院××××年××月××日（××××）字第×号的判决（或裁定），特提出上诉。”

（2）上诉请求。它是针对第一审人民法院的裁判向第二审人民法院提出撤销或者部分变更原判决或裁决的请求。上诉目的应写得具体、明确，切忌模棱两可、含糊其辞。上诉请求有多项，应该使用序码，分条列项陈述。

（3）上诉理由。这部分应以上诉请求为中心，针对原判决或裁定的不当之处进行说理。其目的在于通过对一审判决的不当之处进行有理有据的反驳，来论证上诉请求的合理合法性。一般情况下，可以从四个方面入手：一是阐明一审判决所认定的事实全部错误或部分错误，并提出纠正或否定错误的事实和证据；二是否定一审判决对案件定性的准确性，具体指出其错误或不当之处；三是指出一审判决所援引的法律条文不准确，并提出法律依据；四是指出一审判决所采用的审判程序不合规定，如审判组织不合法、应回避而未回避、必须辩护而无辩护人等。

上诉理由的论述，要针对一审判决，以驳论为主，在批驳中阐明自己的观点。

3. 尾部

在正文后，另起一行空两格写“此致”，再另起一行顶格写本上诉状所要提交或转达的人民法院名称。另起一行右下方，由上诉人签名或盖章，下面注明上诉的年、月、日。如有附件，应和起诉状一样依次写清。

民事上诉状

上诉人：______________________________

被上诉人：____________________________

上诉人因×××一案，不服×××人民法院××××年××月××日（××××）字第×号判决（或裁定），现提出上诉。

上诉请求

上诉理由

此致

×××人民法院

上诉人：×××

××××年××月××日

附：本上诉状副本×份。

三、经济纠纷答辩状

（一）经济纠纷答辩状的含义

答辩状是指在诉讼活动中被告或被上诉人收到人民法院送达的起诉状副本或上诉状副本后，针对其中的内容做出答复和辩驳的诉讼文书。

《民事诉讼法》规定，被告或被上诉人收到人民法院送达的起诉状副本 15 日内应该提交答辩状，人民法院收到答辩状后，应当在 5 日内将答辩状副本发送原告。《民事诉讼法》还规定，当事人提交答辩状，不影响人民法院对案件的审理。

（二）答辩状的种类

答辩状根据审判程序的不同，可分为一审程序答辩状和二审程序答辩状。前者指被告针对原告的起诉状而提出的答辩；后者指针对被上诉人的上诉状而提出的答辩。

（三）答辩状的格式与写法

案例点评

民事答辩状

答辩人：××市发电厂　　地址：××市××区××街××号

法人代表：刘××　　职务：厂长

委托代理人：陈×，男，律师

因××村要求赔偿环境污染的损失一案，现提出答辩如下：

起诉状控告我厂锅炉排放大量烟尘，污染了环境，使该村的粮食和蔬菜产量下降，蒙受巨大损失，这是不实之词。事实是我厂早已采取措施，有效地降低了烟尘排放量。根据调查，该村的粮食产量在某些年度由于种种原因确实有所减少，但总的来看还是略有上升。至于蔬菜，也只是个别季节产量下降，但未有普遍减产减收现象，这说明我厂锅炉排放的烟尘数量不多，对该村的农田危害不大。

起诉人还称，该村的鱼塘也受到严重污染、难以整治，要求我厂申请同等面积的土地，另造一个新鱼塘。事实是诉状中所指的鱼塘只是一条自然水沟，不是人工开掘的鱼塘，岂能要我厂重起炉灶。

基于上述理由，对起诉人提出的赔偿××万元的要求我厂难以接受，但考虑到工、农关系和该村受到损失的情况，我厂可以酌情予以补偿，请法院予以合理裁决。

此致

××区人民法院

答辩人：××市发电厂（章）

法人代表：刘××（印章）

委托代理人：陈×（印章）

××××年××月××日

附：1. 本状副本一份；

2. 证明材料二份。

想一想

这是一份什么性质的答辩状？符合答辩状的写作要求吗？

评一评

这是一份关于经济赔偿的答辩状。全文主要针对原告所提出的事实和理由，逐一进行答辩，以证明××市发电厂无太大责任，很有说服力。其格式和内容完全符合答辩状的写作要求，语言简明、条理清晰。

小任务

请为前述上诉状写一份答辩。

答辩状一般由首部、正文和尾部三部分组成。

1. 首部

答辩状的首部包括以下内容：

（1）标题。标题一般写明“答辩状”，或“民事答辩状”等。

（2）答辩人的基本情况。答辩人的基本情况与上诉状中原、被告的写法大致相同。

2. 正文

正文由答辩案由、理由和答辩意见组成。

（1）答辩案由。写明因何人起诉或上诉的何事而进行答辩。一般用“关于×××（原告）

诉答辩人×××一案，现提出答辩如下”或“上诉人×××因×××一案，不服××人民法院××××年××月××日×字×号判决，提出上诉，现答辩如下”。

（2）答辩理由。通常是从两个方面进行答辩。一是就案件事实展开辩驳。要针对对方诉状中违背客观实际的事实和证据进行驳斥，澄清事实真相。二是就案件适用的法律进行答辩。一旦证明了原告所述事实和理由有误，就必然会引起法律责任上的变化，说明原告适用法律依据不当。

（3）答辩意见。在充分答辩之后，应综合归纳、简明扼要地提出自己的意见和主张。一般包括：说明自己的答辩理由是正确、合理、合法的，指出对方的谬误，提出主张，并请求依法裁判。

3. 尾部

尾部应依次写明致送人民法院名称（全称）、答辩人署名盖章、具状日期和有关附项。其中附项部分要注明副本份数，人证、物证、书证等名称和数量。答辩状如果请人代书，应在年、月、日之下写明代书人的姓名、工作单位、职务等。

民事答辩状

答辩人：________________（写明基本情况）

答辩人因×××一案，提出答辩如下：

____

____

此致

××人民法院

答辩人：×××

××××年××月××日

附：本答辩状副本×份。

任务二　经济纠纷仲裁书和公证书

一、经济纠纷仲裁书

（一）经济纠纷仲裁书的含义

经济纠纷仲裁书是仲裁机关根据当事人的一方或双方提出的仲裁申请，在自己的职权范围内依照仲裁程序处理经济纠纷等权益纠纷时所制作的具有法律效力和法律意义的文书。

经济仲裁机关一般是由国家工商行政管理局和地方各级工商行政管理局设立的经济合同仲裁委员会。仲裁委员会由主任1人、副主任1~2人和文员若干人组成。

（二）经济纠纷仲裁书的特点

1. 内容的法律性

仲裁书是仲裁机关行使职权的一种形式，是实施国家法律的工具。仲裁书的内容必须充分体现国家的法律、政策，叙述案件、阐明理由及做出裁定都必须以事实为根据，以法律为准绳，严格依法办事。

2. 执行的强制性

仲裁书一旦发生法律效力，当事人应依照规定的期限自动履行。如一方逾期不履行，另一方可向有管辖权的人民法院申请强制执行。

3. 制作的合法性

仲裁书只能由国家仲裁机关制作，其他任何组织和个人都无权制作。非经法定程序，不能变更或撤销。

4. 格式的规范性

仲裁书必须按照一定的格式和要求制作，把应具备的内容和统一的项目准确、扼要地反映出来。一方面有利于仲裁书的制作、审阅、处理和执行，使人看了一目了然；另一方面也是为了保证仲裁文书的完整性、正确性和有效性。

（三）仲裁书的格式与写法

案例点评

仲裁协议书

甲方：××省××有限责任公司

地址：××省××市××路××号

法定代表人：洪××，经理

乙方：××省××县××经贸公司

地址：××省××市××路××号

法定代表人：刘××，经理

甲方与乙方愿意提请××仲裁委员会按照《中华人民共和国仲裁法》规定，仲裁如下争议：

双方于201×年××月××日签订了《×××电视购销合同》。合同履行中，如果买方对卖方提供电视的质量提出异议，导致双方发生争议，经协商解决不成，双方一致同意选择××市××仲裁委员会，由该委员会依据《中华人民共和国仲裁法》及该会仲裁规则，对双方合同中所涉及的电视的质量和双方如何继续履行合同的问题做出裁决。

本协议一式三份，甲乙双方各执一份，××仲裁委员会一份。

本协议自双方签字之日起生效。

甲方：××省××有限责任公司
法定代表人：洪××（盖章）
乙方：××省××县××经贸公司
法定代表人：刘××（盖章）
2014年××月××日

想一想

这份仲裁协议书是由几个部分构成的？其格式规范吗？

评一评

仲裁协议书是双方当事人自愿将彼此之间可能发生或者已经发生的依法可以仲裁解决的合同纠纷和其他财产权益纠纷提交仲裁机构并按仲裁规则裁决的书面协议。根据我国仲裁法，不论何种形式的仲裁协议都应当具备三项内容，即请求仲裁的意思表示、仲裁事项和选定的仲裁委员会。这份仲裁协议书完全涵盖了上述三项内容，都很明确具体。全文格式符合要求，形式要件齐备，用语简洁，是一份较规范的仲裁协议书。

小任务

你能写作仲裁调解书和决定书吗？请上网查询相关格式。

仲裁书的结构一般是由首部、正文和尾部三部分组成。

1. 首部

主要包括以下内容：

（1）标题。标题要求写明仲裁文书的名称，如“仲裁协议书”“仲裁申请书”等。如果是属于仲裁机构制作的仲裁裁决书、仲裁调解书等仲裁文书，还应在文书名称上一行写明制作机构的名称，如“×××仲裁委员会”。

（2）编号。在标题右下方另起一行写明年、月、日和字、号，如“（2015）××仲裁字第×号”“（2015）××仲调字第×号”等。当事人向仲裁机构提出的仲裁协议书、仲裁申请书等是没有编号的。

（3）当事人的基本情况。当事人为自然人的，应写明其姓名、性别、出生年月、民族、职业、职务、住址等；当事人是非自然人的，要写明其名称、地址、法定代表人或代理人职务及与当事人的关系。涉外当事人还应注明其国籍；委托代理人是律师的，要写明其姓名和所在律师事务所及职务。

2. 正文

不同类型的仲裁文书，其具体写法不一样。

仲裁协议书应写明请求仲裁的意思表示、仲裁事项和选定的仲裁机构；仲裁申请书应写明仲裁请求、事实与理由、证据等；仲裁答辩书应写明答辩意见和反诉要求；仲裁裁决书应写明本案案情、仲裁庭意见和裁决结果；仲裁调解书应写明申请人的仲裁请求、协议经过、协议内容和协议结果。

3. 尾部

仲裁书的种类不同，其结尾也不完全一样。

仲裁协议书的尾部包括当事人各方的签名盖章、订立仲裁协议的日期；仲裁申请书的尾部包括所提交的仲裁机构名称、申请人签名盖章、提出仲裁申请的日期和附项；答辩仲裁书的尾部包括所提交的仲裁机构名称、答辩人签名盖章、仲裁答辩的日期和附项；仲裁裁决书的尾部包括首席仲裁员签名、仲裁员签名、制作裁决的时间和地点及仲裁机构印章；仲裁调解书的尾部包括仲裁员或仲裁庭组成人员署名、制作调解书日期并加盖仲裁机构印章、书记员署名。

仲裁申请书

申请人：____________________

住址：__________________

电话：__________________

法定代表人：__________　　职务：__________

委托代理人：__________　　单位：__________

被申请人：________________________________

住址：____________________________________

电话：____________________________________

法定代表人：__________　　职务：__________

委托代理人：__________　　单位：__________

案由：（即提起仲裁申请的事由）

仲裁请求

一、____

二、____

三、____

事实和理由

____

____

此致

×××仲裁委员会

申请人：____________（盖章）

法定代表人：______（盖章）

××××年××月××日

二、公证书

（一）公证书的含义

公证书是指国家公证机关根据公民、法人或者其他组织的申请，依照事实和法律，按照法定程序制作的具有特殊效力的证明文书。

（二）公证书的特点

（1）专门性。公证书是公证机关的专用文书，是公证机关代表国家进行的证明活动所形成的法律文书，是遵照国家法律规定对公民、法人身份、财产的权利或合法权益的一种特殊保护方法。只有代表国家的公证机关在公证活动中才能使用这种特殊效力的法律文书，其他机关、组织的证明书不能代替公证书。

（2）权威性。公证书的权威性比其他证明书要大。一般的证明书只能在特定范围起作用，而公证书的可靠性及其证明能力要比一般的证明书大得多。

（3）广泛性。公证书的使用范围比一般证明书广泛，其效力不受国籍、地域、行政级别或行业范围的限制，在国内外都通用。

（三）公证书的结构

案例点评

公　证　书

（××××）沪证外经字第××××号

出卖人（甲方）：×××，男或女，××××年××月××日出生

身份证号码：××××××××××××××××

买入人（乙方）：×××，男或女，××××年××月××日出生

身份证号码：××××××××××××××××××××

公证事项：房地产买卖合同

甲乙双方于日前向本处申请办理《上海市房地产买卖合同》公证。

经查，甲乙双方经协商一致订立了《上海市房地产买卖合同》。甲乙双方在订立合同时具有法律规定的民事权利能力和相应的民事行为能力。

甲方转让的房屋坐落于上海市××路××弄××号××室，建筑面积为××平方米，甲方对该房屋持有沪房地市字（××××）第××××××号《上海市房地产权证》。该房屋查无转让及其他权利受限制的登记记录。该房屋设有抵押，现已于××××年××月××日在上海市××区房地产登记处注销抵押。根据《中华人民共和国城市房地产管理法》《上海市房地产转让办法》的规定，该房产可依法转让。

甲乙双方在合同中约定，甲方以人民币×××万元整将上述房屋转让给乙方，合同中约定的付款方式，房屋交付日期及违约责任等条款具体、明确。

依据上述事实，兹证明甲方×××与乙方×××于××××年××月××日签订了《上海市房地产买卖合同》，合同双方当事人的签约行为符合《中华人民共和国民法通则》第五十五条的规定，合同上双方当事人的签名、印鉴均属实，合同内容符合《中华人民共和国合同法》的规定。

中华人民共和国上海市×××公证处

公证员：×××

××××年××月××日

想一想

这是一份什么性质的公证书？语言上有何特点？

评一评

这是一份房地产买卖合同公证书。在房地产买卖合同公证中，申请公证双方须向公证机构提供双方身份证明、房屋所有权证、土地使用权证、房屋买卖合同文本等相关证据材料。除申请公证双方所提交的材料之外，公证机构还要对下述内容进行审核：当事人双方的基本情况；合同中买卖房屋的坐落位置、数量、房屋结构、质量及附属设施情况和使用面积；房屋买卖价款数额、付款日期、付款方式；被买卖房屋交付使用时间；办理房屋产权过户及有关手续的约定；双方违约责任；双方当事人认为应该约定的其他内容以及合同双方当事人签名、盖章及签约时间等。公证人还必须查明作为买卖标的的房地产是否设置有抵押、质押等其他权利负担，以免涉及第三人的相关权利义务，引起法律纠纷。这份公证书内容完备，语言准确简明，完全合乎房地产买卖合同的写作要求。

小任务

王某和黄某即将结婚，为避免将来产生经济纠纷，影响家庭生活，为此二人决定将婚前财产进行公证，请你拟写一份公证书（内容可自行设置）。

1. 首部

首部一般由标题、编号、申请公证当事人的基本情况等内容组成。

标题一般由所证明事项的性质确定，如“遗嘱公证书”“学历公证书”等；有时也可以简写为“公证书”。

编号由年度、公证机关代号、证书顺序号组成，如“（2015）×字第××号”。

当事人的基本情况不是所有公证书都要写，但对于继承权、收养关系、亲属关系等的公证书必须写明白。

2. 正文

正文是公证机关的证词，是公证书的主体部分。正文部分要写明证明的对象、证明的范围和内容，说明证明所依据的法律和法规等。证词应简明扼要、具体准确、通俗易懂。

3. 尾部

尾部由公证机关名称、公证员签章、出证时间、公章等项目组成。

公证机关应用全称，如“中华人民共和国××省××市公证处”等。

公证员签名应先写“公证员”后签名，即“公证员：×××”。

合同公证书

（××××）×字第××号

兹证明×××（单位全称）的法定代表人（或法定代表人的代理人）×××与××××（单位全称）的法定代表人（或法定代表人的代理人）×××于××××年××月××日，在××（签约地点或本公证处），在我的面前（如合同并非在公证员面前签订，“在我的面前”可以不写），自愿签订了《××合同》。

经审查，上述双方当事人的签约行为符合《中华人民共和国民法通则》第五十五条的规定，合同上双方当事人签字、印章属实，合同内容符合《中华人民共和国××××法》的规定。

中华人民共和国××省××市（县）公证处

公证员：×××（签名）

××××年××月××日

（公章）

招标公证书

（××××）×字第××号

兹证明××××（招标单位全称）于××××年××月××日在××××（地点）对××××（招标项目名称）举行了公开招标，××××、××××、××××（投标单位全称）参加了投标，××××（中标单位全称）中标（或全部投标单位均未中标）。

经审查和现场监督，招标项目与招标活动已获主管部门批准，招标方与投标方××××、××××、××××（投标单位全称）均具有合法的招标、投标资格［或增加：××××（投标单位全称）因××（原因），不具有投标资格］；投标方××××、××××、××××（投标单位全称）所投标书均符合招标文件的规定，为有效标书［或增加：××××（投标单位全称）所投标书，因××（原因）无效］。整个招标过程的投标、开标、评标以及定标活动均符合《中华人民共和国××××》（相应的法律、法规、规章等）和招标文件的规定，招标结果合法、有效。

中华人民共和国××省××市（县）公证处

公证员：×××（签名）

××××年××月××日

（公章）

任务小结

本学习情境学习了起诉状、上诉状、答辩状、仲裁书及公证书五种经济法律文书，其中起诉状、上诉状和答辩状属于经济诉讼文书，仲裁书和公证书属于非经济诉讼文书。在理解这些文书的概念、特点、作用和种类等知识的同时，要着重掌握其结构模式与具体写法。希望大家仔细阅读、揣摩案例，把握通用格式，通过反复练习，培养并提高运用这些文书来解决相关经济纠纷的能力。

同步训练

名词解释

上诉状　起诉状　答辩状　经济纠纷仲裁书

复习思考

1. 起诉状与上诉状有什么区别？
2. 陈述上诉理由可从哪几个方面入手？
3. 仲裁书主要有哪些种类？
4. 起诉状的正文一般要写哪些内容？

案例分析

下面是一例案情和根据案情所写的一份起诉状，请根据所学知识来分析该起诉状存在的问题（提示：从基本格式、诉讼请求、事实理由及文字表达等方面入手）。

案情：

2014 年 1 月 21 日，岳阳市民何某来到一酒店就餐。由于酒店地面洒了些油水，在走近餐桌的过程中，何某不慎摔倒，造成左脚踝关节骨折，遂起纠纷。双方就赔偿事宜争执不清，何某遂起诉至法院。

起　诉　书

岳阳楼区人民法院：

我叫何××，今年 35 岁。今年 1 月 21 日，我应朋友之邀，到××大酒店去吃饭，结果因餐馆地面泼有许多油水，导致我上桌时摔了一跤，摔成骨折，而酒店方却拒绝赔偿我的医药费。我实在无法忍受，于是只好用打官司的方式来解决问题。请人民法院做主，判决××酒店赔偿我的全部医药费。

此致

敬礼

何××

问题诊断

请指出下面这份答辩状存在的问题或不足。

辩　状

××市××区人民法院

××公司告我厂违约实在是冤枉。事实是双方签订了一份合同，约定由我厂为××公司加工装配一批电子元件，但××公司未能按规定的时间提供原材料。我厂为了不使机器停机，只能改做其他单位的加工订货，因此才使得我们的交货超过了规定时间。所以责任主要在对方，希望人民法院能查明事实，做出公正的判决。

答辩人：××电子元件厂厂长雷××

实训设计

1. 实训目的

把握起诉状、答辩状的写法

2. 实训项目

仔细阅读下列材料，请为当事人代写。

材料一：

威龙贸易公司负责人："今年3月5日，通过招标，我单位与远华公司签订了安装单位内部局域网的合同。所需50台电脑和一台服务器及安装网线、调试运行均由该公司负责，总计设备费58万元，工程费5万元，合计63万元。3月10日，远华公司来安装，3月20日完工，4月1日我公司付款。安装后，自4月中，设备就开始三天两头出问题。一开始打电话，远华公司还来修理、调整，后来干脆不来，让我们自己解决。合同上说'设备硬件保修一年，在一年内无偿更换'，可他们根本不履行。我们找了几个电脑专业人员，大家都认为是元件质量太差。所以，我们要求退货，但该公司不肯。我们觉得损失太大，所以要起诉该公司，不仅要退货，该公司还得赔偿我们的损失。"

材料二：

远华公司认为威龙贸易公司所叙理由不实："威龙贸易公司认为设备存在硬件质量问题不是事实。其设备经常出故障，是他们使用不当和软件误操作问题，对这类问题本公司不能承担责任。以上问题有公司记录为证。"

3. 实训思路

根据格式与写法仔细研究，写出文书。

4. 实训做法

（1）学生2人为一组，分别写出文书。

（2）仔细研读材料，了解相关法律法规。

（3）格式要正确、内容要完整。

项目五

经济交往类文书

学习目标

知识目标

◎ 了解经济交往过程中的相关文书种类。

◎ 掌握经济礼仪类、商业新媒体函电类文书的格式、写法及写作要求。

能力目标

◎学会区分不同情境下经济礼仪函电的正确写作。

学习情境八　经济礼仪文书

学习要求

1. 了解常见经济礼仪文书的特点。

2. 理解经济礼仪文书的含义，掌握经济礼仪文书的格式，明确经济礼仪文书的写作要求。

3. 体会例文，模拟写作，培养撰写经济礼仪文书的能力。

情景任务设计

××市人事局在招聘中遇到这样一件事：省人才市场拿出10个岗位面向毕业生招聘。经过筛选100多位入围，其中北京某知名大学新闻系的一位男生特别出众，自荐材料反映他不仅几乎每年都拿奖学金，而且年年获奖的荣誉证书的复印件就有十几张，尤其是他在报社实习发表的一摞作品更令他“高人一等”。招聘人员告诉记者，他们当时决定，如果这名男生考试通过就录取他专门从事宣传工作。结果大大出人意料，考试中有一题是根据材料写一份邀请信，这名男生在正文部分将材料罗列一番，不仅题目没有“邀请信”字样，被邀请人所要做的事情以及时间、地点都被移到“备注”里了。这样一份“别出心裁”的邀请信令招聘人员“大开眼界”。

据了解，入围的100多名考生拟写的邀请信大部分都不规范。

分析

邀请信是经济礼仪文书的一种，招聘中考察邀请信，可见经济礼仪文书在工作中发挥着越来越重要的作用。知名大学新闻系的学生写的邀请信都能让招聘人员“大开眼界”，其他专业的同学更是可想而知了。因此，有必要规范地写好邀请信等经济礼仪文书，以免“尴尬”事再次发生在自己身上。

知识导读　经济礼仪文书概述

一、经济礼仪文书的含义

礼仪是礼节和仪式的总称，它主要是用来调整人与人之间的关系。礼仪活动中使用的各类文书统称为礼仪文书，经济礼仪文书是指人们在日常的工作、学习和生活中，在社会交往、礼仪活动和商务活动中，遵循相应的习俗和人情所撰写的礼仪文体。

二、经济礼仪文书的特点

（一）行文的针对性

经济礼仪文书都是为解决某个问题而写的，它都具有针对性。

（二）体式的规范性

经济礼仪文书的写作都有一定的结构和格式，因此在写作上不能随心所欲。书信体的经济礼仪文书一般包括标题、称谓、正文、结尾和落款五部分，不同的文种结构稍有不同。

（三）语言的礼貌性

经济礼仪文书都是用来调整人与人之间的关系，它不能是行政命令式的态度，因此语言一定要得体、礼貌。

三、经济礼仪文书的写作要求

（一）语言要得体，注重场合

悼词是指向死者表示哀悼、缅怀与敬意的一切形式的悼念性文章。讣告是一种报丧的文书。两者必须根据一定的场合或一定的条件加以运用，绝不可混淆。邀请要言词恳切；哀悼要情感哀伤。在写作这类文体时，一定要自然而有分寸地表达出来。

（二）格式要规范，用词讲究

不同的文体有不同的结构与写法，格式一定要规范。同时，不同的文体在用词上一定要讲究，基调要和表达的情感一致。

任务一　礼仪信函

一、贺信

（一）贺信的含义

贺信是表示祝贺、赞颂的函电，一般用于企事业单位或个人对取得巨大成就、做出突出贡献的集体或个人表示祝贺，对一些重要会议、节日、婚礼、寿辰或者对国内外发生的重大喜事表示祝贺。

（二）贺信的特点

贺信篇幅短小，感情充沛，语言充满喜庆色彩。其具有如下特点：

（1）祝贺性。祝贺性是指祝贺对方，为对方取得的成就增加喜庆气氛，增加彼此间的感情。

（2）信电性。信电性是指贺信有时需要通过人工投递或电子邮件的方式送达祝贺对象。

（三）贺信的格式与写法

案例点评

贺　　电

中国体育代表团：

我国体育健儿在举世瞩目的第二十八届奥运会上不畏强手、奋力拼搏，取得了前所未有的优异成绩，实现了我国竞技体育在奥运会上新的历史性突破，为祖国和人民赢得了荣誉。党中央、国务院向你们表示热烈的祝贺和亲切的慰问！我国体育健儿在本届奥运会上表现出的精湛运动技术和良好体育道德，进一步弘扬了奥林匹克精神，极大地增强了我国成功举办2008年奥运会的信心。

我国体育健儿的出色表现，再一次向全世界展示了中华民族自强不息、奋发有为的精神风貌，展示了新世纪中华儿女积极进取、蓬勃向上的朝气和活力，给正在为全面建设小康社会团结奋斗的全国各族人民带来了巨大的鼓舞。

祖国为你们骄傲，人民为你们自豪！希望你们继续发扬胜不骄、败不馁的精神，增强斗志、再接再厉，不断提高自身素质和竞技水平，为促进奥林匹克事业的发展，为实现中华民族的伟大复兴做出新的更大贡献！

祖国和人民感谢你们，期待着你们胜利归来！

中共中央
国务院
2004年8月29日

（资料来源：人民日报，2004-08-30）

想一想

该文写法有何特点？

评一评

这是中共中央国务院发给在第二十八届奥运会上取得优异成绩的体育代表团的一封贺电，贺电首先高度赞扬了我国体育健儿不畏强手、奋力拼搏的精神，对他们所取得的成绩和赢得的荣誉表示热烈的祝贺和亲切的慰问；然后具体分析了我国体育健儿取得优异成绩的深远意义，并激励他们继续努力，做出新的更大的贡献；最后表达了对体育健儿们的衷心祝愿。

小任务

××学院在市级诗歌朗诵会上获得一等奖，请你以学校的名义拟写一封庆贺信。

贺信一般由标题、称谓、正文、结尾和落款组成。

1. 标题

位于第一行正中，一般可直接写“庆贺信”或“贺信”；对一些重要的贺信，标题可由致信者名称、受文者全称和文种构成。

2. 称谓

称谓就是被祝贺的对象，位于第二行顶格位置。是单位要写全称或规范化简称；是个人要用尊称或带有职务；如果被祝贺对象有多人，可用称呼如“女士们”“先生们”“同志们”“朋友们”等。称谓之后要用冒号。

3. 正文

正文应包括以下内容：

（1）概括说明发信的原因。

（2）介绍对方取得的成绩，分析其成功的主观客观原因。如是会议则要指出其重要性；如是同级单位，除表示祝贺外，还应提出向对方学习的内容；如是下级单位给领导机关的贺信，除表示祝贺外，还应表示向对方学习的决心和态度；如是给个人的贺信，应结合具体情况写明祝贺的理由。

一般先表明祝贺之意；其次肯定成绩，给出恰当评价；最后表示美好的祝愿。

4. 结尾

结尾要写上祝愿的话，如“此致”“敬礼”“祝取得更大的成就”“祝您健康长寿”等。

5. 落款

在正文右下方写明单位全称（章）或个人姓名以及成文时间。

（四）贺信的写作要求

（1）贺信要表达饱满充沛的感情，要体现最真诚的祝福。

（2）贺信内容要真实，表示决心要切实可行，不能空喊口号。

（3）评价成绩要恰如其分，行文要规范，称谓要得体。

二、慰问信

（一）慰问信的含义

慰问信是单位或个人，以组织或个人的名义在他人处于特殊的情况下（如战争、自然灾害、事故等）或在节假日，向对方表示慰勉、问候的专用信函。

其内容要求态度诚恳、情感真切，能充分体现组织的温暖、社会的和谐和人与人之间的深厚情谊，给人以继续前进的信心、克服困难的勇气以及勤奋学习和努力工作的力量。

（二）慰问信的分类及特点

慰问信包括两种：一种是在特殊情况下表示同情安慰，另一种是在节假日表示问候。

慰问信的主要特点是针对性、鼓励性、感情性和亲切性。

（三）慰问信的格式与写法

案例点评

致邹韬奋夫人沈粹缜的慰问信

粹缜先生：

在抗战胜利的欢呼声中，想起毕生为民族的自由解放而奋斗的韬奋先生已经不能和我们同享欢喜，我们不能不感到无限的痛苦，您所感到的痛苦自然是更加深切的了。我们知道，韬奋先生生前尽瘁国事、不治生产，由于您的协助和鼓励，才使他能够无所顾虑地为他的事业而努力。现在，他一生光辉的努力已经开始获得报偿了。在他的笔底，培育了中国人民的觉醒和团结，促成了现在中国人民的胜利。中国人民一定要继续努力，为实现韬奋先生全心向往的和平、团结、民主的新中国而奋斗不懈。韬奋先生的功业在中国人民心目中永垂不朽，他的名字将永远是引导中国人民前进的旗帜。想到这些，您，最亲切地了解韬奋先生的人，一定也会在苦痛中感到安慰的吧！您的孩子——嘉骝，在延安过得很好，他的品格和勤学，都使他无负于他的父亲，这也一定是可以使您欣慰的事吧！

谨向您致衷心的慰问，并祝您和您的孩子们健康！

周恩来

九月十二日

（资料来源：周恩来选集．上卷．北京：人民出版社，1980）

想一想

这封信最打动你的是什么？

评一评

抚慰生者是该信的最大特点，慰问信情真意切，深切表达出周恩来同志对韬奋先生的敬慕和对沈粹缜女士及家人的关怀之意。文中高度评价了韬奋先生为革命事业所做的贡献和工作。“他的名字将永远是引导中国人民前进的旗帜”，这是多么高的赞颂！作者除了歌颂逝者的功德外，没有忽略生者的贡献和生者的情感需要。他赞扬了沈粹缜女士的功绩，同时没有忘记告知她孩子的生活和学习情况。这封慰问信真挚的慰问之情溢于言表，充分表达出周恩来同志对逝者的情谊和对生者的关心。

小任务

××同志为救一名失足掉入河里的学生献出了自己年轻而宝贵的生命，该同志刚刚结婚不久，请你以该同志单位的名义给该同志家属写一封慰问信。

慰问信跟一般的书信一样，包括标题、称谓、正文和落款四个部分。

1. 标题

在第一行居中位置，一般有三种格式：一是文种式标题，直接写“慰问信”；二是由被慰问对象和文种组成，如“致×××的慰问信”；三是由慰问对象、被慰问对象和文种组成，如“×××致×××的慰问信”。

2. 称谓

标题以下另起一行顶格写被慰问的单位或个人，个人的一般应在姓名后加上相应的称谓表示尊敬，如“先生”“女士”“同志”等。

3. 正文

具体内容要根据事件和对象的不同有所区别。如向做出巨大成就或突出贡献的集体或个人表示慰问，就应鼓励他们戒骄戒躁、继续努力；向由于某种原因而遇到重大损失或巨大困难的广大人民群众表示慰问，就应鼓励他们充满信心、坚强乐观，通过努力战胜困难；向节假日坚守在岗位的广大干部、职工表示慰问，则应着重赞颂他们的敬业精神和奉献精神。正文结尾一般写表示敬意、鼓励或祝愿的话语，或者写“此致”“敬礼”等。

4. 落款

一般写在右下角，署上姓名及成文日期。

三、感谢信

（一）感谢信的含义

感谢信是单位或个人为了感谢对方的关心、支持和帮助而写的一种书信。

它的对象及事迹一般都和写信人有直接的关系，所以应满怀感激之情，把对方的好思想、好品德和模范事迹概括地写出来，然后向对方表示感谢和学习的决心。

（二）感谢信的特点

1. 确指性

感谢信要有明确的感谢对象，以便让大家清楚是在感谢谁。

2. 真实性

叙述的事情要真实存在。

3. 感召性

感谢信的情感色彩要具有感激之情和号召力。

（三）感谢信的格式与写法

案例点评

感　谢　信

×××杂志社：

请贵刊转告全国所有关心我的大学生、解放军战士、工人、教师及各界朋友，我的病情经几家大医院的治疗和各界的关心，目前已得到控制，现正在家休养。如不出意外，下学期开学即可返校学习了。

顽疾缠身，是人生中的不幸，我遭此—难，几乎摧毁了我和我的家庭。由于×××杂志社的呼吁，一封封来自远方的书信、一张张几经周折转来的药方，使我那不情愿跳动的心，又恢复了正常的节奏；几乎凝滞的血，又沸腾了。一双双援助的手，一颗颗充满爱的心，指明了我生活的路，温暖了我一家几乎冷却的心。

我和你们天各一方，未曾相见，你们却把微薄的收入，甚至把你们的助学金、生活费，或者靠卖几个字画的钱寄给了我。而近来我的脑海中经常出现你们的身影，有年迈的老人，有可爱的军人，有可敬的老师，还有很多我不相识的人…… 我无法具体描绘你们的形象，但你们的高尚品格、助人为乐的精神将永存于我心中，永存于我家乡父老的心中…… 唯一遗憾的是我不能面见答谢各位。在此请接受用你们的爱心挽救的人的深深谢意，愿你们爱的春风暖遍祖国，充满世界。

为了不辜负你们的一片爱心和良好祝愿，我将继续我的学业，继续我的事业，争取取得优异的成绩，献给关心我的远方的各位朋友们。

愿我们的心永远相通。

×××

××××年××月××日

想一想

这封信分为几个部分？

评一评

这封感谢信是×××同学为感谢×××杂志社为其呼吁捐款治病而写的，信中表达了他对广大热心朋友的深深谢意。在行文的过程中，先向关心自己的社会各界朋友报告病情，后写在杂志社的呼吁下，自己得到了来自社会各界的救助；然后又用较大的篇幅抒写自己的感激之情，表示今后一定要努力学习，用优异的成绩回报社会。无论内容还是结构都符合感谢信的一般写法。语言朴实，措辞中肯，字里行间洋溢着感激之情。

小任务

××学院×班32名大学生为救一名学生患病家长，集体无偿献血。请以该家长名义给学院写一封感谢信。

感谢信通常由标题、称谓、正文和落款四部分组成。

1. 标题

在第一行居中位置，有三种写法：一是文种式标题，只写文种名称；二是由被感谢对象和文种构成，如“致×××的感谢信”；三是由感谢对象、被感谢对象和文种构成，如“×××致×××的感谢信”。

2. 称谓

标题下一行顶格写称谓，即被感谢对象的单位名称和个人姓名。个人姓名后可以加适当的称呼，如“同志”“先生”等。

3. 正文

正文应包括以下几个方面。

（1）感谢的事由。概括叙述感谢的理由，表达谢意。

（2）对方的事迹。对方的感人事迹，叙述时务必交代清楚时间、地点、人物、事件、原因和结果，重点叙述对方在关键时刻给予的关心、支持和帮助以及所产生的效果。

（3）揭示意义。热情赞颂对方的可贵品质和美好品德，同时表示向对方学习的态度和决心。

（4）最后写上“此致”“敬礼”等惯用语作结。

4. 落款

落款要署上写信的单位名称或个人姓名，署名下再写成文日期。

（四）感谢信的写作要求

（1）叙事要精练，内容要真实。感谢信的内容以主要事迹为主，叙述要详略得当，篇幅要适中。内容要真实，不可夸大。

（2）用语要得当，评价要中肯。用语要求精练、简洁，要把握好度。要以感谢为主、表扬为辅，表达谢意要真诚，学习态度要坚决。评价对方要恰当，不能夸大其词。

四、邀请信

（一）邀请信的含义

邀请信是单位或个人邀请有关人士前往某地参加某项活动或事宜的专用书信。邀请信又称邀请书。

（二）邀请信的特点

1. 邀请信的礼仪色彩

邀请信也具有邀请的功能，要求有一些礼仪色彩，它不像请柬那么庄重严肃，而是更朴实、更常用一些，但也礼仪周到，受到了人们普遍的喜爱。

2. 邀请信的书信体格式

邀请信用语上比请柬随意，而且要求有较详细的邀约内容，所以采用书信体的格式。

（三）邀请信的格式与写法

案例点评

邀　请　信

××××：

××市仪器仪表供销公司定于××××年××月××日召开××××年度看样订货会，现特邀请贵单位派1~2人参加。

这次会议的主要内容是：第一，承接××××年订货货源，签订供货合同；第二，解决部分年内急需货源；第三，广泛听取宝贵意见，密切供需关系；第四，联络感情，建立长期直供网络关系。

会议报到日期为××××年××月××日上午8时至19时，报到地点为××市×××路141号。参加会议的代表请携带订货计划单，外地代表务请提前一天报到。

欢迎贵单位代表届时光临。

××市仪器仪表工业供销公司

××××年××月××日

（资料来源：吴新元．公文正文三要素说与公文正文格式化导论．北京：中国档案出版社，2002）

评一评

这是一封由××市仪器仪表工业供销公司给××单位发出的邀请信，信的内容是邀请××单位的代表参加看样订货会，信中交代了会议时间、会议地点、会议内容和参会人员要携带的材料，语言简明，最后用礼节性的问候语“欢迎贵单位代表届时光临”为结，是一篇规范的邀请信。

小任务

××职业技术学院将于本周六上午8：00在学院篮球场组织一次招聘会，摊位50个，免摊位费，现邀请××单位参加，请拟写一份邀请信。

邀请信通常由标题、称谓、正文、结尾和落款五部分组成。

1. 标题

邀请信的标题有两种构成方式：一是单独以文种名称命名，直接写“邀请信”或“邀请书”；二是由发文事件和文种名称共同组成，如“关于出席××市经济发展会议的邀请信”。

2. 称谓

标题下一行顶格写称谓，即被邀请对象的单位名称或个人姓名。个人姓名后可以加适当的称呼，如“同志”“先生”等。

3. 正文

邀请信的正文通常要求写明举办的活动内容、活动目的、活动时间、活动地点、活动方式、邀请对象、邀请对象所做的工作以及所应准备的材料等，活动的各种事宜务必在邀请信中写清楚、写详细。若附有票、券等物也应同邀请信一并送给被邀请的单位或个人。

4. 结尾

结尾处要求写上礼节性的问候语，如“欢迎光临”“致以敬意”等。

5. 落款

署上发文单位名称或发文个人的姓名，署上发文日期；邀请单位上还应加盖公章。

（四）邀请信的写作要求

1. 语言要含有尊敬之意

邀请信的主要内容类似于通知，但它不能是行政命令式的态度，所以在用词上一定要礼貌。

2. 邀请信务必事项周详

邀请信是被邀请人进行必要准备的一个依据，所以各种事宜一定要在邀请信上显示出来，使被邀请对象可以有备而来，也会使主办活动的个人或单位减少意想不到的麻烦。

3. 邀请信提前发送

邀请信要提前送给被邀请人，这样可以使他对各种事务有一个统筹的安排，而不会由于来不及准备或拿到邀请信时已过期了而参加不了举办的活动。

五、求职信

（一）求职信的含义

求职信是求职者根据自己的条件和意向，向用人单位介绍自己的实际才能，并希望得到录用的一种专用书信。

多数用人单位都是通过求职材料对众多求职者有一个大概的了解后，再通知面试或面谈，因此，求职信写得好坏将直接关系到求职者是否能进入下一轮的角逐，关系到求职目的能否最终实现。

（二）求职信的特点

1. 针对性

要针对求职单位的实际情况、读信人的心理和个人的求职目标而写。

2. 自荐性

求职信是一种媒介，写作者要善于推荐自己，并恰如其分地推销自己，把自己的亮点和优势让用人单位在未曾谋面的情况下产生一种较好的印象。

3. 独特性

内容和形式要非同一般，能够在众多的求职信中脱颖而出、出类拔萃。

（三）求职信的格式与写法

案例点评

求　职　信

尊敬的领导：

感谢您在百忙之中翻阅我的自荐材料！我叫×××，是×××大学×××学院×××届管理工程专业的本科毕业生。

在大学的前三年中，我学习了本专业及相关专业的理论知识，并以优异的成绩完成了相关的课程，为以后的工作打下了坚实的专业基础。同时，我注重外语学习，具有良好的英语听、说、读、写能力，并通过了大学英语国家四级测试，并初步学习了初级日语的基本知识。在科技迅猛发展的今天，我紧跟科技发展的步伐，不断汲取新知识，熟练掌握了计算机的基本理论和应用技术，并顺利通过了国家计算机二级（C 语言）考试。现在，我正在为了通过国家计算机三级而努力。

三年来，我一直在学生会工作，致力于学生的自我管理和组织学生活动，曾先后担任校学生会体育部副部长，院学生会体育部长、常委、副主席等职务。三年的学生工作培养了我的团队合作精神，提高了我的组织协调能力。在组织学生活动的同时，我也参加学校和社会的各项活动，努力培养自己的各种兴趣爱好，积极参加文体娱乐活动、社会实践调查等。通过组织活动和参与活动，我养成了良好的工作作风和处世态度。

在院领导老师的支持和自身的努力下，我在学习和工作中都取得了优异的成绩，不仅完善了知识结构，还锻炼了意志，提高了能力，并光荣地加入了中国共产党。

如果我能成为贵公司的一员，我定当用我的热情和能力投入到工作中去。请相信：你们所要实现的正是我想要达到的！

兹附上毕业证、英语等级证、获奖证书等复印件，以资证明。

此致

敬礼

自荐人：×××

××××年××月××日

想一想

求职信应包含哪些内容？

评一评

这是一篇应届毕业生的求职信，篇幅短小、语言简洁，态度恳切、礼貌得体。求职者先是做了简单的自我介绍；然后叙述了自己在这三年中所取得的成绩和得到的锻炼，并表达了自己的求职愿望和干好工作的信心；最后附上附件，以证明自己的能力。这是篇不错的求职信。

小任务

××注册会计师事务所现招聘会计专业的学生，而你恰好学会计专业，请根据所提供的材料写一份求职信。

求职信一般由标题、称谓、正文、落款和附件五部分组成。

1. 标题

标题一般在首页第一行居中位置，要写得醒目。

2. 称谓

这是求职信的读信对象。如果是写给单位的负责人，可以称其为“×××经理”“×××公司负责人”等。求职信不同于一般的私人书信，故称呼要注意，为了表示礼貌与尊敬，可用“尊敬的×××”来称呼。

3. 正文

这是求职信写作的重点，一般包括求职缘由、自我介绍、求职目标和条件、结尾等内容。

（1）求职缘由。开门见山向用人单位表达自己求职的意向，阐述求职的缘由。一般从三方面入手：一是说明求职信息的来源渠道，以使自己理由充分。一般这样开篇：“非常高兴在××获悉贵公司正在招聘××人员”或“得知贵公司正在招聘人员，贵公司一位资深人士竭力推荐我前来应聘此职位”等；二是表明自己对该用人单位的向往，写明自己为何要选择应聘该单位和岗位；三要阐明自己的理想与所求岗位的吻合，为自己的求职寻找最充分的理由。

（2）自我介绍。写明求职者基本情况，这是求职信的重点内容。求职成功的关键便是求职者的基本情况是否符合所求岗位的要求。主要写清两方面内容：一是本人姓名、性别、年龄、学历、籍贯、民族、政治面貌和健康状况等；二是具体地介绍自己的专长和取得的优异成绩，尤其是与用人单位有关的科研成果、论文及工作经验、重要社会关系等。

（3）求职目标和条件。应明确提出想在用人单位担任什么样的职位，并强调自己的哪些优势对任职非常有利，如专业特长、实践经验、创新设想等。要针对目标，扬长避短，具体体现自己的优势，也可以介绍所学的专业与特长、兴趣与爱好，可提及曾获得的奖励，表明足以胜任职位的能力。

（4）结尾。写上祝愿的话，强调你的愿望和要求，还有“此致敬礼”“顺颂商祺”等习惯用语。

4. 落款

在正文右下方写上求职者姓名，再注明具体日期。

5. 附件

附件是最具有说服力的、对求职者起着证明或介绍作用的重要材料。它包括求职者的个人简历、所学专业课程成绩一览表、发表的论文或论著、单位的推荐信等，还有获得的证书，如英语等级证书、计算机等级证书、荣誉证书、学历证书等。附件中求职者的个人简历非常重要：

（1）简历的含义。简历是一个人的简明扼要的履历。一般采用一览表的形式，是求职者向用人方证明自己具备某项工作资历与条件的专用文书。

（2）简历基本格式。一份完备的简历包括封面和正文两部分：封面主要写清姓名、单位或毕业学校即可。设计要精致、版式要美观大方，图文并茂、富有创意。正文应至少包括五个方面内容：一是身份简历，包括姓名、性别、年龄等基本状况以及常用联系方式；二是教育背景，包括就读学校、专业、主要课程、学习成绩以及相关培训经历等；三是工作实践经历，包括在校期间勤工俭学、兼职、实习成果、就业时间等，要写明具体的成绩或绩效等；四是个人兴趣、爱好和特长，包括专业技术特长和一般特长，如外语、计算机、写作、驾驶等专长；五是个人资历的佐证人及其单位、联系方式等，增加简历的真实性和可靠性。

此外，还可以根据需要写入诸如各种获奖、自我评价、人生理念、奋斗目标、对应聘单位的展望等。

（四）求职信的写作要求

1. 突出重点，有针对性

一定要对用人单位有所了解，在此基础上将求职者自身优势与用人单位的需求结合。在叙写自己的专长和成绩时，一定要重点突出，针对自己所谋求的职位和用人单位的要求，表现出独到的智慧和才干。

2. 实事求是，礼貌得体

实事求是，就是要对自己的基本情况、专业特长和主要成绩如实叙写，不能弄虚作假。在提出求职要求时，要真诚坦率、礼貌恳切、充满自信，给用人单位留下美好的印象。

3. 格式规范，富有美感

求职信在内容上应该按照规范的格式来写，在形式上应该注重美观大方。

任务二　礼仪致辞和贴卡

一、祝贺词

（一）祝贺词的含义

祝贺词也写作祝贺辞，是在喜庆的仪式上发表的表示祝贺的一切形式的言辞或文章。

祝贺词是人际交往活动中不可缺少的重要工具。在日常生活中，遇到值得庆贺、纪念的重大事件，或个人、集体在某一方面做出突出贡献，在正式的场合表示祝贺，都要用到祝贺词。

（二）祝贺词的格式与写法

案例点评

丘吉尔对将士的祝贺词

各位为自由而奋斗的劳动者和将士们：

我的朋友、伟大而卓越的罗斯福总统，刚才已经发表过圣诞前夕的演说，已经向全美国的家庭致友爱的献词。我现在能追随骥尾讲几句话，内心感到无限的荣幸。

我今天虽然远离家庭和祖国，在这里过节，但我一点也没有异乡的感觉。我不知道，这是由于本人的母系血统和你们相同，抑或是由于本人多年来在此地所获得的友谊，抑或是由于这两个文字相同、信仰相同、理想相同的国家，在共同奋斗中所产生出来的同志感情，抑或是由于上述三种关系的综合。总之我在美国的政治中心地——华盛顿过节，完全不感到自己是一个异乡之客。我和各位之间，本来就有手足之情，再加上各位欢迎的盛意，我觉得很应该和各位共坐炉边、同享这圣诞之乐。

但今年的圣诞前夕，却是一个奇异的圣诞前夕。因为整个世界都卷入一种生死搏斗之中，使用着科学所能设计的恐怖武器来互相屠杀。假若我们不是深信自己对于别国领土财富没有贪图的恶念、没有攫取物资的野心、没有卑鄙的念头，那么我们今年的圣诞节，一定很难过。

战争的狂潮虽然在各地奔腾，使人们心惊胆跳，但在今天，每一个家庭都在宁静的、肃穆的气氛里过节。今天晚上，我们可以暂时把恐惧和忧虑抛开、忘记，而为那些可爱的孩子们布置一个快乐的晚会。全世界说英语的家庭，今晚都应该变成光明和平的小天地，使孩子们尽量享受这个良宵，使他们因为得到父母的恩物而高兴，同时使我们自己也能享受这种无牵无挂的乐趣。然后我们担起明年艰苦的任务，以各种的代价，使我们孩子所应继承的产业，不致被人剥夺；使他们在文明世界中所应有的自由生活，不致被人破坏。

因此，在上帝庇佑之下，我谨祝各位圣诞快乐。

想一想

这篇祝贺词的特点是什么？

评一评

这是英国首相丘吉尔在作客美国时所做的圣诞祝贺词。祝贺词从共同的血缘，共同的文字、信仰，共同的理想境遇出发，将自己同美国人民的心联结在一起，把自己融化在听众之中。这种精心求同的演讲策略使双方的情感一下子拉近，消融在一起，这是一篇构思充盈智慧的祝贺词。

小任务

××市将于下周三举行元旦晚会，请你以××单位的名义发一份祝贺词，祝晚会取得圆满成功。

祝贺词的结构一般包括标题、称谓、正文和落款四部分构成。

1. 标题

祝贺词的标题在首页第一行正中，应写明祝贺的对象或主旨。如“祝贺词”、“××××年元旦祝贺词”等。

2. 称谓

祝贺词的称谓要视不同对象而定。写给个人的可根据对象的身份而定；写给集体的常用泛称，如“各位来宾、各位朋友”、“女士们、先生们”、“同志们、朋友们”等。在有外国首脑以及外宾参加的集会或宴会上，应先写对外国首脑的称谓，接着写“女士们、先生们”，再写“同志们、朋友们”等。称谓要亲切，要注意先后顺序，用语要恰如其分。

3. 正文

祝贺词的正文内容包括开头、主体和结尾三项。开头简要说明祝贺的原因，一般要表达致辞者的心情。主体应具体陈述祝贺词的内容，要根据不同的对象，或肯定工作中取得的成绩，或赞颂品德、精神，或指出被祝之事的意义、作用等。结尾提出希望或表达祝愿，如“祝大会取得圆满成功”“祝新年快乐”等。

4. 落款

写明致辞者与时间，有的也可以省略。

（三）祝贺词的写作要求

1. 写明预祝的事由

写明祝谁、祝什么事、为什么要祝等，有的还要写明被祝的人和事的意义。

2. 语言简洁精练

内容要详略得当，语言要精练。多用充满热情、鼓励、希望和褒扬之意的词语，力求典雅大方、自然得体，避免浮言巧语。

二、欢迎词

（一）欢迎词的含义

欢迎词是指客人光临时，主人为表示热烈的欢迎，在正式场合发表的热情友好的讲话。

欢迎词和欢送词一样，都是出于礼仪的需要而使用的，它们不光是表示迎送致谢，讲话人还要在其中畅谈友谊、交流思想、联络感情，往往也对国内外大事表明立场和看法，公开发表后能起到宣传、教育和鼓舞的作用。

（二）欢迎词的分类

1. 从表达方式上分

（1）现场讲演欢迎词。一般指由欢迎人在被欢迎人到达时在欢迎现场口头发表的欢迎稿。

（2）报刊发表欢迎词。这是发表在报刊或公开发行刊物之上的欢迎稿，它一般在客人到达前后发表。

2. 从社交的公关性质上分

（1）私人交往欢迎词。私人交往欢迎词一般是在个人举行较大型的宴会、聚会、茶会、舞会、讨论会等非官方的场合下使用的欢迎稿，通常要在正式活动开始前进行。私人交往欢迎词往往具有很大的即时性、现场性。

（2）公事往来欢迎词。这样的欢迎词一般在较庄重的公共事务中使用。要有事先准备好的得体的书面稿，文字措辞上的要求较私人交往欢迎词要正式和严格。

（三）欢迎词的格式与写法

案例点评

在×××驻军文艺演出队慰问演出晚会上的欢迎词

同志们：

×××驻军业余文艺演出队带着驻军首长、机关的亲切关怀和问候，带着精心编排的文艺节目，不辞辛劳来到×××营区，为我们全体官兵做慰问演出。让我们对演出队的到来表示热烈的欢迎和衷心的感谢！

今年，真可谓盛年盛事。历经沧桑的香港顺利回归祖国，党的十五大又奏响了迈向二十一世纪的凯歌。前两天，本世纪末中国最后一次体育盛会——八运会又隆重拉开了帷幕，举国上下喜庆欢腾。作为人民解放军代表的驻港部队官兵，我们同样为祖国的昌盛繁荣和民族的振兴富强而欢欣鼓舞。今晚的演出，就是我们美好心愿和喜庆之情的最好表达。

江泽民同志在党的十五大报告中指出，营造良好的文化环境，是提高社会主义文明程度，推进改革开放和现代化建设的重要条件。军营文化作为军队精神文明建设的重要组成部分，既吸收了我们民族文化的精华，又具有我们军队独特的风格和特色，是社会主义文化中的一束亮丽奇葩，对军队全面贯彻邓小平新时期建军思想起着重要的推动作用。我们香港驻军文艺演出队就是这束奇葩中的典型代表，它不仅对塑造香港驻军威武文明的良好形象起着积极的“窗口”作用，而且在保证我们香港驻军精神文明走在全社会前列，争做十亿人民榜样的事业中，也扮演着重要的角色。今晚，演出队的精彩表演将极大地鼓舞我们全体干部战士更好地履行防务职责，更好地立足本职、开拓进取。我们要以这次慰问演出活动为契机，进一步加强部队文化建设，丰富军营文化生活，从而带动部队各项建设全面发展。

让我们再次以热烈的掌声向演出队的同志们表示最诚挚的谢意！

最后，预祝演出圆满成功！祝大家度过一个开心愉快的夜晚！

×××

××××年××月××日

想一想

这篇讲演词分为几个部分？语言上有何特点？

评一评

这是一篇现场讲演欢迎词。精彩得体的讲话不仅对文艺演出队是极大的鼓舞，同时对出席的宾客来说也是令人振奋的，无疑这篇精彩的欢迎词将会对文艺演出起到烘托气氛的作用。首先，致辞人用愉快、富有激情与真诚的语言介绍参加慰问演出的宾客并致以热烈欢迎与衷心的感谢；其次，就这次慰问演出来表达自己的美好心愿及对祖国繁荣昌盛的喜悦之情，进而又阐述军营文化同演出的密切关系；最后，再次向来宾表示诚挚的谢意及表达自己的美好祝愿。总体而言，这篇欢迎词是非常精彩与成功的，真诚热情地表达出代表者的内心感受，说出了所有与会成员的心声及意愿。

小任务

××博览会开幕式上，负责人要作为代表对来宾发表友好讲话，请你以负责人的名义拟写一份欢迎词。

欢迎词一般由标题、称谓、正文和落款四部分组成。

1. 标题

欢迎词的第一行正中写标题，通常有两种格式：一种是文种式；另一种是由内容和文种构成，如“在×××职业技术学院新生入学教育大会上的欢迎词”。

2. 称谓

标题下另起一行顶格写称谓。称谓要讲究礼仪，使用尊称、全称。可根据主客之间的关系、客人的身份及参加人员的情况确定相应的称谓。一般在姓名前添加表示尊重或者亲切的词语，如“尊敬的”“敬爱的”“亲爱的”等；有时还需加上职务，如委员、市长、教授等，或者先生、女士等称谓。

3. 正文

正文包括开头、主体和结尾三部分。

开头要对宾客表示热烈的欢迎；主体要根据双方的关系，阐述来访的意义，回顾交往的历史，展望美好的未来；结尾可再次对宾客的到来表示欢迎，并预祝来宾做客愉快。

4. 落款

要署上致辞单位名称、致辞者姓名和成文时间。

（四）欢迎词的写作要求

1. 区分场合，注意礼貌

根据场合和宾客的身份来考虑致辞的内容。用语要礼貌得体，多用谦词和敬词，语气要友好、温和、热情。

2. 内容集中，感情真挚

内容要集中，富有概括性。感情要真挚，切忌用套话。

3. 篇幅短小，文字精练

欢迎词要求短小精悍，语言要简洁精练、雅俗共赏。

三、欢送词

（一）欢送词的含义

欢送词是指客人应邀参加了活动，在活动结束时主人为表达对客人的欢送之意和惜别之情所做的讲话。

一般在会议闭幕、客人来访结束、领导离任、人员外出执行重要工作任务等情况下都要表示热烈欢送，以表达依依惜别之情。

（二）欢送词的格式与写法

案例点评

让我们扬眉出剑——在×××解放军学院毕业典礼上的欢送词

同学们：

花开花谢，潮起潮落，大学时光马上就要结束，作为即将要跨出校门的毕业生，我们应该做些什么？应该怎样把我们自己的形象和最后的努力，自己的梦想和民族的希望紧紧连在一起？

“毕业生”这三个沉甸甸的字眼今天终于落在我们头上。但我们蓦然发现，这并不是什么耀眼的光环，反而是一种压力，甚至可以说是一种无奈，一种你非往前走不可的无奈。

这也是一种动力，一种责任。一种催人奋进的动力，一种青年人不可推卸的责任。不久，我们就会握手言别，各奔东西，但无论你是远赴天涯、戍守边疆，还是工作于条件优越的大都市，有一点是相同的，那就是我们真正开始了从军报国的生涯。父辈已经把希望寄托在我们身上，我们靠什么来实现父辈那些为之梦回千转的希望呢？靠的是我们手中的“剑”！

我们手中的剑，不光是指自己的专业知识是否过硬，还有报国思想是否坚定，身体素质是否优秀……所有这些，铸成了我们手中这把来日依其建功立业的长剑！

十年磨一剑！

这把剑我们已经磨了很久，就要派上用场了。再把剑磨利些，再把剑擦亮些。毕业来临时，祖国和人民都会凝视着我们拨出长剑，看我们手中的长剑是否寒光闪闪？看纷繁的日月，许多勇士冲锋陷阵，谱写了一曲又一曲惊天动地、荡气回肠的歌。我们相信，年轻的军人大学生们一定能在军人的历史上谱写出一页又一页的辉煌！

同学们，让我们扬眉出剑吧！

×××

××××年××月××日

评一评

告别同窗师友步入大千世界，每一个毕业生都会伤感，分别之际，我们应该怎样话“离情别意”呢？《让我们扬眉出剑》无疑是为我们注射了一支兴奋剂，鼓舞我们昂首挺胸一直向前走，去迎接新的挑战。离别是一种无奈，一种你非往前走不可的无奈。无奈之中是消沉还是奋进呢？握手言别，今日的分别是为了祖国明天的发展进步、为了建功立业。作为毕业典礼的欢送词，它并没有催人泪下而是把握了言辞的分寸，为“明天”的“辉煌”奠定基础，恰到好处的致辞表达了发言人真挚诚恳的感情与心愿。最后勉励大家“扬眉出剑”去创造“辉煌”“建功立业”，可谓做到“情切意尽”了。

小任务

你的同事因公司业务发展需要即将赴新加坡继续深造一年，请你以公司的名义拟写一份欢送词。

欢送词的结构和欢迎词基本一致，都是由标题、称谓、正文和落款四部分组成。只是正文稍有不同，欢送词的正文一般由开头、主体和结尾三部分构成，这里只介绍正文的写法。

（1）开头。应对客人的离去表示热烈的欢送。

（2）主体。应对客人在这一阶段取得的成绩予以充分的肯定和适当的评价。

（3）结尾。应以生动感人的语言对客人表示勉励和寄予希望。亦可加上一些祝愿的话语，如“祝一切顺利”、“祝一路顺风”等。

四、悼词

（一）悼词的含义

悼词是对死者表示哀悼的话或文章。它有广义与狭义之分。广义的悼词指向死者表示哀悼、缅怀与敬意的一切形式的悼念性文章；狭义的悼念指在追悼大会上对死者表示敬意与哀思的宣读体悼念文章。

悼词可以总结死者的生平业绩，肯定死者的社会价值，寄托人们的哀思。哀悼还可以号召人们化悲痛为力量，勉励生者更加勤奋学习和努力工作。

（二）悼词的分类

1. 按照悼词的用途分

（1）宣读体悼词。这种悼词专用于追悼大会，由有一定身份的人进行宣读。它是对在场参加追悼的同志讲话，而不是对死者讲话。悼词表达对死者的敬意与哀思，同时勉励群众化悲痛为力量。宣读体悼词以记叙或议论死者的生平业绩为主。

（2）艺术散文类悼词。这类悼词大都发表在报纸杂志上，包括所有的向死者表示哀悼、缅怀与敬意的情文并茂的文章。通过对死者生平事迹的追述，展现死者的品质和精神，激励生者继续前行。

2. 按照悼词的表现手法分

（1）记叙类悼词。以记叙死者的生平业绩为主，并适当结合抒情或议论。

（2）议论类悼词。以议论为主，抒情、叙事为辅的悼词，这类悼词重在评价死者对社会的贡献。

（3）抒情类悼词。这类悼词以抒发对死者的悼念之情为主，并适当结合叙事和议论。

（三）悼词的格式与写法

案例点评

在×××同志追悼会上的悼词

今天，我们怀着十分沉痛的心情，悼念我们的好经理×××同志！

×××同志系中国共产党党员，××公司经理，因病治疗无效，于××××年××月××日晚8时50分在县人民医院不幸逝世，终年57岁。

×××同志1951年3月参加革命，1952年6月参加中国共产党，历任百货公司营业员、采购员、会计、财务股副股长、百货公司经理等职。在长期的革命工作中，他大公无私、热爱集体，工作积极、勤勤恳恳、认真负责、任劳任怨，作风平易近人、谦虚谨慎，是党的好干部。他三十多年如一日地忠于党和人民的事业，为党的财贸事业做了大量的工作，贡献突出！

现在，×××同志与世长辞了，我们党失去了一个好党员，我们财贸战线失去了一个好干部，我们感到无限悲痛！

我们沉痛地悼念×××同志，我们要化悲痛为力量，学习×××同志勇往直前的革命精神和大公无私的高贵品质，在党的领导下，为建设我们伟大的祖国，为实现四个现代化而努力奋斗！

×××同志安息吧！

××××年××月××日

评一评

开头以沉痛的心情说明参加此次追悼会的目的是为了悼念×××总经理，然后简述了逝者的职务及去世时间、地点和原因；主体部分先是写了×××同志的生平事迹，又写了该同志对人民和社会做出的贡献；结尾写了对逝者的悼念以及化悲痛为力量的决心。全篇慷慨激昂、铿锵有力，是一篇不错的范文。

小任务

你同学的父亲是一名警察，在一次执行任务时不幸牺牲，请你以警察局的名义拟写一份悼词。

宣传体悼词主要由标题、正文和落款三部分构成。

1. 标题

位于首页第一行正中，主要有两种格式：一种是文种式；另一种由死者姓名和文种共同构成，如“在×××同志追悼会上的悼词”。

2. 正文

悼词的正文通常由开头、主体和结尾三部分构成。

（1）开头。以沉痛的心情说明召开或参加此次追悼会的目的，尽可能全面而准确地说明死者的职务、职称，以示尊崇，要注意这些称呼之间的先后顺序。然后简述逝世的时间、地点、原因及卒年等。

（2）主体。该部分主要由两方面组成：一是介绍死者的生平事迹，即对死者的籍贯、学历以及生平业绩进行集中介绍，应突出死者对人民、对社会的贡献；二是对死者的思想、精神、作风、品质、修养等做出综合的评价，介绍其对他人和社会产生的积极影响。写作上可采用概括介绍与具体叙述相结合的方式。

（3）结尾。主要表示生者对逝世者的悼念及化悲痛为力量的决心。基调要积极向上，语言要铿锵有力。

3. 落款

悼词一般在开头就已介绍了参加追悼会的人员情况，所以悼词的最后落款一般只署上成文日期即可。

五、请柬

（一）请柬的含义

请柬是邀请他人参加某种会议、宴席和聚会活动的书面邀请信。使用请柬，既可以表示对被邀请者的尊重，又可以表示邀请者对此事的郑重态度。所以请柬在款式和装帧设计上应美观、大方、精致，使被邀请者体味到主人的热情与诚意，感到喜悦和亲切。

（二）请柬的分类

（1）会议类请柬。专为庆祝会、纪念会、座谈会等发出。
（2）活动类请柬。专为仪式、宴请等发出。
（3）工作类请柬。专为成果的评审、鉴定，决策的论证等发出。

（三）请柬的格式与写法

案例点评

请　　柬

××电视台：

兹定于5月4日晚8时整，在××大学小礼堂举行“五四”青年诗歌朗诵会，届时恭请贵台派记者光临。

××大学团委
××××年××月××日

评一评

这篇请柬是以团体的名义发出的，所不同的是该文的邀请对象不是要作为客人参加会议或聚会，而是要前往进行采访工作。这份请柬实际还起到了提供某种新闻信息的作用，虽然用语不多，却将所要告知的信息全部说出，简洁明快，不拖泥带水。

小任务

××学院将于下周三下午四点在学院圆形报告厅举行“挑战主持人大赛”，现邀请二级学院辅导员参加，请拟写一份请柬。

请柬一般由标题、称谓、正文、结尾和落款五部分组成。

1. 标题

居中写“请柬”二字，字体略大，要美观大方。

2. 称谓

首行顶格写被邀请单位名称或个人姓名，其后加冒号。个人姓名后要注明职务或职称，如“××先生”“××经理”等。

3. 正文

另起一行空两格，写明邀请的目的、活动内容、时间、地点及其他应知事项等。

4. 结尾

一般以“敬请（恭请）光临”“敬请光临指导”等结尾。

5. 落款

写明邀请单位或个人姓名，下一行注明日期。

（四）请柬的写作要求

（1）请柬不同于一般书信。一般书信都是因为双方不便或不宜直接交谈而采用的交际方式。请柬却不同，即使被邀请人近在咫尺，也要送请柬，这主要是表示对客人的尊敬，也表明邀请者对此事的郑重态度。

（2）语言上除简洁、明确外，还要求措辞文雅、大方热情。

六、聘书

（一）聘书的含义及作用

聘书是聘请书的简称。它是用于聘请某些有专业特长或名望权威的人完成某项任务或担任某种职务时的一种特殊文书。

聘书可以成为双方协作的纽带，加强应聘者的责任感、荣誉感并促进人才交流，更表示了郑重其事、信任和守约。

（二）聘书的结构

案例点评

聘　　书

兹聘请赵××同志为××家电集团维修部总工程师、主任，聘期自××××年××月××日至××××年××月××日，聘任期间享受集团高级工程师全额工资待遇。

××家电集团（章）

××××年××月××日

评一评

这则聘书是由常见的印制好的聘书格式填写中心内容而形成的。正中“聘书”字样为标题，正文是聘书的核心内容，交代受聘者担任的职务；其次写明了聘任期限，如“聘期自××××年××月××日至××××年××月××日”；最后写上聘任待遇，如“聘任期间享受集团高级工程师全额工资待遇”。落款署上发文单位名称及加盖公章，并署上落款日期，至此这张有效聘书便完成了。其短小精悍，语言简洁明了、准确流畅，同时体现出发文者郑重严肃、谦虚诚恳的态度。

小任务

刘××同志是一家建筑设计院的高级工程师，××建筑公司想要聘请他作为本公司的工程顾问，聘期一年，聘任期间享受全额工资待遇，请根据上述内容拟写一份聘书。

完整的聘书格式一般由标题、称谓、正文、结尾和落款五部分组成。

1. 标题

在正中写上“聘书”或“聘请书”字样。已印制好的聘书标题常用烫金或大写的“聘书”或“聘请书”字样。

2. 称谓

聘请书上被聘者的姓名称呼可以在开头顶格写，然后再加冒号；也可以在正文中写明受聘人的姓名称呼。常见的印制好的聘书则大都在第一行空两格写“兹聘请××……”。

3. 正文

正文一般包括以下内容。

首先，交代聘请的原因和所做的工作，或所要担任的职务。

其次，写明聘任期限，如“聘期两年”、“聘期自××××年××月××日至××××年××月××日”等。

再次，聘任待遇。聘任待遇可直接写在聘书之上，也可另附详尽的聘约或公函写明具体的待遇，这要视情况而定。

最后，正文还要写上对被聘者的希望。这一点一般可以写在聘书上，但也可以不写，而是通过其他的途径使受聘人切实明白自己的职责。

4. 结尾

聘书的结尾一般写上表示敬意和祝颂的结束用语，如“此致敬礼”“此聘”等。

5. 落款

要署上发文单位名称或单位领导的姓名、职务，并署上发文日期，同时要加盖公章。

（三）聘书的写作要求

（1）聘书要郑重严肃，对有关聘任的内容要交代清楚。

（2）书写要整洁、大方、美观。

（3）篇幅一般要短小精悍，语言要简洁明了、准确流畅，态度要谦虚诚恳。

（4）聘书是以单位名义发出的，所以一定得加盖公章，方视为有效。

任务小结

经济礼仪文书在经济迅速发展的今天，正在发挥着越来越重要的作用。围绕概念、分类、格式与写法等方面介绍经济礼仪文书几种常见的文体，通过实例和评析，给读者一个更直接和深刻的印象。通过学习，大家应该掌握一些平时比较常用的文体写作格式，如庆贺信、慰问信、感谢信、邀请信、求职信、祝贺词、欢迎词、欢送词、悼词、请柬、聘书等，以满足工作和生活的需要。

同步训练

名词解释

感谢信　祝贺词　欢迎词　悼词　聘书

复习思考

1. 庆贺信的种类和特点是什么？

2. 感谢信由几部分组成？

3. ××职业技术学院为了迎接2016级新同学，院长要在入学教育大会上发表讲话。请根据以上内容拟写一篇欢迎词。

4. 新郎李××和新娘刘××将于××××年××月××日 11 时 58 分在建国君豪酒店举行婚宴，现邀请××职业技术学院财政学院全体教师光临，请根据上述内容拟写一份请柬。

案例分析

文中有哪些不当之处？请指出并加以改正。

求　职　信

公司领导：

本人是某高等职业学院会计班毕业生，主修会计专业，掌握各种专业技术，成绩中上；在校表现良好，思想正派，有爱国精神，没有犯过任何违法事，曾受到表扬。本人还很乐意助人，有敢于与坏人坏事做斗争的思想，从小就立志报效祖国，将来一定会为社会做出重大贡献。本人身体健康，喜欢体育运动和文艺活动。

以上是本人的一些情况。如蒙贵单位接纳，请与本人联系。

此致敬礼！

××谨上

××××年××月××日

实训设计

1. 实训目的

通过实践写作，让学生熟悉感谢信的写作格式和写作要求，尽快掌握感谢信的写法。

2. 实训项目

××大学文学院的学生王蒙因患尿毒症必须住院治疗，但治疗所需的手术费用极高。王蒙家庭贫困，还有一个妹妹在读高中，××大学发动全校师生为王蒙同学捐款，在全校师生的爱心帮助下，王蒙的手术费用筹集齐备。他的手术很成功，身体恢复很好，王蒙的父母为了表示对学校的感谢，特意写了一封感谢信。

请根据提供的材料，替王蒙父母给××大学写一封感谢信，要求：格式规范，用语恰当，有真情实感。

3. 实训做法

让学生先在草稿纸上写出一封感谢信，再用电脑打印出来。

学习情境九　商务函电文书

学习要求

1. 了解并把握商务函电的含义、写作方法及格式，掌握必备的写作理论知识。
2. 学会区别写作情境，使用不同种类的商务函电。
3. 通过学习与训练，较为熟练地掌握运用正确的格式书写商务函电。

情景任务设计

小张从学院毕业后，进了一家外贸公司做业务员。最近他负责了一项与新加坡客户的业务，虽然相隔千里，但是在与新加坡客户建立业务、发盘、还价及回复的磋商过程中，小张都是使用电子信函文书与对方磋商，双方合作非常愉快。如果你是该公司的业务员负责该业务，你会通过哪些形式与客户建立愉快的业务联系？

分析

20 世纪后期，以互联网和手机为代表的新媒体出现在人们生活中，改变了人们的思维模式、生活习惯及工作方式，同时也改变了人们的写作方式，宣告了“新媒体写作时代”的到来。从上述情境看出，小张之所以与新加坡客户建立了愉快的合作关系，是因为小张与客户进行贸易活动中主要使用了电子书面交易磋商。交易磋商是买卖双方为达成进出口交易合同就买卖商品的条件进行的磋商，运用新媒体形式，在这项经济活动中要准备哪些在企业之间洽谈生意、联系业务、沟通情况及磋商问题的相关应用文并能正确地拟写呢？

知识导读　商务函电概述

一、商务函电的含义

商务函电是指主要通过新媒体递送的有关经济事务的信件和文书。这里有两个内容：一是应用新媒体形式，如网络媒体、手机媒体等；二是应用信函形式。

商务函电的作用，一是索取信息或传递信息，二是处理经济交流中有关事宜，三是联络与沟通感情。商务函电的影响力是深远的，它传递的信息可以让大家听、看、及时交流，还可以复印或再传递。

二、7C 原则

函电的写作应掌握“7C”原则，即：完整（Complete）、正确（Correctness）、清楚（Clearness）、简洁（Concreteness）、具体（Concreteness）、礼貌（Courtesy）和体谅（Consideration）。

（一）完整

函电应完整表达所要表达的内容和意思，何人、何时、何地、何事、何种原因、何种方式等都不可遗漏。同时要实事求是，清楚发文的事由、要求和期望的结果，也明白自己要做什么。

（二）正确

（1）内容正确。涉及权力、义务、利害关系等，必须正确贯彻上司的意图，尤其是涉及产品价格、名称、规格、编号、数量等。

（2）观点要正确、有道理。

（3）文字表达要正确。选择恰当的表达方法和词语，专业术语要符合国际规范，标点符号要准确无误。

（三）清楚

（1）思路及行文层次要清楚，明确发文的目的。例如，是询问对方的报价，还是催促对方的还款。

（2）表达要清楚，让人一目了然，避免双重意义的表述或模棱两可、似是而非的含义。例如某文中“虽然我们公司的政策同意收回完好的退货，但是我们无法同意收回再也卖不出去的退货”，不如“我们公司只接受可以再度销售的退货”清楚。

（四）简洁

文字简练，力戒修饰语堆积，避免函件冗长、拖沓，使人阅后抓不住要领的问题。例如“关于贵方要求延期支付 5 月 7 日到期的货款一事，现在很高兴地通知您，在对这件事情经过慎重考虑后，我公司同意多给贵方 30 天的宽限期来支付款额”，语句过于冗长，可改成“我公司已同意多给贵方 30 天的时间来支付 5 月 7 日到期的货款”。

（五）具体

忌一般化、抽象化、含糊其辞。表达清楚“做什么？要求什么？”，如“按照你们要求，我们已将样品寄出”，不如写成“遵照贵方 8 月 17 日 FW-48 号文的要求，我方销售部已于 8 月 21 日通过 EMS 将 5 号与 7 号样品寄至贵方”，这样更具体，也更严谨、诚信。

（六）礼貌

“见信如面”，礼貌是基本要求。态度诚恳、亲切，措辞妥帖得体、谦恭有礼，语调平和客气。文字表达的语气上表现企业形象和个人修养，最好能在信头给出亲切的称谓，如“我特地写给你”。最重要的礼貌是及时回复对方，最感人的礼貌是从不怀疑甚至计较对方的坦诚。

（七）体谅

为对方着想，这也是拟定商务函电时一直强调的原则：站在对方立场。在起草经济函电时，始终应该以对方的观点来看问题，根据对方的思维方式来表达自己的意思，只有这样，与对方的沟通才会有成效。

三、商务函电的基本结构

商务函电也是一种具有习惯格式的书信文体，其格式包括信头、标题、称谓、正文、信尾、附件标注、附言等。除正文因函电种类不同而有所区别，其他部分格式大体一致，在此一并概述；后文中“商务信函”这一任务只介绍各类函电正文的写法。

（1）信头。由发函方的名称、地址、电话、传真、电子邮件地址、邮政编码、发函日期等组成。

（2）标题。直接写明函的文种，如“询价函”等。

（3）称谓。称谓即发函对象，应加尊称，如“××公司××经理”“××科长”等，在标题左下方顶格书写。

与港澳台地区的商务往来时，在函的称谓后加“台鉴”“台览”“惠览”“ 雅鉴”等词语，以示对对方的尊重，如“××台鉴”。

（4）正文。根据不同函件，内容有所不同，具体后文详述。

（5）信尾。信尾包括落款、日期及印章。

（6）附件标注。附件是指附在商函之后的有关材料，如报价单、产品介绍或说明书、订购合同等，作为商业业务往来的确认手续。附件标注的位置一般在落款左侧靠下方，写“附件”或“附:”字样，后面注明附件的名称和件数。

（7）附言。附言指补充说明的话，在商函末页左下方用“又及”、“又启:”等字样引出。附言仅在正文主体部分内容有遗漏需补叙时才用，大多数商函没有附言。

任务一　经济信函

一、推销函

（一）推销函的含义

推销函是为向对方推销产品而使用的一种业务信函。

（二）推销函的格式与写法

案例点评

推销工艺品的函

××公司：

从我国驻意大利使馆商务处来信中获悉，贵公司希望与我国经营工艺品的外贸出口公司建立业务联系。我们高兴地通知贵公司，我们愿意在开展这类商品的贸易方面与贵公司合作。

我公司经营的工艺品有绣品、草竹编、灯具、涤纶花、珠宝首饰以及仿古器物和书画等。这些品种均制作精美、质量上乘，特别是涤纶花，式样新颖、色泽鲜艳、形态逼真、可与鲜花媲美，目前在欧美、亚洲等许多国家极为畅销，深受消费者的喜爱。现寄上涤纶花样照一套，供参考，欢迎来信联系。

××进出口公司
××××年××月××日

想一想

函的格式是怎样的？推销函应该如何来写？

评一评

这份推销函格式规范，内容具体、语言简洁。

小任务

经济信函与普通书信的区别是怎样的？

推销函的结构由标题、正文和落款三部分组成。

1. 标题

可以写“推销函”三字，也可以写明“推销××的函”。

2. 正文

正文部分包括以下几方面内容：

（1）开端语。主要说明写信的目的，要求简明扼要并有独创性。

（2）产品介绍。这方面内容写作时文字力求生动活泼，重点突出产品的特色。

（3）提供证据。使用具体详尽的语言继续介绍产品的突出特色。

（4）提出保质期和免费使用期。

（5）价格。产品的价格要在概括产品的优点时提出，报价是要用小单位。

（6）结尾语。结尾要有充满信心的呼吁，激发消费者的购买欲望。

3. 落款

写明发函公司和具体日期。

二、询价函、报价函、还价函

（一）含义

询价函是买方向卖方询问某项商品交易条件所写的信函。

报价函是卖方向买方提供某项商品的有关交易条件所写的信函。

还价函是本方认为报价方的报价中有些条款不能接受，向报价方提出修改意见而写的信函。

（二）函件的结构与写法

案例点评

询　价　函

×××先生：

我公司对贵厂生产的绿茶感兴趣，需订购君山毛尖茶。品质：一级；规格：每包 100 克。望贵厂能就下列条件报价：

1. 单价。
2. 交货日期。
3. 结算方式。

如果贵方报价合理，且能给予最惠折扣，我公司将考虑大批量订货。

希速见复。

××副食品公司

××××年××月××日

报　价　函

×××超级商场：

贵方××月××日询价函收悉，谢谢。兹就贵方要求，报价详述如下：

商品：君山毛尖茶

规格：一级

容量：每包 100 克

单价：每包××元（含包装费）

包装：标准纸箱，每箱 100 包

结算方式：商业汇票

交货方式：自提

交货日期：收到订单 10 日内发货

我方所报价格极具竞争力，如果贵方订货量在 1 000 包以上，我方可按 95% 的折扣收款。

如贵方认为我们的报价符合贵公司的要求，请早日定购。

恭候佳音。

××茶叶厂

××××年××月××日

想一想

报价函的正文包含哪些内容？

评一评

这份报价函格式完整，内容具体，行文简洁，措辞平实。

卖方降低原报价函

×××先生：

贵方××月××日还价函获悉。贵方不能接受我方的报价，非常遗憾。

我厂加工的一级君山毛尖茶品质优良，且价格也合理，因此，贵方的还价我方实难接受，我方最多只能将原报价降低 5%。

盼复。

××茶叶厂

××××年××月××日

想一想

这三种函件在写法上有何相同之处？又有何区别？

评一评

这三种函件都行文规范、表述简洁具体、措辞平实，主要区别在于种类不同，正文内容写作也不同。

小任务

经济信函的语体风格是怎样的？

三种函件的结构一致，由标题、称谓、正文和落款四部分组成。主要区别在正文内容上。

（1）询价函。应写明向卖主索要主要商品目录本、价格单、商品样品、样本等，也可以用询价单或发订单的方式询问某项商品的具体情况。

（2）报价函。首先，说明询价函已收到；其次介绍产品概况，包括产品的价格、结算方式、发货期、产品规格、可供数量、产品包装、运输方式等内容；最后以敬语，诸如“恭候佳音”等收束全文。

（3）还价函。写明产品的价格、结算方式、交货日期、运输方式等内容。

三、预订函与接受函

（一）含义

预订函是买卖双方经过反复磋商并接受了交易条件后，买方按双方谈妥的条件向卖方订购货物时所写的信函。

接受函是指买方或卖方接受对方提出的交易条件时所发出的信函、传真、电传或电报等。

（二）预订函及接受函的结构与写法

案例点评

预　订　函

×××先生：

贵厂××月××日的报价单获悉，谢谢。贵方报价较合理，特订购下列货物：

EPSON LQ-100 打印机 10 台，单价 1 500 元，总计 15 000 元；

STAR AR-2463 打印机 10 台，单价 900 元，总计 9 000 元；

CICIAEN CKP-5240 打印机 10 台，单价 1 500 元，总计 15 000 元。

交货日期：××××年××月底之前

交货地点：××市××仓储部

结算方式：转账支票

烦请准时运达货物，以利我地市场需要。

我方接贵方装运函，将立即开具转账支票。

请即予办理为荷。

××公司

××××年××月××日

接受报价函

×××先生：

贵厂××月××日的报价函收悉，谢谢。我方接受贵方的报价，并乐意按贵厂提出的条件订货：

商品：五粮液

规格：特曲

容量：每瓶500克

单价：每瓶200元（含包装费）

数量：100瓶

包装：标准纸箱，每箱10瓶

结算方式：转账支票

交货日期：××××年××月××日

交货地点：×市火车站

请速予办理为荷。

××公司

××××年××月××日

想一想

从上文可以看出预订函和接受报价函在正文写作上包含哪些内容？

评一评

这两则函件是商务函电中常见的来往信函，主体重点突出，事项具体明确。

小任务

你们公司将组织春游两天，经理将预订酒店的事项交给你，请你写一份预订函。

预订与接受函的结构都由标题、称谓、正文和落款四部分组成。正文部分包括：

（1）预定函目的是预先订货，应写明预订商品名称、牌号、规格、数量、价格、结算方式、包装、交货日期、交货地点、运输方式、运输保险等内容。

（2）接受函是确认接受对方的订货，但要以回函确认。因此必须写明接受对方的具体报价条件，包括商品名称、规格、单价，以及结算方式、交货日期、地点等内容。

四、索赔函及理赔函

（一）含义

索赔函是指合同争议或纠纷发生后，受损一方向违约一方提出赔偿要求的信函。

理赔函，是指合同争议或纠纷发生后，违约一方受理受损一方赔偿要求的信函。

（二）索赔函、理赔函的结构与写法

案例点评

逾期交货索赔函

〔2015〕×函×号

××公司：

××××年××月向贵公司定购的×牌春装1 000套，按规定应于4月5日前送至我方仓库。将要到期时，我方曾先后两次发函催促发货，未见办理。考虑到贵方工作中的困难，而且一向履约情况较好，我方才同意推迟交货，但不能超过10天。我方函中还一再提请注意，春装的销售是受季节影响的，推迟太长时间对贵方不利，但贵方至今仍置之不理，既不发货也未见来函协商，已给我公司带来很大损失，我方对此深感遗憾。为此，我方不得不撤销合同，并按有关法规规定和合同约定要求贵方双倍返还定金××万港元，直接损失赔偿金××万港元，共计×××万港元。

特此函达，希予办理。

××鞋帽公司
××××年××月××日

质量不符理赔函

〔2015〕×函×号

××贸易公司：

××月××日来函收悉。贵公司提出的关于××合同下大豆色拉油生产日期不符一事，我公司十分重视，立即组织销售和质检部门进行了认真检查核实。经查，此事确系我公司工作人员失误所致，对贵方提出的退货要求我方表示理解并真诚地表示歉意。但我方认为退货不一定是最好的办法，提出两点意见供参考：

一、我公司产品在贵地销售情况一向较好，此批色拉油生产日期虽与合同规定不符，但仍在保质期内，相信对其销售不会产生太大影响。我公司愿降价8%，其中5%用于降价促销，3%返还给贵公司，请贵方协助销售。

二、尽管食用油价格已经上扬，我方愿按原价向贵方提供××型优质大豆色拉油××吨，并保证按要求交货，请贵方考虑。

我们双方业务关系一直良好，希望今后有更多的业务往来。

特此函达，候复。

××公司
××××年××月××日

想一想

以上两篇函件，在写法上有什么特点？

评一评

这两则函电文字表述简洁，陈述理由具体明确，实事求是；注意分清是非，明确责任，找寻解决问题的方法。

小任务

写作时候应该注意什么？

索赔、理赔函一般包括信头、正文和结尾三个部分。

1. 信头

信头包括标题、编号和收文单位三个要素。

（1）标题由磋商事由加文种构成，如“质量不符索赔书”、“过期提货理赔函”等；

（2）编号的目的是方便查找，提高办事效率，可根据公司惯例置于标题左上方或右上方，也有的置于标题右下方；

（3）收文单位名称要写全，不可随意用简称。

2. 称谓

顶格写上受函人（公司）名称。

3. 正文

索赔函一般包括：

（1）索赔事由。这部分要简述合同履行情况，引出索赔事由；

（2）索赔依据。提出对方违约事实，要注意引用合同有关条款和相关证明材料，叙述该项交易中的交往过程，申述对方给自己带来的损失，说明索赔理由，为提出索赔要求做准备；

（3）索赔要求。在申述己方意见之后，可向对方表明具体办理要求和赔偿目标。

理赔函则一般引述来函要点，然后表明己方态度，最后提出处理意见。

五、催款函

（一）催款函的含义

催款函是指卖方在买方收到货物后逾期未及时付款结算情况下所用的提醒买方及时付款结账所用的信函。

（二）催款函的结构与写法

案例点评

催　款　函

××百货商场：

贵方于××××年××月××日向我厂订购真丝衬衫×××件，货款金额计××万元，发票编号为××××。可能由于贵方业务过于繁忙，以致忽略承付，故特致函提醒，请即解行结算，我厂银行账号××××。逾期按银行规定，加收千分之二的罚金。如有特殊情况，请即与我厂财务科魏××联系，电话×××××××，邮编××××××，地址为×××市××路×号。

特此函达。

××制衣厂

××××年××月××日

想一想

催款函在行文的时候应注意什么？

评一评

此函结构完整，态度明朗，行文简洁，措辞适当。

小任务

明确催款函的正文内容。

催款函的结构由标题、称谓、正文和落款四部分组成。

1. 标题

标题写明“催款函”即可。

2. 称谓

顶格写上受函人（公司）名称。

3. 正文

催款函的正文内容包括：

（1）催款单位和欠款单位的全称和账号，必要时写上催款单位的地址和电话以及经办人的姓名等。

（2）双方交易往来的原因、日期、发票号码、欠款金额、拖欠货款情况等。

（3）处理意见，比如，再确定一个付款期限。

催款函力求简洁，表达清楚催款的主题即可，不必虚礼客套，但注意用词要把握好分寸。

4. 落款

写明发函公司和具体日期。

六、传真

（一）传真的含义

传真，英文称作“fax”，就是利用光电效应，将文字、图表、相片等记录在纸面上的静止图像，通过扫描和光电变换，变成电信号，经各类信道传送到目的地，在接收端通过一系列逆变换过程，获得与发送原稿相似记录副本的通信方式。

（二）商务传真的格式

案例点评

新华科技有限公司秘书苗宏给国际饭店市场部的刘利先生传真了5页有关在国际饭店举行的大型技术研讨会所需各类音像辅助设备的具体要求，填写了新华科技有限公司的传真首页信息，并写了一封短信。

新华科技有限公司传真

收件人：刘利		传真号：98761234		收件人单位：国际饭店市场部
发件人：苗宏		传真号：12344567		电话：87655678
主题：会议所需设备			页数：5	
抄送：			日期：2002年12月5日	
□ 紧急	□ 请审阅	□ 请批注	□ 请答复	请传阅

尊敬的刘先生：

您好！

遵照贵方要求，现将我公司下周末在贵饭店举行的大型技术研讨会所需各类音像辅助设备等的具体要求传递给您。我们是分别按照各分会场的需求提出的，请贵方收到该件后做好会议准备工作。如有问题，请速与我方联系。

顺颂

商祺！

苗宏敬上

附件：设备要求。

想一想

该传真的基本格式包含哪几部分？

评一评

传真与信函的格式大致相同，由传真头、标题、称谓、正文、祝颂语和落款组成。

小任务

你是新成立的紫辉电脑科技有限公司综合事务部的员工，综合事务部经理张熔欣让你设计一张公司对外传真的首页（公司目前还没有统一的标识），并写一份对外传真作为样例，让公司员工发传真时参照。

传真的内容是：因张熔欣经理今天刚接到区工商局的通知，明天要外出开会，原预约明天下午两点在公司与海胜公司业务部王昆山经理商谈销售大厅装修一事另定时间。

1. 传真头

传真头有名称、接受传真方的有关条目、发出传真方的有关条目等内容。具体包括：接受传真方的单位名称，如××公司等；接受传真方的有关条目，接受人姓名、单位名称、地址、传真号等；发出传真方的有关条目，单位名称、所在部门、姓名、电话号码等以及日期（即发传真的日期）。如：

（企业名称、相关信息和标识）

收件人 To ____________	发件人 From ____________
传真号 fax ____________	日期 Date ____________
电话 Phone ____________	页数 Pages ____________
主题 Re ____________	抄送 Cc ____________

紧急	审阅	批注	答复	传阅
Urgent	For Review	Comment	Reply	Recycle

2. 标题

标题无固定要求。需要时可在文头下撰写标题，意在引起收件人的注意或重视。

3. 称谓

置于正文开头左上方。如何称谓，要视对方的身份、性别而定。

4. 正文

传真的主体部分，内容及写法与经济信函基本相同。

5. 祝颂语

祝颂语与经济信函基本相同。

6. 落款

任务二　新媒体文书

一、新媒体文书的含义、特点及写作要求

（一）新媒体文书的含义

所谓新媒体，就是随着卫星通信、数字化、多媒体计算机网络等技术发展而出现的新型传播媒介。当下，我国现有传媒形态多种多样，按照媒介不同可分为：

（1）网络媒体（网站、电子邮件报刊、电子公告板等）。

（2）手机媒体（手机短信、手机彩信、手机彩铃、手机游戏、手机电视、手机电台、手机报纸等）。

（3）视频媒体［数字电视、直播卫星电视、Lptv、网络电视（Web Tv）、楼宇视频、户外大屏幕等］。

（4）网络社交媒体（网上即时通讯、虚拟社区、博客、微博、播客、威客、搜索引擎、简易聚合等）。

新媒体文书即是借助新媒体进行写作、传播信息的文书。

（二）新媒体文书的写作特点

1. 技术性

写作与新媒体结合，首先是技术性结合。其技术性要求包括两大方面：一是网页设计与编辑功能借助于工具，要展现个人风格，吸引受众注意；二是数字化文本制作多形态，如文字、图片、音乐、动画交错等。

2. 交互性

新媒体文书写作是开放性写作。新媒体传播方式为传播者和受众提供了双向交流平台。传播者和受众、受众者之间可以无障碍交流，并能影响传播者写作。

3. 即时性

基于数字化的新媒体打破时空阻隔，使新媒体写作具有“第一时间、第一现场”的优先权，即时互动性强。

4. 超文本

运用超链接的方法，将各种不同空间的文字信息组装成网状文本，从而使原先单一的文本变成无限延伸扩展的超级文本。超文本普遍以电子文档方式存在，其中文字包含有可以链接到其他位置或者文档的链接。

5. 多形态

将文本、图片、动画、音频、视频各种信息形态结合起来，给人传达多种感官的信息内容。

（三）新媒体文书的写作要求

（1）创新。摒弃陈词滥调，大胆创新写作既是新媒体写作的时代特征，也是新媒体写作的内在要求。体现在三个方面：一是新兴的数字技术创新；二是新的内容；三是新的文字表达。

（2）快速。新媒体文书是新媒体时代的产物，新媒体是一个快速滚动的信息平台，要求新媒体文书写作迅速及时，更新频率快。

（3）简洁。新媒体阅读是快速阅读，越简洁、越突出要点的文字越能够给人留下深刻印象。因此新媒体文书写作要求语言明白晓畅、开门见山、直截了当、抓住要点，不拖泥带水，不铺垫渲染。

二、电子邮件

（一）电子邮件的含义

电子邮件（Electronic Mail，简称 E-mail）又称电子信箱、电子邮政，指各种社会组织和个人在沟通信息、联系业务、商洽事项等活动中，用电子手段传送信件、单据、资料等信息的通信方法。

通过网络的电子邮件系统，用户可以用非常低廉的价格（不管发送到哪里，都只需负担电话费和网费即可），以非常快速的方式（几秒钟之内可以发送到世界上任何你指定的目的地），与世界上任何一个角落的网络用户联系，这些电子邮件可以是文字、图像、声音等各种方式。同时，用户可以得到大量免费的新闻、专题邮件，并实现轻松的信息搜索，这是任何传统的方式也无法相比的。正是由于电子邮件的使用简易、投递迅速、收费低廉、易于保存、全球畅通无阻的特点，使得电子邮件被广泛地应用。

（二）电子邮件的类型

1. 按内容划分

可分为商务电子邮件、公务电子邮件和私人电子邮件。商务和公务用语与格式比较严格，私人则比较简单、随意、灵活。

2. 按形式划分

可分为普通文本邮件、电子贺卡、电子明信片、音频和视频邮件等。

（三）电子邮件格式与写法

案例点评

省企业人力资源研究中心向某公司黄先生发出电子邮件，是一封会议邀请信：

发件人：shalad@ sohu. com
收件人：huangbe@ sina. com
主题：会议邀请函
内容：
黄先生：

您好！

我省每年一届的企业人力资源交流会议定于4月8日（星期六）早上9:00在某饭店举行，会期一天。您作为贵公司多年的人力资源总监，是从事企业人力资源研究的专家，我们将真诚地邀请您在会议上做60分钟的发言，建议内容围绕员工的绩效考核工作。晚上19:00—21:00会议将安排餐会，便于各位专家交流。

我们衷心希望您能接受这项邀请，如需进一步向您提供有关细节，请尽快给我们回音。

会议联系人：刘×　　　　　　　电话：

盼望您的光临。

恭祝近祺！

省企业人力资源研究中心主任　×××

想一想

这封电子邮件包括了哪些内容？

评一评

这是一封工作电子邮件。题目简洁明确，内容清晰、条理性强，语言礼貌得体，符合职场规范。

小任务

请以电子邮件形式向老师发送一份应用写作作业。

电子邮件主要包括信头、邮件正文和附注三个部分。

1. 信头

电子邮件的信头包括发件人、收件人、抄送和主题四个部分。

（1）发件人。发件人就是自己的电子邮箱名字，一般由电子信箱自动生成。为了便于对方明确发件人的身份，最好在邮箱里统一把自己的姓名设置为发件人。

（2）收件人。收件人是对方的电子邮箱地址，就是“用户名+连接符号@ +域名”。例如：djfl 26 @ 163. com，这个电子邮件中：djfl 26是用户名，@符号是连接符，163. com是提供邮件服务的主机域名。

应当准确填写对方的电子邮箱地址，以免电子邮件误发。

（3）抄送。抄送是指电子邮件的发送范围，一般分为抄送、密送和分别发送三种形式。抄送指一封邮件同时发给多人，并且让彼此知道发给了谁。

（4）主题。主题是用于揭示邮件内容的关键词。一封信尽可能只设一个主题，邮件主题一般用陈述性的标题，如“某某学院期末工作安排”；但不能太过简单，比如用“通知、工作安排、邀请函”等来指代；不宜用可能会被电子邮件系统当做垃圾邮件过滤掉的主题，如“相关信息、免费礼物、谢谢你”等。

2. 邮件正文

一般分为称谓、开头、主体、结尾、署名和日期五个部分，与其他商务信函内容类似、格式相同，表达明确简洁。

3. 附件

附件是电子邮件的必备结构，如果邮件带有内容篇幅较长的文档或其他材料，可以用“附件”发出。附件一般是对邮件正文内容的补充说明，或者是独立完整的公文或资料信息。在电子邮件编辑页面点击“添加附件”按钮，即可在电脑上按照路径上传附件。必须注意的是，首先邮件附件名称要简明扼要、直截了当，避免收件引起误会；其次，添加附件要对附件进行检查，保证文件传送，防止收件人打不开信件。

4. 邮件发送

为了使所发送的电子邮件文面更美观，根据需要可以选择适宜的信纸背景。方法是在“新邮件”的下拉菜单中挑选，用鼠标左键单击选中的背景，即可在显示出的信纸上输入内容。

邮件内容输入完成后，即可点击“发送”按钮邮出。

（四）电子邮件的写作要求

（1）表达清晰准确。为方便阅读，邮件内容要尽量简短，一般以不超过一屏为宜；需收件人注意的内容，可采用“☆”号、大写字母、斜体字或粗体字等形式强调。

（2）注意电子邮件礼仪。要仔细检查邮件文本是否有错漏，避免不得体语气或不恰当网络俚语，要有署名。

（3）回复邮件的技巧。设定自动回复功能，根据回复内容需要更改主题，回复邮件要完整。

（4）确保邮件信息安全。邮箱使用公私分明；发送前要仔细核对相关内容，避免误投；谨慎使用“转发”、“抄送”及“群发”功能；对于机密邮件，可以采用邮件加密功能。

三、博客

（一）博客的含义

“博客”一词来自英文 Blog，是 1999 年彼得・莫霍尔茨创造的。博客是指网络上的流水记录形式，也译为网络日志、部落格或部落阁等。通常由个人管理、不定期张贴新文章，这些文章按照年份和日期，以倒序方式由新到旧排列。

博客最初是网民们记录和存放自己在畅游网络时的一些下载资料、个人体会及感想看法的地方，后来逐渐发展成为网民们展示个性、发表个人言论的场所，成为“网络日记”。博客是社会媒体网络的一部分。一个典型的博客结合了文字、图像、其他博客或网站的链接及其他与主题相关的媒体，从自我表达到与大众沟通交流几乎同步完成。

（二）博客分类

1. 按功能分

（1）基本博客。Blog 中最简单的形式是单个的作者对于特定的话题提供相关的资源，发表简短的评论。这些话题几乎可以涉及人类的所有领域。

（2）微型博客。即“微博”，目前是全球最受欢迎的博客形式，博客作者不需要撰写很复杂的文章，而只需要抒写140字内的心情文字即可（这是大部分微博的字数限制）。比较有代表性的有 Twitter、新浪微博、随心微博、Follow5、网易微博、搜狐微博、腾讯微博等。

2. 按用户分

（1）个人博客。这是最常见的博客形式，由个人创建，抒发个人观点和言论。

（2）企业博客。企业为宣传企业形象或商品服务而创建的博客，是典型的博客营销。它以企业官方博客、企业高管个人博客等形式出现。

3. 按写作内容分

可分为时政新闻类、时尚生活类、公关与营销类、学术与科技类、文学创作类、综合类等。

（三）博客的写法

案例点评

韩寒博客

2010 年 01 月 05 日 00:22:50

标签：杂谈

今天去看阿凡达，在没有主创和演员登台的情况下，这是我生平在电影院看电影第一次听见出字幕的时候有掌声响起。有一些中国的影评人认为，电影虽然不错，但是有些情节还是落入了俗套。我完全不这么认为，因为野蛮强拆对于其他国家的观众来说，的确是一件超乎他们想象力的事情，也就是外星球和中国才可能发生，这是一部伟大的电影，对于这样一部电影，在 3D 和 IMAX 的情况下，我给出满分 10 分。

（资料来源：新浪网，http：//blog. sina. com/twocold ）

想一想

从该博客可以看出博客的特点是什么？

评一评

韩寒写出这篇博客之后 10 天，点击率已经达到 70 多万人次，很多人甚至以此文作为决定观看电影《阿凡达》的依据。一方面，可以看出名人博客对大众的影响力；另一方面，这篇博文也反映出了韩寒博客的特点：关注热点，简洁犀利，一语中的。

1. 博客写作特征

（1）注重原创。博客作为个人化的写作，要吸引读者注意，原创作品才能够引起更广泛的关注，因为读者更关心博客作者的喜好兴趣、情感生活等细节。

（2）实时更新。新的信息是博客吸引人阅读的动力之一，实时更新博客才是具有活力的“活博客”，才会有稳定的读者群。

（3）突出个性。博客数量众多，只有彰显个性，才能成为有吸引力的博客。这不单是从模板、页面设计及颜色上去取悦读者，更要从内容上迥异于他人。

（4）凝练主题。博客因媒介等因素而不宜篇幅过长，因此要用最准确的字词来表达最精确的内容。博客写作需要通过充分的梳理、对比、分析、定位等一系列的整理活动，提炼出一个鲜明的主题，再围绕主题对素材进行取舍、优化，然后谋篇布局，进行写作。

（5）交流共享。网络时代平等、共享、交流是核心，博客写作是基于开放平台写作，因此要用平等友善的心态抒写，才能有更多的“志同道合者”。

2. 博客的写作技巧

（1）标题拟定。博客标题是吸引读者眼球的首要法宝，简洁、明了、生动、新颖是一个好标题的重要标志。一般而言，标题应巧妙概括内容，巧用定语和形容词，可使用引导式问句。

（2）锤炼语言。在字词运用上，尽量使用常见的、通俗易懂的、不含歧义的字词，避免使用艰深难懂的专业术语；多用主动语态，少用被动语态；多用短句，少用长句；尽量用具有表现力和生命力的语体。

（3）段落的安排。多分段，不宜长，每个段落行数在 3~5 行间，可以形成轻松愉悦的阅读节奏，符合网络阅读心理。

（4）文章的剪裁。一个电脑荧屏大约能容纳 500 个汉字，就篇幅而言，博客文章在 600 字到 1 500 字之间比较适合阅读。对于篇幅较长的文章，可以进行拆分或者系列化写作。

（5）排版的要求。博客是网络阅读，没有好的排版，就会降低阅读兴趣。因此排版应该富于条理性、表现力和个人风格。

3. 营销博客的写作

电子商务时代，营销博客是应用写作中的重要一种。其目的是利用博客进行营销推广，宣传企业品牌和产品，促进销售业绩的有效提升；其是企业与公众之间的沟通磋商的桥梁。

写好营销博客：

首先，要具有良好的说服力。一是形象意识。即有对在公众中树立企业良好形象，提高企业知名度、美誉度的追求和愿望。二是传播意识，乐于让企业向公众全方位开放，让企业的信息借助营销博客公开地、广泛地传播。三是服务意识，即乐意为社会服务，为公众服务，为顾客服务。四是共存意识，即谋求互惠、合作，共同发展，创造和谐的、利于企业生存的环境。五是竞争意识，即充分认识企业间激烈竞争的必然性，积极参与市场竞争而不是消极回避竞争，谋求公开的、平等的竞争，争取竞争的胜利。

其次，要有明确的效益追求。营销博客写作追求的首先是社会效益，有了社会效益就不怕没有经济效益。

最后，需要紧密的群体协作。营销博客写作需要群体协作，指的是各有关部门、有关人员之间的互相协助、分工合作、紧密配合，营销博客作者往往只是企业的代言人。

四、手机短信

（一）手机短信的含义

手机短信是指通过手机移动网络传递的简短信息，是一种类似于信件而形式上又较为简短的文体形式，也称短消息或短信息。按照手机短信所涉及的内容，可以把手机短信分为以下四类：

（1）商务短信。涉及商务活动的各种短信息，如商务邀请、商务洽谈、商务询价、商务营销、商务通知等，是借助互联网短信群发平台进行商业用途的短信发放活动的统称。具体如广告短信群发，可以像其他媒体广告一样起到对广告主的宣传效果。商务短信以其快捷方便、价格低廉等优势，已经成为其他媒体不可取代的优势媒体。

（2）日常短信。用于日常生活中沟通交流。

（3）礼仪短信。包括各种节日祝福、生日等祝贺以及道别、感谢、纪念、问候等。

（4）文学短信（文学快餐、拇指文学）。把对日常生活中的片段、感悟加以提炼加工，遵循轻松、随意、休闲的创作原则，创作短小有趣的文字语段。

（二）手机短信的特征

（1）限制性。手机短信文本信息量限制为 160 个英文字符或 70 个汉字（含标点符号）。

（2）灵活性。包括语言与格式两方面：从格式上看，手机短信写作不必严格按传统抒写形式，可以灵活处理书信写作要素；从语言上看，可随对象、情况不同而适时变化。

（3）多样性。多样性包括两个方面：一是写作手段多样性；二是写作内容多种多样。

（4）即时性。可以即时互动，有针对性。

（三）手机短信的写作技巧

案例点评

*自从吃过你的饭，发现我的饭难咽，人生最快乐的事莫过于请客吃饭，香甜的滋味使我深深地把你想念。发条信息对你表示感谢，您能否赏脸，一起吃吃饭聊聊天！地点：绍兴饭店，徐汇龙华西路 1 号龙华机场 2-3 楼。

*有一种日子叫漂泊，有一种生活叫流浪，有一个佳节叫中秋，有一种情愫叫思念。花开花谢，潮涨潮落，云卷云舒，人情冷暖，奋斗不易！我想家，想念你，亲爱的妈妈！

想一想

这两则手机短信分别是什么类型的短信？在语言上运用了什么手法？

评一评

第一则短信是商务宴请短信，运用对比手法发出邀请，时间、地点和相关准备一目了然，又颇具人情味。第二则短信是礼仪短信，采用排比、对偶写法，用诚挚深情的语言表达了一个在外漂泊的游子在中秋佳节对母亲的思念。

小任务

写一则教师节祝福短信。

（1）遵循语法，规范语言。短信也是一种实用文体，写作应当遵循汉语用语要求，不能不打标点符号、乱打标点符号、生造词及基本格式不规范。

（2）内容扼要，言简意赅。手机短信的短小精悍和情境性特点，要求用最精练的语言表达最多的信息。要求写作时必须做到：心中有数，目的明确；突出重点，删繁就简；根据情境，适当省略；有效交流，换位思考。

（3）语言真诚，礼貌得体。短信是即时互动交流，因此要根据发短信人的身份、年龄特征，与收短信人的关系，发短信的目的、时间等做充分准备，不乱说、不乱表达感情。

（4）注意原创，大胆翻新。手机短信以原创为佳，显得情真意切。

（5）巧用修辞，生动有趣。手机短信创作要巧妙运用各种修辞手法，才能充满魅力。

任务小结

电子商务函电是企业用于联系业务、洽谈生意、磋商问题及沟通信息的重要工具，是经济活动中经常使用的文种，具有明显的联络性、商洽性。写作时要谨记企业的商誉、掌握原则和使用正确格式。根据不同对象、不同目的，学会运用恰当的新媒体手段进行沟通交流。

同步训练

名词解释

7C 原则　传真　电子邮件　新媒体文本

复习思考

1. 什么是商务函电？它的功能是什么？
2. 传真的结构是怎样的？
3. 你认为电子邮件和信件有什么区别吗？
4. 手机短信写作要求是什么？
5. 博客的写作技巧有哪些？

案例分析

云中岳博客

首个国家公祭日，四大震撼！

原创于：2014-12-13 12:47:22

标签：公祭日，震撼

首个国家公祭日，肃穆安详，但国家公祭日代表的民族情感却像是抑制不住的激流撞击着中国人的心灵。首个公祭日，四大震撼，留下了历史印记。

一、首个国家公祭日，彰显民族复兴的希望，震撼着国人的心灵。国家公祭日，记录着民族深深的苦难，鲜活地再现着国家前行的历程，人民记住、民族记住、历史记住！

二、典型数字震撼着进入档案的历史——死难30万、仪式30分钟、3 000只和平鸽；77个青少年，代表南京大屠杀77年，呼应“七·七事变”的历史纪念日——苦难深深扎根在中国人的心灵深处。

三、习总讲话斩钉截铁，令世界震撼——“历史不会因时代变迁而改变，事实也不会因巧舌抵赖而消失。南京大屠杀惨案铁证如山、不容篡改。任何人要否认南京大屠杀惨案这一事实，历史不会答应，30万无辜死难者的亡灵不会答应，13亿中国人民不会答应，世界上一切爱好和平与正义的人民都不会答应”。习主席用70多年来中国人民最坚定的态度表达了中国人永远不会忘却、永远不会退让的意志！“忘记历史就意味着背叛，否认罪责就意味着重犯”。习主席用这样的语言严词警告日本那些右翼政客：中国人民敢于正面危险，敢于正面威胁，中国人民已经站立起来了！

四、习总讲话震撼着日本人的良心。“一切罔顾侵略战争历史的态度，一切美化侵略战争性质的言论，不论说了多少遍，不论说得多么冠冕堂皇，都是对人类和平和正义的危害。对这些错误言行，爱好和平与正义的人们必须高度警惕、坚决反对”。在习总2 100多字的讲话中，“历史”和“和平”是出现频率最高的两个词。“历史”一词出现了10多次，“和平”一词出现了近20次，如此高密度的使用频率，清晰地表达出中国人民、中国政府和平进步的强烈渴求！

首个国家公祭日，留下了深刻而不会忘却的印记！

（资料来源：http：//blog. people. com. cn/article/1/1418446042550. html）

1. 这篇博客的特点有哪些？

2. 它与经济评论相比，有何不同？

问题诊断

××贸易公司给××进出口公司发来一份函件，请求增订××货物，但因货源紧张，无法满足客户要求，柳经理要业务员小张拟写一份回函。小张很快写完，给经理过目，经理看后很不满意，要求重写。小张原文是这样写的：

××贸易公司：

××月××日的来信和随信来的××订单一份，我们已经收到了。从来信中我们了解到向我们提出了增订××货物的要求，但真对不起，我们很难答应你的要求，至少在目前不能向你们提供。但请你们放心，以后供应情况如果有可能改善的话，我们一定会告诉你们的。

××进出口公司

××××年××月××日

请说说小张这份函有什么错误，请你帮帮小张修改此函。

实训设计

1. 实训目的

了解电子邮件的传送程序。

2. 实训项目

发送邮件

杰出电脑公司人事部经理：

您好！

在报纸上看到你们公司的招聘启事，我对营销主管一职很感兴趣。我现年24岁，今年毕业于北京外国语大学国际贸易系。大学期间，我的成绩非常好，每年都拿到了奖学金。业余时间，我还积极参加社会实践，暑假经常在一家贸易公司打工。还有，我一直对计算机感兴趣，曾参加过计算机课程的学习。

相信根据我的经验和努力，一定能给你们公司带来效益。希望你们给我这样的机会，如能被录用，我将非常感谢。我的电话是：0111312456，电子邮箱：××wan12@hotmail.com，希望你们快点儿回答。

信的后面有简历一份和复印好的获奖证书。

祝

工作顺利

海涛

2015-12-6

3. 实训思路

让学生了解电子邮件的制作程序。

4. 实训做法

（1）分析并改写上面这封求职信。

（2）用电子邮件将这份作业传送给你的授课老师。

附录　应用文常用词语汇释

一、公文类

备查：供查考。备，准备提供的意思。
备考：书册、文件、表格中供参考的附录或附注。
存查：保存起来一备查考。
参照：参考并仿照。
定案：对方案、案件等所做的最后决定。
核准：审核后批准。
面洽：当面商量。恰，商量、接洽。
业已：已经。
业经：已经。
申明：郑重说明。申，申述、说明。
签发：由主管人审核后，签上名字，正式发出。签，书写名字。
签署：在重要文件上正式签字。署，题写名字。
纪要：记录要点的文字。
晋级：提升等级。
列席：参加会议，有发言权，无表决权。
鉴于：考虑到，察觉到。
就绪：事情安排妥当。就，趋于、归于；绪，条理。
颁布：公布、发布（命令、指示等）。
嘉奖：（上对下）赞许、奖励。
兹：这里；现在。
当否：是否合适。

二、法律类

起诉状：原告向法律提起诉讼的文书。

公诉：刑事诉讼的一种方式，由检察机关代表国家对认为确有犯罪行为、应负刑事责任的人向法院提起诉讼（区别于“自诉”）。

自诉：刑事诉讼的一种方式，由被害人自己向法院起诉（区别与“公诉”）。

上诉：当事人不服地方各级人民法院判决、裁定的，按法律规定程序，有权向上一级法院提起上诉。

申诉：当事人、法定代理人对已经发生法律效力的判决、裁定认为确有错误的，可以向原审人民法院或上级人民法院，提出重新审理的要求。但是，申诉不停止判决、裁定的执行。

取保：找保人。

反诉：在同一案件中，被告向原告提起诉讼。

副本：原稿以外的誊录本。

勘验：实地查看。

三、经济类

调拨：调动拨付（物质）。

托付：委托银行部门付给（钱款）；委托别人照料或办理。

托运：委托运输部门运送（行李、货物）。

债权：有权要求债务人按合同的约定或者依照法律的规定履行义务。

收讫：收清。(常刻成戳子，加盖在发票或其他单据上)。

索供：请求成交供货。

售罄：货物卖光。

打烊：晚上关门停止营业。

标的：合同当事人权利义务所指的对象，如货物、劳务、工程项目等。

四、礼仪类

台鉴：您审阅的意思。台，对别人的敬称；鉴：审察的意思。

惠鉴：有劳您审阅的意思。惠，有求于人的敬词。

雅鉴：请您指教、审阅的意思。雅，高尚不俗，对别人的敬誉之辞。

钧鉴：请您审阅的意思（对尊长或上级用）。

谨悉：谨慎地知道。悉，知道、了解。

台览：您审阅的意思。览，阅看。

已悉：已经知道了。

收悉：收到并知道了。

兹有：现在有。

兹对：现在对。

兹将：现在将。

顷接：刚才接到。

惠临：敬称对方到这里来。

届时：到时候。届，到。

莅临：到来，来临。莅，到。
为荷：甚为感谢。
谢忱：感谢的心意。
雅正：请对方指教，常用于书画题款上的客套话。
奉笺：接到来信的意思。
拟于：打算在。
本拟：本来打算。
拟订：起草制定。
就地：在原来的地方（不到别处）。
应予：应该给予。
不予：不给予。
迳向：直接向。
迳与：直接同。
均应：都应该。
查复：检查后再做答复。
查收：检查后收下。
查询：检查询问。
当即：当时立刻就。
洽商：接洽商谈。
庚即：接着直接。
恰妥：接洽妥当。
竭诚：竭尽忠诚，全心全意。
歉难：对方提出的要求难以满足，表示抱歉。
尚望：还希望。
孔殷：十分急切。孔，很、十分；殷，深厚。
疲软：商品销路不好，行情价格低落。
坚挺：商品销路好，很受人欢迎，行情价格上涨。
鉴宥：请求审察原谅。
函复：写信答复。
惠纳：承您照顾能接受。
诚盼：诚恳盼望。
台祺：您吉祥。
台安：您安好。
见谅：请原谅我。

参考文献

1. 刘宏彬．新编应用文写作教程．北京：新华出版社，2012.

2. 郝立新．经济应用文写作．北京：清华大学出版社，2014.

3. 张耀辉，戴永明．简明应用文写作教程．第二版．北京：高等教育出版社，2013.

4. 戴永明．财经应用文写作．北京：高等教育出版社，2006.

5. 傅德岷，杨爱平，郑江义．写作基础教程．第5版．重庆：重庆大学出版社，2013.

6. 许瑞蓉．职场应用文写作训练教程．重庆：重庆大学出版社，2009.

7. 杨群欢，李强华．秘书写作理论与实务．第二版．重庆：重庆大学出版社，2015.

8. 李艳婷．应用文书写作．上海：上海财经大学出版社，2012.

9. 何映红．经济实用写作．第二版．上海：上海财经大学出版社，2013.

10. 张振华．经济应用文写作教程．北京：化学工业出版社，2011.

11. 施新．商务文书写作．北京：中国纺织出版社，2010.

12. 姬瑞环．商务秘书写作与处理．第三版．北京：中国人民大学出版社，2012.

13. 姬瑞环，张虹．公文写作与处理．第四版．北京：中国人民大学出版社，2014.

14. 刘访．党政机关公文处理工作条例精解与范例．第二版．北京：中国法制出版社，2014.

15. 陈涛涛．党政机关公文写作处理：规范方法与范本．北京：中国法制出版社，2015.

16. [美] 肯·欧奎恩．商务信函写作一本通．高勤，译．北京：人民邮电出版社，2013.

17. 范卫锋．新媒体十讲．北京：中信出版社，2015.

18. 冯章，等．商务策划书写作范本．第二版．北京：经济管理出版社，2013.

19. 柯正来．经济应用文写作．北京：科学出版社，2004.

20. 邹爱华，彭彦．法律文书写作．武汉：武汉大学出版社，2012.

21. 马宏俊．法律文书写作与训练．第三版．北京：中国人民大学出版社，2013.